跨国公司
经营与管理案例集

查贵勇 主编

THE CASE STUDY OF
INTERNATIONAL CORPORATION MANAGEMENT

復旦大學 出版社

前 言

在经济全球化、"走出去"战略和"一带一路"合作倡议等推动下，我国企业"走出去"，特别是对外直接投资以开展跨国经营和管理发展迅速。2016年，我国对外投资额超过实际利用外资额，成为资本净输出国。但受制于跨国经营经验缺失、跨国经营人才缺乏、跨国经营战略系统规划欠缺等原因，我国企业跨国经营效益相对较低，亟须总结我国企业跨国经营与管理的成功经验和失败教训，为企业进一步深入开展跨国经营和管理，提升跨国经营和管理效益提供借鉴。

本教材主要从跨国经营概述、企业国际化经营、跨国经营理论、跨国战略联盟、跨国并购、跨国公司内部贸易、跨国技术转让、跨国公司组织结构、跨国公司财务管理、跨国公司人力资源管理、跨国公司跨文化管理等角度，汇编了中国企业开展跨国经营和管理以及跨国公司在华经营的对应性案例，突出理论联系实际，培养学生运用理论分析和解决实际问题的能力，培养应用型人才。

该教材案例兼顾时效性和代表性，特别是较多选择我国企业"走出去"开展跨国经营和管理的案例，对于我国企业充分利用"一带一路"合作倡议和经济全球化趋势，大力开展对外直接投资和跨国经营与管理具有重要启示和借鉴意义。

该教材作为跨国公司管理课程的配套教辅资料，旨在采用案例研讨的形式，将跨国公司经营与管理的理论知识与实践案例相结合，便于学生理论联系实际，培养运用理论分析和解决实际问题的能力，以提高应用型人才培养质量。

该教材大量吸收和借鉴编者、学生自2012年以来的研究成果，也是对该门课程改革教学手段、教学方式的一次集中式总结和展示。

本教材主要适用于国际商务、国际贸易、国际经济与贸易、国际经济学等应用经济学、工商管理学等专业的本科生、专业硕士和MBA等教学，也可作为跨国公司从业人员，特别是跨国公司中层管理者的汲取管理经验与教训、提升自身管理能力、改善管理水平和效果的参考读物。

本教材是上海海关学院教材出版资助项目,编写和出版得到上海海关学院的大力支持。该教材是2018年上海海关学院校级重点课程和2019年上海市重点课程"跨国公司管理"建设成果。在编写过程中,得到上海海关学院教务处、上海海关学院工商管理与关务学院各位同事的鼎力支持,也吸收了上海海关学院国际商务专业学生的大量研究成果,大量参考和借鉴社会各界同仁的研究资料、研究成果等,在书中未能一一列出,在此也表示诚挚的感谢!

查贵勇

2020年11月

目 录

第一篇　跨国经营概述 ········· 1
案例一　中国工程企业在非洲本土化经营 ········· 1
案例二　宝洁公司在中国本地化经营 ········· 4
案例三　百思买在中国非本地化经营失败 ········· 7
案例四　中国企业在欧洲本地化经营困境 ········· 9
案例五　海南航空集团多元化经营战略 ········· 11
案例六　德意志银行业务调整和重组 ········· 17

第二篇　企业国际化经营 ········· 20
案例一　海尔集团国际化经营 ········· 20
案例二　TCL 国际化经营 ········· 22
案例三　中国商业银行国际化经营 ········· 24
案例四　中国企业"走出去"遭遇世界银行制裁 ········· 28
案例五　雀巢的国际化经营 ········· 32
案例六　派克钢笔全球一体化战略 ········· 33

第三篇　跨国经营理论 ········· 36
案例一　欧洲迪士尼乐园项目失败 ········· 36
案例二　德国大众汽车对华投资案例 OIL 解析 ········· 38
案例三　联想集团收购摩托罗拉案例 OIL 解析 ········· 40
案例四　伊利集团创新与国际化战略 ········· 43

第四篇　跨国战略联盟 ········· 47
案例一　京东集团与谷歌战略联盟 ········· 47

案例二　京东集团与沃尔玛战略联盟 …………………………………… 51
  案例三　伊利集团与荷兰瓦赫宁根大学战略联盟 ……………………… 55
  案例四　屈臣氏集团与爱茉莉太平洋集团战略联盟 …………………… 57
  案例五　万达网络与 IBM 跨国战略联盟 ……………………………… 61
  案例六　戴尔与电脑屏幕供应商合作 …………………………………… 66
  案例七　华为与飞利浦跨国战略联盟 …………………………………… 69
  案例八　飞猪旅行与汉莎航空战略联盟 ………………………………… 74
  案例九　华为与埃森哲战略联盟 ………………………………………… 77
  案例十　华为与福田汽车战略联盟 ……………………………………… 80
  案例十一　宝洁和沃尔玛产销联盟 ……………………………………… 84

第五篇　跨国公司跨国并购 ………………………………………………… 87
  案例一　优酷与土豆合并协同效应 ……………………………………… 87
  案例二　苏宁易购并购家乐福中国 ……………………………………… 91
  案例三　中化集团并购瑞士先正达 ……………………………………… 96
  案例四　复星医药并购印度 Gland Pharma …………………………… 99
  案例五　滴滴出行并购巴西 99 出租车 ………………………………… 103
  案例六　蚂蚁金服并购美国速汇金 ……………………………………… 106
  案例七　万达集团收购美国传奇影业 …………………………………… 112
  案例八　美的集团并购东芝家电业务 …………………………………… 115
  案例九　物美集团并购麦德龙中国 ……………………………………… 120
  案例十　海信电器并购东芝 TVS 公司 ………………………………… 124

第六篇　跨国公司转移价格策略 …………………………………………… 129
  案例一　葛兰素史克在华转移价格 ……………………………………… 129
  案例二　江苏某外资企业转移价格 ……………………………………… 133
  案例三　中国首个双边预约定价协议 …………………………………… 135

第七篇　跨国公司技术创新与转移 ………………………………………… 137
  案例一　海尔集团研发全球化战略 ……………………………………… 137
  案例二　麦当劳在华特许经营 …………………………………………… 140
  案例三　世界 500 强 M 公司在华特许权使用费 ……………………… 142
  案例四　浙江正泰电器海外知识产权维护 ……………………………… 144

案例五　电建海投 BOT 国际经营模式 …………………………………………… 147

第八篇　跨国公司组织管理　　　　　　　　　　　　　　　　　151
　　案例一　中国国企海外组织结构选择与优化 ……………………………………… 151
　　案例二　工业互联网成跨国公司组织管理新形态 ………………………………… 154
　　案例三　耐克虚拟型组织结构 ……………………………………………………… 159
　　案例四　海尔集团生态型组织管理模式 …………………………………………… 160
　　案例五　雀巢组织结构 ……………………………………………………………… 164
　　案例六　正略钧策集团组织结构创新 ……………………………………………… 166
　　案例七　英国壳牌石油组织结构扁平化改造 ……………………………………… 169
　　案例八　印度塔塔钢铁管理转型 …………………………………………………… 171
　　案例九　阿里巴巴集团组织结构转型 ……………………………………………… 175

第九篇　跨国公司财务管理　　　　　　　　　　　　　　　　　180
　　案例一　某集团公司财务管理模式 ………………………………………………… 180
　　案例二　石大胜华化工集团现金集中管理 ………………………………………… 183
　　案例三　跨国公司跨境资金池业务 ………………………………………………… 186
　　案例四　美的集团汇率风险管理 …………………………………………………… 189

第十篇　跨国公司人力资源管理　　　　　　　　　　　　　　　192
　　案例一　丰田人力资源管理 ………………………………………………………… 192
　　案例二　华为公司国际人力资源管理 ……………………………………………… 194
　　案例三　中国海外工程人员安全管理 ……………………………………………… 196
　　案例四　沃尔玛人力资源管理 ……………………………………………………… 199
　　案例五　玫琳凯人力资源管理 ……………………………………………………… 202

第十一篇　跨国公司文化管理　　　　　　　　　　　　　　　　205
　　案例一　企业创新文化管理 ………………………………………………………… 205
　　案例二　戴姆勒-克莱斯勒跨文化管理 …………………………………………… 207
　　案例三　中国内地与中国香港企业文化差异 ……………………………………… 209

跨国经营概述

案例一　中国工程企业在非洲本土化经营

教学目标

熟悉本地化经营战略的内涵,掌握本地化经营战略的实施策略;能运用本地化经营战略理论分析跨国公司实践经营案例。

教学重点

本地化经营战略的实施策略,应用理论分析实践案例。

案情介绍

近年,非洲各地政局逐渐趋于稳定,非洲各国也在大力吸引外资及外国工程承包商进入,并在政策和税收上给予优惠。而经济的快速发展,也给我国工程企业提供了巨大的市场机会。非洲是中国开展对外承包工程业务的传统市场,中国政府一直积极支持和鼓励中国企业在非洲地区开展承包工程业务,并给予企业更多的政策扶持。因此,中国企业在非洲获得的市场份额也越来越大。但中国企业在非洲的形象缺失却成为了困扰企业的一大难题。

1. 中国企业形象已大不如前

部分非洲人对中国企业的负面看法是:掠夺性开发资源、以低工资剥削非洲工人、商品质量低劣等。首先,中国企业在资源开发领域不够重视环境保护,破坏环境的问题频发。其次,部分中国企业将国内工作模式直接复制到非洲,如劳动时间、工作条件和待遇、安全管理等,而这些比较容易触犯当地法律法规,造成不良的社会影响。第三,部分中国企业销售假冒伪劣产品,损害当地人民的利益。第四,部分中国企业管理相对粗放,忽略东道国当地文化传统、宗教信仰、风俗习惯等,而没有对这些方面表示出应有的尊重。当企业行为与当地的主流民意相背离,一些不良行为被媒体放大后,就会给中国企业在非洲的形象造成一定程度的损害,给非洲人民构建出不负责任的公司形象。事实表明,形象问题已经危及中国企业在当地的生存环境。

2. 缺乏复合型工程管理人才

人才缺乏是导致中国跨国工程企业在非洲地区与国际知名承包商存在差距的主要原因,也是当前跨国工程企业发展的瓶颈。

3. 对外工程承包的风险管控能力不足

跨国工程项目存在持续时间长、技术要求高、工程规模大、环境复杂等特点,进一步加剧项目建设过程中的管控风险。中国企业在非洲地区的从业人员和机构面临的安全形势错综复杂,安全隐患非常多。一系列针对中国人员的危机、事件在非洲地区不断发生,地缘政治动荡和国际突发事件给跨国工程承包企业带来周边环境风险。

4. 经营秩序问题突出,恶性竞争屡禁不止

伴随大量中国企业产能外移,各类企业在非洲市场的竞争加剧。由于跨国工程企业间的分工合作体系、诚信自律体系还未完全形成,企业投标过程中的恶性低价竞争随之而来,屡禁不止,相应的合同纠纷和质量问题也开始显现。因不正当竞争,国家、行业和公司利益受到严重损失,在给非洲东道国社会带来严重负面影响的同时,也损害了中国企业形象。

讨论 题目

1. 什么是本土化经营战略?本土化经营战略的实质是什么?
2. 中国跨国工程企业在非洲应如何通过实施本土化经营战略提升企业形象?

案例 分析

1. 本土化含义

本土化是指跨国公司的海外子公司在东道国从事生产和经营活动过程中,

为迅速适应东道国的经济、文化、政治环境,淡化企业的母国色彩,在人员、资金、产品零部件采购、技术开发等方面实施当地化经营策略,使其成为地道的当地公司。因此,本土化经营战略又叫作当地响应能力或当地化经营。本土化经营战略实际上就是当事双方所寻求的一种战略协调模式,实质是跨国公司将生产、营销、管理、人事等经营诸方面全方位融入东道国经济中的过程,也是着实承担东道国公民责任,并将企业文化融入和植根于当地文化模式的过程。

2. 实施策略

案情显示,中国企业在非洲的社会形象已上升为影响海外经营的关键因素。为提高企业在当地的社会形象,在非洲的中国企业除应遵守当地的法律法规与社会风俗、合理利用资源、注重保护环境,还应考虑将投资与提高自身能力相结合,在推动企业可持续发展方面下功夫。是否实施有效的本土化管理,是衡量中国企业社会形象建构的一项重要指标,对企业经营具有积极的正向作用。结合非洲的实际,建议中国跨国工程企业从以下3个方面着手实施本土化经营战略,以改善企业形象、经营环境,提升经营绩效。

(1) 全方位合作,创造更多就业机会 经过多年发展,中国与非洲的合作不再局限于传统能源领域的开发利用,而是逐步扩大到基础设施、农业、贸易等领域,金融业、信息产业、新能源的开发和利用成为新的亮点,也是中国与非洲的经贸合作的重要增长点。这不仅为非洲带来亟需的资金和技术,而且还带来先进的管理经验和人才培养,创造就业机会。中国企业可通过多方位与非洲当地政府和企业建立跨国企业,通过本土化管理招募和培养当地人才,不仅为东道国当地解决就业问题,还能够帮助当地社会不断发展和升级。

(2) 优化外部经营环境,实现企业可持续发展 中国跨国工程企业在非洲发展遇到的瓶颈往往是因为文化差异。本土化管理可避免或减少文化冲突,为企业提供良好外部环境。每位员工都希望处在相同的文化背景下,因为这样有益于相互交流,促进企业内部沟通。本土化团队应增加文化亲和力,在包容的文化氛围下,有利于企业绩效考核和人力资源培养工作,有利于企业根据当地市场环境做出有效决策,有利于通过文化沟通建立企业核心价值观。良好的外部经营环境有助于促进企业实现可持续发展。

中国在非洲的跨国企业大多数是国有企业,很多是在中国政府安排下的对非投资,这种基于国家战略的投资行为,并不能帮助企业取得与非洲国家的长期经济合作。从长远来看,中国企业只有主动融入东道国当地,承担起对非洲国家、人民及其他利益相关者的责任,兼顾当地经济社会发展需求,协助非洲国家走环境友好型、资源节约型的道路,才能在实行本土化管理过程中扎下根,获得良好的企业形象,促使企业可持续发展。

(3) 增强政治互信,构建良好国家和企业形象　在民族关系中,良好的政治互信为两国经贸合作奠定基础,而跨国企业间良好的经贸互动也可以增加两国之间的政治互信。虽然中非传统友好关系有着历史渊源,但在现实中,西方媒体和学者故意批评中国的人权政策,批评中国企业破坏环境、限制言论自由等,使得中国企业和中国政府在非洲遇到不小的挑战。中国在非洲的跨国企业如果能很好地实施本土化管理,一方面,这与中国政府和非洲国家互利共赢的战略目标保持一致,将增强非洲国家政府和人民对中国的好感,推动双边的政治互信,促进双边经贸可持续发展。另一方面,将有助于非洲国家政府和人民对中国负责任大国的理解。当地政府及人民对中国形象的认知很直接地来自中国企业和中国人,中国跨国企业在融入非洲的过程中不断成熟,逐步学会兼顾利益相关者的期待和要求,能使非洲人民感受到中国人的责任心、中国企业的责任感,进而升华出对一个负责任大国的形象,可正面提升中国企业在当地的社会形象。

参考文献:韩昱,李元旭,吉祥熙. 本土化管理对中国工程企业形象的影响——基于非洲目标市场的研究[J]. 国际经济合作,2018,(01):87-91.

案例二　宝洁公司在中国本地化经营

教学目标

熟悉本地化经营战略的内涵,掌握本地化经营战略的实施策略;能运用本地化经营战略理论分析公司实践经营案例。

教学重点

本地化经营战略的实施策略,应用理论分析实践案例。

案情介绍

与其他西方跨国公司相比,宝洁进入中国市场较早,早在改革开放之初在中国市场开展了大规模的市场调研工作。1988年正式成立广州宝洁有限公司(简称"宝洁"),后来又陆续在其他城市成立若干分公司。经过十几年的经营,宝洁在中国市场取得巨大的成功,其品牌数量和市场占有率都处于领先地位。宝洁在华采取的几大经营策略,是其在中国市场获得巨大成功的关键。

(1) 宝洁在中国的市场研究部建立起庞大的数据库,把消费者意见及时分析、反馈给研发部门和生产部门,以生产出更适合中国消费者使用的产品,如品牌和功能多样化的洗发露和香皂产品、1998年4月宝洁与清华大学共同创建全球第18个大型科研中心等。

(2) 宝洁在华实行全国统一的零售价格体系,以充分保证各级经销商的利润,宽广的产品线也保证在各个价位段都有该公司的产品存在,并利用节日销售黄金周发起买赠类型的促销活动,极大地促进了销售。

(3) 在进入中国大陆市场的10余年里,根据中国市场的特殊分销结构,从规模、客户分布、资金实力、销售额、储运能力、市场信誉等方面精心挑选中间商、批发及零售商,并培养其成为宝洁稳定的长期团队式合作伙伴,以构建其符合中国国情的分销体系。

(4) 宝洁的促销策略注重贴近消费者营销沟通,如1989年5月与广州市总工会合作向全市女职工免费赠送80万套玉兰油产品;1990年5月海飞丝南北笑星歌星光耀荧屏活动;1994年、1995年飘柔之星全国竞耀活动;1998年"熊猫爱心工程";1999年8月《中国美发百年回顾展》;1999年8月成立玉兰油美肤学院,定期传授抗衰老护肤知识。宝洁十分热心公益事业,对教育、体育、福利、美化环境等方面作出了一定贡献。

(5) 宝洁高度重视人才培养,向员工提供独具特色的培训计划,并尽快实现员工本地化,逐步由国内员工取代外籍人员而担当该公司的中高级管理领导职务。

(6) 为提高国产化率,实现原材料本地化。积极帮助中国吸引外资,加速中国原材料工业的发展。

讨论题目

1. 宝洁采取了何种经营战略?这种经营战略的内涵是什么?
2. 宝洁为实施该战略采取了哪些具体策略?
3. 宝洁的做法对中国企业跨国经营有何启示?

案例分析

1. 经营战略
宝洁采取本地化（当地化）经营战略。

2. 具体策略
（1）产品本地化　生产更适合中国消费者的功能多样化的洗发露和香皂产品。

（2）研发本地化　与清华大学共同创建全球第 18 个大型科研中心。

（3）价格本地化　实行全国统一的零售价格体系。

（4）促销本地化　如开展南北笑星歌星光耀荧屏活动、飘柔之星全国竞耀活动、"熊猫爱心工程"，成立玉兰油美肤学院。

（5）渠道本地化　构建由中间商、批发及零售商构成的分销体系。

（6）员工本地化　国内员工逐步担当公司的中高级领导职务。

（7）原材料本地化　积极帮助中国吸引外资，加速中国原材料工业发展。

3. 案例启示
（1）努力适应当地消费需求，提高产品本土化经营管理水平。产品定位、品牌概念、产品包装、广告创意等多方面都应符合目标市场的消费理念。

（2）通过坚实的市场调研，深入了解消费者需求。通过市场调研，了解国内外需求的差异以及当地需求的多样性，以确定和调整产品定位，占据市场的主动权。

（3）根据当地需求，加强研发具有本土化特点的新产品。

（4）采用本土消费者容易接受的广告促销方式。宝洁旗下海飞丝品牌赞助"中国达人秀"后，业务量在原来已非常雄厚的基础上涨 40%。

（5）在原材料采购和产品制造环节亦推行本地化，以降低成本。

（6）生产方面，将一些高附加值且有出口创汇能力的产品安排在东道国生产，满足东道国对先进技术的需求，以获得东道国政府的支持。

（7）利润分配上，应尽可能实行利润再投资。

（8）经营管理上，应让管理人员更多地了解当地文化和思维方式，以更好地与东道国政府及社会沟通与协调；在经营管理权上，不失时机地推行当地化政策，选用东道国员工担任某些高层管理职务。

参考文献：卢美媛.跨国公司本土化失败探因[N].国际商报，2013-02-18：A2.

案例三 百思买在中国非本地化经营失败

教学目标

熟悉本地化经营战略的内涵,掌握本地化经营战略的实施策略;能运用本地化经营战略理论分析公司实践经营案例。

教学重点

本地化经营战略的实施策略,应用理论分析实践案例。

案情介绍

百思买是全球最大的家电连锁零售企业之一,于1966年成立于美国明尼苏达州,旗下拥有美国百思买零售、加拿大"未来商城"、顶级名牌电子产品专营店Magnolia以及百思买音乐和娱乐品牌热线娱乐公司。

2011年2月22日,百思买在官网发布公告,将关闭在中国大陆地区的9家百思买门店,并关闭其在上海的零售总部。从踌躇满志、顾盼自雄,到偃旗息鼓、轰然休克,百思买在中国的经营前后不过5年。其失败根源在于,忽视在中国采取本土化经营策略,商业模式、管理机制甚至企业文化不适合中国市场,而采用不同于国内零售商的经营模式——买断经营,即通过较低价格买断厂家的产品,并主导定价权,自己招聘促销员,为消费者提供无偏向的导购服务。这种新商业模式在中国却水土不服,正如国美电器某高管而言:"美国家电市场品牌集中,消费发展阶段较高,可以买断经营。但中国市场的情况有很大的不同"。

讨论题目

1. 百思买公司在中国经营战略失败的原因是什么?
2. 百思买公司的做法对中国企业跨国经营有何启示?

案例分析

1. 失败原因

百思买公司未根据中国市场具体情况采用本土化经营战略,导致其在中国经营失败。

(1) 忽视消费者需求特性 从 2003 年在上海设置办事处,到 2006 年开出首家门店,百思买宣称花费 3 年多时间深入调研中国市场,并认为对消费者需求已有充分了解。此后数年间,百思买中国管理层一直宣称,将以突出"体验"的差异化服务赢得竞争,以重塑中国家电市场的面貌,但却忽视了消费者对价格的敏感度远远超过服务。

(2) 人工和广告成本高企 百思买的人工成本平均每月每人超过 3 000 元,相比大量使用供应商派遣促销员的本土连锁,这无疑是一笔不小的额外负担。此外,广告的投入也包揽在百思买自己身上。而本土巨头们每年在上海市场过亿的广告费用的相当部分来自供应商的支持,由于门店众多,分摊后的边际成本也远远小于百思买。

(3) 买断经营存在隐忧 买断经营对终端的资金要求更高,风险更大。虽然买断现款现货受供应商欢迎。但中国家电品牌分散,供应商担心,百思买的无偏向性导购虽减轻供应商的人力成本支出,但也切断其对终端的控制,担心品牌业绩下降。而本土零售商则采取 30% 的商品经营接近百思买的方式,但同时让厂家派驻促销员,以提高供应商对终端的控制,努力提高品牌业绩。

(4) 忽视价格竞争 买断经营的一个直接结果是高投入、高成本,而百思买的高端定位使其不愿卷入价格战,终端价格无法像宣称的那样"保证低价"。而消费者也并不如百思买预期的那样青睐"购物体验"。当发现百思买标价高于苏宁、国美时,消费者选择"用脚投票",严重影响百思买的销售规模。

高昂的投入、运营成本、规模效应的缺失,抬高百思买的扩张门槛,使其 5 年来在中国的门店数量仅为 9 家,难以发挥规模优势,进而难以获得采购价格优势。

综上所述,从 5 年前"狼来了",到 5 年后关张,百思买的退缩被业内一致归咎于商业、管理模式和企业文化的全面本土化失策,即百思买迷失于本土化。

2. 启示

(1) 努力适应当地消费需求,提高产品本土化水平。产品定位、品牌概念、产品包装、广告创意等都应符合目标市场的消费理念。

(2) 通过坚实的市场调研,深入了解消费者需求。了解国内外需求的差异,以及当地需求的多样性,以确定和调整产品定位,占据市场的主动权。

(3) 根据当地需求,加强研发具有本土化特点的新产品。

(4) 采用本土消费者容易接受的广告促销方式。但百思买却直接把美国的成功方式照搬过来,不仅没有起到应有的作用,而且巨大的广告费成为百思买额外的负担。

(5) 在原材料采购和产品制造环节亦应推行本地化,以降低成本。

(6) 生产上,应让东道国生产部分高附加值且出口创汇较好的产品,满足东道国对先进技术的需求,以获得东道国政府的支持。

(7) 利润分配上,应尽可能实行利润再投资。

(8) 经营管理上,应让管理人员更多地了解当地文化和思维方式,更好地与东道国政府及社会沟通、协调;在经营管理权上不失时机地推行当地化政策,选用东道国员工担任某些高层管理职务。

参考文献:卢美媛.跨国公司本土化失败探因[N].国际商报,2013-02-18.

案例四 中国企业在欧洲本地化经营困境

教学目标

熟悉本地化经营战略的内涵,掌握本地化经营战略的实施策略;能运用本地化经营战略理论分析公司实践经营案例。

教学重点

本地化经营战略的实施策略,应用理论分析实践案例。

案情介绍

企业在不同国度拓展业务时,管理方式、文化观念的差异往往会带来冲突与摩擦。中国企业在欧洲发展需经历一系列本土化商务流程,具有较高的本土化运营要求。但是,大多数中国企业受限于对欧洲商务环境的了解程度,以及中欧双方文化差异、语言障碍等因素,通常会在本地化运营方面遇到一定阻碍和挑战。欧盟中国商会与罗兰贝格咨询公司联合发布的《中国企业在欧发展报告(2019)》指出：中国企业在欧盟遭遇的本土化挑战主要表现在：受制于企业竞争力和知名度不高、语言与文化限制、与知名猎头合作不深等因素，本土化人才团队招募面临挑战；对企业经营落地所需的税务、金融、财务、银行、劳务等手续不够熟悉；受传统观念影响，与会计师事务所、律所、咨询机构等第三方服务机构的合作不畅；对于相关行业标准及法案认知滞后。

讨论题目

中国企业应如何突破在欧洲本地化经营的困境？

案例分析

中国企业需因地制宜，采用具有当地特色的管理手段，寻找中欧企业治理方式的平衡点，树立"企业公民"的责任感，努力经营中国出资的"欧洲企业"。具体可考虑从透明运作、改善员工配比、优化企业内部对话制度、妥善处理与工会关系和主动与媒体打交道等角度，改善企业本地化经营水平。

第一，以更加透明的方式运作管理，合理减少企业组织层级设置；完善监督、沟通机制，定期公布工作规划和进度，为员工、企业与监管者创造知晓企业经营情况与组织安排的机会，提升员工对于企业的信任感。

第二，进一步提高本地员工比例，实现全层级企业人员设置的本地化。一方面，中国企业需合理提高欧洲籍员工在普通员工层面的比例，塑造关键基层本土文化；另一方面，在管理者层面，企业需招募更多当地高级管理人才，使得中国企业能运用当地的理念与方式，更加有效地管理当地员工。

第三，优化内部制度，为员工对话建立渠道。企业需主动了解员工诉求，建立公司与员工对话系统平台，完善监督与反馈制度等，搭建起互动的桥梁，加深企业与员工之间的理解与交流，增强互信，逐步消除误会与摩擦，进而提高员工的工作积极性，提升企业的整体经营水平。

第四，妥善处理与工会的关系，仔细熟悉每个经营地区劳工制度，熟悉当地工会组织发展状况、制度规章和运行模式。在了解本地化薪资待遇、雇佣条件等基础上，积极参加当地雇主协会并定期安排管理层与企业工会深度对话。

第五，主动与欧洲当地媒体打交道，提升中国企业在欧洲的良好形象。在媒体行业高度发达的欧洲，中国企业可考虑通过举办发布会、交流会等，逐步与媒体建立信任关系;加大公关投入,在信息发布时做好充分的准备,以正向引导和宣传,树立良好的中国企业形象。

第六,遵守欧盟当地法律法规,尤其在大数据、5G等新兴科技发展迅猛的当下,更应充分重视并遵守以《一般数据保护条例》(GDPR)等为代表的,与数据、隐私保护相关的法规条例,确保企业的发展在规范中前行。

第七,充分利用当地官方或民间的扶持机构,提升本地化经营的成功率和效率。当前,包括德国、法国、意大利、比利时、丹麦、荷兰等国在内的欧盟国家均设立有由当地政府牵头、面向外资企业的官方扶持机构;在其他国家,也不乏一些民间商会活跃于行业之中,主要联合当地中欧企业、商务人士甚至政府机构,帮助中国企业建立沟通桥梁,提供支持服务。如德国设有经济促进局和中国中心,为中国企业提供一站式商务协助和服务,并定期举办"汉堡峰会""汉堡中国企业咨询论坛"等,以多元化的形式帮助中国企业深度了解如何在德顺利开展经营活动;比利时多个地区政府都与中方政府建立了长效合作机制,在当地设立中国企业的定向扶持机构,为中国企业在比利时的发展奠定了良好基础。

第八,从长远角度看来,为真正落实在欧洲的本土化战略,提高本土化成功率,中国企业需积极融入欧洲国家的当地文化,进而匹配、调整企业的倡导价值观、运作机制等,让当地员工切实感受到本土化氛围。

参考文献:何芬兰.打造具有中国基因的"欧洲企业"[N].国际商报,2019-12-19:03.

案例五 海南航空集团多元化经营战略

教学 目标

熟悉多元化战略的内涵,掌握多元化经营战略的优缺点;能运用多元化经营战略理论分析公司实践经营案例。

教学 重点

多元化经营战略的优缺点,应用理论分析实践案例。

案情介绍

自1993年成立以来，海南航空集团（以下简称"海航"）便逐渐开始多元化战略下的跨国并购。瑞银研究报告显示，海航自2016年起，大量开展海外并购项目，涉及亚洲、欧洲、大洋洲、北美及南美诸多国家，涉及行业包括航空交通、旅游、房地产、金融与科技等，并购项目多、金额大、领域广。除此之外，海航通过多元化发展，由单一的航空服务，形成如今围绕航空旅游、现代物流和现代金融服务三大核心业务。海航多元化跨国经营战略见表1-1。

表1-1 海航多元化经营主要案例

业务种类	进入时间	进入方式	经营现状
旅游业，海航酒店集团成立	1997年9月	独资	盈利
资本业	2007年	独资	盈利
农业项目开发、房地产开发等（海南国善、海南国旭、海南航鹏）	2010年9月	独资	亏损
航空维修领域	2010年	独资	盈利
金融业，入股首家银行	2010年12月	合资	盈利
国际飞机租赁领域	2012年5月	并购	盈利
航空食品服务（Gategroup Holding）	2016年4月	并购	盈利
航空地面服务（Swissport）	2015年	并购	盈利
天海云汇信息科技（上海）有限公司	2018年6月	并购	亏损，拟退出

讨论题目

1. 何为多元化经营战略？具体又分为哪些类型？
2. 请分析海航多元化经营战略的成败。
3. 海航应如何优化和调整多元化经营战略？

案例分析

1. 多元化经营战略的定义

多元化经营战略又称为多角化经营战略，或多角化增长战略、多样化战略或多产品战略,是指企业为更多地占领市场和开拓新市场,或规避经营单一事业的风险而选择性地进入新的事业领域的战略。多元化经营战略属于开拓发展型战略,是企业发展多品种或多种经营的长期谋划。

2. 多元化经营战略的类型

(1) 同心多角化经营战略　也称为集中化多角化经营战略,是指企业利用原有的生产技术条件,制造与原产品用途不同的新产品(如汽车制造厂生产汽车,同时也生产拖拉机、柴油机等)。

(2) 水平多角化经营战略　也称为横向多角化经营战略,是指企业生产新产品销售给原市场的顾客,以满足其新的需求(如某食品机器公司,原生产食品机器卖给食品加工厂,后生产收割机卖给农民,以后再生产农用化学品,仍然卖给农民)。

(3) 垂直多角化经营战略　也称为纵向多角化经营战略,又可进一步分为前向一体化经营战略(即原料工业向加工工业发展,制造工业向流通领域发展,如钢铁厂设金属家具厂和钢窗厂等)和后向一体化经营战略(即加工工业向原料工业或零部件、元器件工业扩展,如钢铁厂投资于矿山采掘业等)。

(4) 整体多角化经营战略　也称为混合式多角化经营战略,是指企业向与原产品、技术、市场无关的经营范围扩展(如美国国际电话电报公司扩展经营旅馆业)。

3. 多元化经营战略的作用

(1) 升级结构,提高核心竞争力　在民营航空体制改革实施后,应势联合重组形成的三大航空集团即占据国内近80%的民营航空市场,留给海航等民营航空公司的发展空间极为有限。再加之国际航空公司的不断发展,海航所面对的是国内外航空业的激烈竞争。在这种形势下,单一的航空服务已不能帮助海航产生理想的市场表现。在制订多元化发展战略后,海航不断通过并购实现自身业务的多元化发展。海航作为服务业企业,通过并购国际知名酒店、海外航空公司等产业链相关上下游企业,完善自身旅游服务。各环节之间共同规划、统筹发展、关联销售,形成了较为完整的服务体系,极大地提高了海航的核心竞争力,使得该集团在日益激烈的市场竞争中依然得以发展。海航通过并购海外飞机租赁企业以及如英迈等全球领先的营销和物流公司等,统筹发展自身现代物流。海航已然形成了多元化的经营模式,在不同的生产链中进行上下游的扩展,综合实力得到极大提升。

(2) 合理分摊风险,稳定发展　多元化经营战略有效分散了海航的经营风险。由于宏观市场的变化和竞争对手的演变都是很难准确预测的,传统的航空运输业盈利极为脆弱，易受到各种因素影响。发展单一的航空运输使得海航的发展极为不稳定，负债率高，一旦该市场遭遇危机，企业也将面临灭顶之灾。但是，企业选择广泛的经营范围、多样化的产品服务，会增强抗击市场风险的能力。因此，坚持实施多元化发展战略，将海航的核心业务扩展至航空旅游、现代物流和现代金融服务三大方面，有利于缓冲市场不稳定造成的盈利动荡，促进海航的长久稳定发展。

（3）实现速度效益和范围效益　海航通过多元化经营战略首先实现了速度效益。航空业是一个投入成本高、回报周期长的产业。重新建立新的公司对海航来说既费时又费力，多元化的经营战略帮助海航在短时间内开拓了许多产业，加速了海航的成长。其次，多元化经营战略使得海航实现了范围效益。在多元化的战略指导下，向航空业上下游延伸，涉足旅游业、酒店业、零售业、物流业，帮助海航形成了一个集吃住行游娱购于一体的综合产业链，有利于促进海航原本客运业务的发展。例如，海航在国外新开辟酒店业、旅游业，这些新业务离不开航空业，新业务的出现使海航增加了新的航线，为海航提供了新的收入。

4. 经验教训

（1）专业领域人才缺口　多元化发展战略，意味着对各方面经营管理专业知识的需求。海航在短时间内实施的大规模多元化，而了解、掌握相关知识的人才相对缺少，即海航自身的人力资源可能难以跟上集团多元化发展的步伐，或现有的人才不足以掌握新进入的领域，最终造成多元化发展不理想。

（2）整合资源、统筹发展存在难度　海航通过并购等一系列方式，收揽了许多相关企业，但涉足的企业数量过多也会造成管理上的难题。首先，如何合理配置资源，如何准确把握发展的重心，都是亟待解决的问题。整个环节中发展的重心并据此处理资本、物资、人员等资源在各企业之间的分配难以确定。其次，如何解决并购同类型企业之间的竞争，如何协调旗下各企业关系，将海航旗下各个企业调动起来，统筹安排，围绕核心目标发展也极为重要。收购西班牙NH酒店集团后，因再次并购卡尔森酒店集团而产生了矛盾，若多次出现此类情况，则海航内部的整体经营势必受到破坏。

（3）并购企业过多或模糊海航品牌建设　在并购过程中，对自身的定位极为重要。海航将自身定位为五星级航空品牌，其旗下的唐拉雅秀酒店更是高端的酒店品牌。但是，在实际的扩张过程中，海航过分注重规模的扩大和市场的抢占，忽略了定位是否匹配。在其并购所得的企业中，不乏从中端、中高端到高端的各类品牌，品牌定位不清晰，可能会导致顾客群体不稳定，减少顾客黏性。

5. 应对策略

（1）业务与市场双方面精准归核　归核化战略即集中发展核心业务，回归主业，剥离效益不高的非核心业务，强调发展与核心业务的高度相关和有效增益，通过合理的并购投资，促进自身核心产业高效发展。源自海航的核心业务为航空运输业，在发展还未稳定时，应更加关注核心业务的健康发展和创新升级。必须详细分析并购而来的旗下企业，逐步剥离与航空相关度不高、不能为核心业务服务、投入较大、缺乏相应产业发展经验的企业。面对航空业自身存在的负债率高、稳定性较差的情况，海航更应采用业务归核化战略，将更多的优良发展资源集中起来，对核心的航空产业进行现代化转型，通过业务扩展，分散风险，在自身最有优势、最有经验的领域获得进一步发展。我国将推进"一带一路"合作国家航权开放，而且海南具有中国最开放的"天空特区"的优势，海航甚至整个航空业都面临着来自全球的发展机遇，航空运输前景良好。在此基础上，海航旗下航空公司作为海南当地"土生土长"的企业，作为"一带一路"航线开拓的先行者，更应把握优势，理清重点，将发展重心从被三大航空集团垄断的内地航空市场，转移到中国对外航空领域。在业务和市场方面都应归核，明确未来发展重点，继续服务于对外的商务往来、旅游互访和货物运输，以顺应经济、社会的发展趋势，实现自身的健康和稳定。

（2）精准归核下的有效多元　多元化并不只是简单地进入与原本自身所有产业不相关的领域，更应是对原有业务的合理延伸和统筹发展。同心多样化的扩张模式，意味着以主业为中心、以市场需求为分析脉络，逐渐向四周的关联产业延伸，实现发展的多样化与产品或服务的多元化。纵向的多元化也类似，向着自身业务所在的产业链上下游延伸，在有把握的情况下拓宽领域。在合理发展多元化的同时，要将是否能助力核心业务发展，或是否可与核心业务合理配置资源、统筹发展，作为具体多元化方案的判断标准。海航通过多年的并购活动，形成一个跨地域广、跨行业多的运营局面，在其自身航空主业还未发展稳定的时候，过早地实行了多元化发展规划。所并购企业涉及金融、房地产、能源、娱乐等行业，分散了有限的财力和资源，阻碍核心产业和拓展产业的发展，甚至威胁到整个集团的生存。剥离非核心业务，降低负债率，集中力量发展航空业务，就成为现阶段海航应及时采取的措施。

（3）先舍后取，谨慎投资　先衡量利弊取舍，变卖与自身优势所在的航空运输业不甚相关的资产，如金融、房地产等，缓解自身现金流压力；随后，统筹规划经营重点，明确当前旗下企业所具有的技术优势、资源优势或品牌优势的经营领域，在此基础上进行高效率的多元化发展。一方面，海航可发展目前优势显著的飞机维修业。海航收购的大型企业中有土耳其的 Mytechnic 以及瑞士的 Srt 这两大飞机维修公司，在各自的市场都有着稳定的客户源，具有较先进的维修技术，这对海航发展航空相关的维修业务提供了保障。另一方面，拥有一些盈利良好机场的海航，应加大发展地面服务业，还可结合自主设立的高端酒店品牌唐拉雅秀，形成航空地面一条龙式服务，打包航班、食宿、消费等一系列相关服务，形成完善的航空服务单元，协调发展。紧密结合当地政府发展政策，顺应市场需求发展，合理多元化战略不仅可丰富海航的业务，完善海航的产业结构，还可巩固海航在该领域的核心竞争力和市场地位。

（4）业务归核化下的差异化发展战略　差异化战略是海航成立以来的制胜法宝，在今后发展中也应该继续坚持该战略。由于海航起步晚，国内有三大航空公司，在机场枢纽、机队规模等方面海航均不占优势。如果一味在三大航后面追赶，发展速度再快也追不上，唯有采取差异化战略，不断挖掘市场空白点，才能为海航赢得发展先机。一方面要进一步细分市场。海航产业集团庞大，每一个产业集团又包括许多小的公司，如在航空业就包括海南航空、天津航空、西部航空、祥鹏航空等。要进一步明确各航空公司以及各酒店的定位，业务市场划分得越细，差异化才能越明显，竞争力才会越强。另一方面，应注重产品服务的差异化。近年来，为了方便旅客出行，海南航空利用大数据等技术手段，精准推广，针对不同航线、不同旅客提供不同的家庭套票、商务舱个人套票、公务舱接送机等产品，致力为旅客打造更加完美的出行体验。同时，海南航空还以其优质的餐食服务著称，这是海南航空与米其林餐厅合作的产品。除此之外，海南航空还陆续推出了云端厨房，引进高质量的娱乐试听系统，配以丰富的节假日互动，让越来越多的游客有了独特的出行体验。这些都是海南航空在服务上与其他航空公司差异化的体现，为海南航空吸引了更多的客流量。所以，未来海航应该着重为消费者提供过硬的产品和高质量的服务。

总体而言，只有把公司资源都集中在核心业务上，才能得到更好的发展，实现差异化，企业竞争力才会更强。

参考文献：凌易群，叶贝，马久尊.海航商业经营案例分析——基于业务归核化与多元化角度分析[C].上海海关学院 2019 年商业经营案例分析大赛作品汇编，2020.

案例六　德意志银行业务调整和重组

教学目标

熟悉跨国经营战略的内涵,掌握跨国经营战略的转型原因、条件、策略;能运用跨国经营战略理论分析公司实践经营案例。

教学重点

跨国经营战略的背景、条件,应用理论分析实践案例。

案情介绍

2018年5月25日,德意志银行(简称"德银")宣布包括裁员超过7 000人在内的大规模重组计划。细观德银本轮重组和调整,在全球布局上体现为大幅压缩美国市场业务和放缓中欧、中东及非洲业务;业务调整上则重点压缩投行部门,未来将削减25%的股票销售和交易业务人员,进一步压缩大宗商品咨询和业务部门。但需注意,自国际金融危机以来,全球大型银行一直在整合和调整业务结构,纷纷压缩和整合投行部门,如金融咨询公司。联盟发展公司数据显示:2010～2016年,全球前12家大型银行从事十大主要交易货币的外汇交易部门的雇员持续下降,直到2017年才出现1.2%的微增;英国皇家苏格兰银行全面收缩全球布局,削减投行部门1.8万人中的1.4万人,裁员率达77.78%。

讨论题目

1. 何为经营战略？何为跨国经营战略？跨国经营战略有何特点？
2. 德意志银行、皇家苏格兰银行等欧洲金融机构为何调整跨国经营战略？
3. 金融机构应如何调整跨国经营战略来应对人力成本上升的挑战？

案例分析

1. 相关概念

（1）经营战略　是指企业通过有效整合内部资源，在变化的市场环境中确定企业的发展方向和经营范围，从而获得竞争优势，满足市场的需求。

（2）跨国经营战略　跨国公司在国际经营活动中，面对激烈变化的国际经营环境，为实现资源的全球化最优配置，以及在全球范围内实现有效的市场选择与进入，达到整体效益最优而制定和实施的全局性、长远性的谋略和规划。

（3）跨国经营战略特点　跨国经营战略具有全球性、全局性、前瞻性（创新性）、纲领性（长期性）、应变性（动态性）。本案中，德银经营业务的调整和重组则反映出应变性（动态性）特征。

2. 欧洲金融机构调整跨国经营战略的主要原因

（1）2008年次贷危机和经济危机后，全球金融监管政策收紧，要求投行业务与企业金融、零售金融相分离，投行业务无论是在资本门槛还是人员薪酬方面都面临更大的监管挑战，特别是人员薪酬的提升直接导致人力成本的上升，进一步压缩经营利润，从而导致裁员和业务收缩。

（2）资本门槛的升级、人员薪酬的提升导致金融机构投行业务量和利润下降。联盟发展公司数据显示：2017年全球前12大投资银行有关固定收益、货币和大宗商品业务收入降至680亿美元，为7年来最低点。其中，来自十大主要交易货币收入降至71亿美元，为2006年以来最低水平，也导致投行业务收缩。

（3）美资机构主导投行业务的态势日益明显，长期处于二线梯队的欧洲投行面临"鸡肋"尴尬境地。数据显示，2017年底，最大的5家美国银行投行业务营收比重已高达62％，剩余的不足40％则由7家欧洲银行所有。在面临美资机构竞争优势的巨大压力下，欧洲银行要想形成全面与美资机构竞争的态势，则需要补齐各自的不足，但高昂的成本又是欧洲银行无法承受的；更重要的是，欧洲银行即使补齐了业务短板，投行业务的总体业务量也已远不及国际金融危机前的水平，资本投入后的预期收益也无法保证。

因此，德银、苏格兰银行等欧洲银行不得不压缩投行业务。

3. 加大科技投入

面对人力成本上升的压力，金融机构应集中加大科技投入，以适应新的银行业发展环境，解决自身技术人才缺乏问题。2017年开始，皇家苏格兰银行在关闭成本高昂的实体分支机构的同时，加大对网上银行和手机银行的业务投入；北欧银行开始部署大量的数字化和自动化设备，以削减成本和提升竞争力；瑞银集团加大招募相关数据科学家、分析师和研究人员，提升人工智能领域的应用规模，更有效地优化投资和风险管理。

参考文献：蒋华栋.全球大型银行持续整合业务结构[N].经济日报，2018-05-31.

第二篇 企业国际化经营

案例一 海尔集团国际化经营

教学 目标

熟悉企业国际化经营的内涵、实质和类型,掌握企业国际化经营的具体策略,能运用相关理论分析企业国际化实践案例。

教学 重点

企业国际化经营的具体策略,应用理论分析企业国际化实践案例。

案情 介绍

2000年,海尔集团营业额达到408亿元人民币,特别是企业国际化的进程也取得骄人的业绩。海尔集团在全世界建立起全球贸易中心56个、设计中心15个、工业园8个、工厂48个、服务网点11 976个,以及营销网点53 000个。其中海外工厂12个、营销网点3.8万个,已成为名副其实的跨国公司。

在海尔集团迅速发展成为中国家电行业的排头兵以后,其经营目标就开始瞄准国际市场。1986年,海尔集团的电冰箱首次出口就获得300万美元的销售额,出口的成功增加了海尔集团开拓国际市场的勇气和信心。1992年,海尔集团获得ISO9001质量体系认证;同年,在德国有关机构对本国市场的电冰箱质量的检查中,海尔冰箱以全优的成绩首次超过德国生产的冰箱。为更好地开拓国际市场,海尔集团先后取得美国、欧盟、日本、澳大利亚、俄罗斯等国家和地区共 18 类的产品认证,其产品可畅通无阻地出口到全世界的 87 个国家和地区。1996 年海尔集团获得 ISO14001 国际环境质量体系的认证,1996 年 11 月获欧盟 EN45001 实验室认证,1998 年 6 月获加拿大 CSA 全权认证。海尔集团的产品只需经海尔集团技术中心检验合格就可方便地实现出口,进入国际市场。

为配合和推动全球质量、技术认证体系的建立,海尔集团主动推动设计国际化。1994 年,在东京建立首家海外设计分部,至 1998 年,已在洛杉矶、硅谷、阿姆斯特丹、蒙特利尔成立海外设计分部,在首尔、悉尼、东京、洛杉矶、硅谷、阿姆斯特丹、维也纳、蒙特利尔、中国台湾、中国香港等设立信息中心。

在出口和技术研发取得巨大成功的同时,海尔集团开始瞄准国际投资领域。1996 年 12 月,印度尼西亚海尔保罗有限公司在雅加达成立,首次实现海外投资跨国生产;1997 年 6 月,菲律宾海尔 LKG 电气有限公司成立;1997 年 8 月,马来西亚海尔工业(亚西安)有限公司成立;1997 年 11 月,南斯拉夫海尔空调厂建立;1998 年 2 月,海尔中东有限公司在伊朗成立;1999 年 4 月,美国海尔贸易有限责任公司揭牌仪式在联合国大厦举行,同时在美国南卡罗莱纳州投资建立电冰箱生产公司,即在世界市场最大也是竞争最为激烈的美国实现实质性的跨国经营;2000 年 3 月,美国海尔工业园竣工投产,第一台美国造冰箱下线;2001 年 6 月,海尔集团收购意大利电冰箱厂,首次实现白色家电跨国并购;2002 年 1 月,海尔集团与日本三洋结成竞合关系。

经过短短 20 多年的艰苦创业和卓越创新,海尔集团从一个亏损 147 万元人民币、濒临倒闭的集体小厂,发展壮大成为世界第四大白色家电制造商,是中国品牌最具价值的、产品多元化、经营规模化、市场国际化的大型跨国企业集团。

讨论 问题

1. 请分析企业国际化经营的内涵和表现。
2. 请分析海尔集团国际化经营的主要步骤与特征。
3. 请分析海尔集团国际化经营对中国企业的启示。

案例 分析

1. 国际化经营

企业国际化是指国内企业参与国际分工和经济全球化进程,逐渐发展成为一个跨国公司或国际企业,在全世界范围内建立生产、经营、销售和服务网络的过程。实质具体可分为生产制造国际化、市场国际化、技术国际化、人才国际化、资金来源国际化、品牌国际化等。

2. 主要步骤与特征

(1) 国际化发展阶段　海尔集团的国际化主要经历3个阶段:市场/产品国际化——出口,以使国外消费者认同海尔的产品和品牌;技术国际化——全球技术/质量认证和全球技术研发体系构建;生产制造国际化——到诸多国家/地区建厂生产,实现生产网络的全球布局和生产的本土化。

(2) 海尔集团国际化经营特征

① 先难后易模式。第一,进入方式方面,在全球,先通过技术认证实现技术的国际化,再通过国际直接投资实现生产制造的国际化;在美国、欧盟、日本等主要国家和地区也是先通过目标国家/地区认可的质量或技术认证体系,构建适合当地的技术研发体系,取得质量/技术认证、技术研发和品牌知名度,再通过国际直接投资实现生产制造的国际化。第二,进入国别方面,先进入市场成熟、竞争激励和对产品质量要求高的欧美国家,再进入发展中国家或地区。

② 不同国家/地区采用不同国际直接投资方式。对印尼、菲律宾、马来西亚等发展中国家/地区,基本采用绿地投资方式,而对意大利采用跨国并购方式,对日本则采用国际战略联盟等。

3. 案例启示

(1) 注重技术和品牌等所有权优势的构建。
(2) 合理设计企业国际化战略,选择合适的国际化模式和国际化阶段划分。
(3) 根据不同国家的具体情况,进行全球价值链的合理布局。
(4) 根据不同国家选择合适的国际化方式。

案例二　TCL 国际化经营

教学目标

熟悉企业国际化经营的内涵、实质和类型,掌握企业国际化经营的具体策略,能运用相关理论分析企业国际化实践案例。

教学重点

企业国际化经营的具体策略,应用理论分析企业国际化实践案例。

案情介绍

TCL 的国际化经营先从与中国文化背景比较相近的东南亚国家着手,如越南、菲律宾等东南亚国家,然后一步一步向发达国家扩张和渗透。作为最早响应国家号召"走出去"的中国企业之一,TCL 在产品出口累积的基础上,1999 年就在越南成立分公司。经过 3 年的拼搏,TCL 彩电在越南市场已做到第二位,仅次于索尼。在菲律宾市场,TCL 彩电成长也很快。在此基础上,TCL 先后收购德国彩电企业施耐德、法国汤姆逊和阿尔卡特,逐步向发达国家市场渗透。

2011 年,TCL 集团实现销售收入 95.2 亿美元,其中 35.4 亿美元来自海外。截至 2011 年底,TCL 在全球 40 多个国家和地区设有销售机构,在美国、法国、新加坡等设有研发机构,在波兰、墨西哥、泰国、越南等拥有制造加工基地。此外,TCL 还根据各国国情采取不同的国际化模式。如墨西哥对外资有优惠政策,TCL 就采取投资建厂模式,在当地实现生产和销售一条龙;巴西税收高、劳工法律复杂,自行建厂不确定因素太多,TCL 采取与当地企业合作模式,主要为合作伙伴提供产品和技术支持;智利市场开放,关税较低,TCL 采取直接出口模式,以获得更高利润。2011 年,TCL 集团在拉美的销售收入达 50 亿元人民币。

讨论问题

1. 请分析 TCL 国际化经营的主要阶段和特征。
2. 请分析 TCL 国际化经营的潜在收益和弊端。

案例分析

1. 主要阶段

TCL 的国际化主要经历 3 个阶段:市场/产品国际化——出口;生产制造国际化——到诸多国家/地区建厂或并购当地企业,实现生产网络的全球布局和生产的本土化;技术国际化——在部分国家设立研发机构。

2. 特征

（1）先易后难模式

① 进入方式：首先，通过出口或设立销售机构，实现产品/市场的国际化；其次，通过直接投资实现生产的国际化；最后，在部分国家设立研发机构实现技术国际化。

② 进入国别：先是越南、菲律宾等技术、质量、品牌等进入壁垒相对较低的发展中国家，再进入技术、质量、品牌等进入壁垒相对较高的欧盟国家。

（2）不同国家/地区采用不同国际直接投资方式　针对巴西、墨西哥和智利则分别采用投资建厂、合作生产和出口等国际化经营方式，以降低国际化经营风险。

3. 收益

（1）释放强大的产能过剩压力，更突出规模经济，弥补国内市场相对需求不足。

（2）积累国际化经营经验，储备全球经营的国际化人才，熟知国际化规则等。

（3）可使企业进退两便，避免大规模的投资风险和企业资源的浪费。从一两个市场打开缺口，若能成功则追加投入，扩大规模；若出师不利，则收缩战线，调整国际化经营战略，转换市场经营方式，有效控制国际化经营的风险。

4. 弊端

（1）第三世界国家和东南亚国家的市场潜力有限，且日本、韩国产品已占据着其高端市场，中国企业所能占据的中、低端市场利润空间非常有限，对企业经营业绩的压力较大。

（2）由于进入的是发展中国家，对有望打造国际品牌企业的品牌形象来说，有一定弱化影响，因为这些市场不发达，企业在这些市场所占据的位置不利于其全球品牌的打造，对企业今后进入欧美等发达国家也会产生阻力。

案例三　中国商业银行国际化经营

教学目标

熟悉企业国际化经营的内涵、实质和类型，掌握企业国际化经营的具体策略，能应用相关理论分析企业国际化实践案例。

教学重点

企业国际化经营的具体策略,应用理论分析企业国际化实践案例。

案情介绍

在经济全球化、金融一体化的宏观时代背景下,中国商业银行迈出国际化步伐是谋求生存与发展之道的必然选择,即中国商业银行国际化是大势所趋。但随着中国商业银行国际化发展进入新时代,全球经济、金融、政治存在较大的不确定,国际化道路将面临更趋复杂的营商环境,新风险、新挑战将对中国商业银行国际化模式提出更高要求。随着金融全球化、信息化、数字化迅猛发展,大型金融集团已成为国际银行业的主导,各大知名银行纷纷扩大全球经营活动,探寻各自的国际化路径,并深刻影响着全球金融业格局。因此,中国商业银行应深入分析国际大型银行国际化发展模式、成功经验和启示作用。

讨论题目

1. 国际大型银行国际化发展的主要模式是什么?
2. 国际大型银行国际化发展的成功经验是什么?
3. 国际大型银行国际化发展对中国商业银行有哪些启示?

案例分析

1. 国际大型银行国际化发展的主要模式

(1) 通过海外并购,迅速实现规模扩张和全球运营 如花旗集团,自1998年与旅行者集团合并后开展了一系列重大收购,兼并了墨西哥、韩国、智利等地的多家银行,发展成为一家国际全能金融服务提供商,凭借庞大的营销网络和产品多样化,获得了全球竞争优势。德意志银行通过并购欧洲、美国、东亚等地银行和金融机构,由一家地区性银行扩张为全球性领先银行,经营范围涵盖银行、证券、基金、信托等领域。

(2) 瞄准新兴市场,打造区域性国际银行 如渣打银行虽是一家英国银行,自成立之初,便以亚洲、中东和非洲作为业务开展主要区域,一直致力于成为在新兴市场领先的国际银行。无论是开设新的分支机构还是实施海外并购,渣打银行主要基于目标市场成长性的考虑。与当地政府和社会的良好关系、对当地市场的熟悉程度及跨国经营能力是其在新兴市场开展业务的重要基础。

(3) 谋求重点业务的全球领先优势　如瑞银集团是全球第一家开展大量保险业务,而后主动退出的银行。为提升核心竞争力,在全球更多地关注私人银行、资产管理和投资银行业务,基本做法是:在公司业务和私人业务的选择中,重点发展私人业务;扩大代理业务,减少自营业务;进入利润不高但收益稳定、自身有比较优势的业务,放弃可能高收益但风险较高、前景不明的业务。

(4) 立足本土进行业务扩张　如美国银行一直专注本土化发展,依托国内资本市场实现业务扩张;富国银行专注本土业务并始终执行平衡增长战略,坚持"为美国本土的个人和小企业客户服务"的市场定位,重视建设多层次分销渠道。

(5) 通过并购实现业务互补　JP摩根是较早开展全球化的美国银行之一。出于服务客户全球化业务的需要,JP摩根也在欧美之外的国家和地区建立分支机构,但其跨国并购仅以填补产品种类及地理范围缺口为目标,业务也始终以欧美市场和高端客户为主。三菱日联金融集团,20多年来始终坚持短期调整和长期转型相结合的战略,历次并购重组都本着业务互补的目标,通过实施综合化经营,有效规避日本经济衰退的周期,实现跨越式发展。

2. 国际大型银行国际化发展的成功经验

(1) 根据自身特点制定相应的海外发展战略　国际大型银行的发展经验表明,没有普遍适用的战略模式。无论是德意志银行全球并购与全球上市并举的战略、渣打银行的差异化战略,还是美国银行持续关注零售业务的战略,都是为了培育和保持自身核心竞争能力。

(2) 根据环境变化调整海外战略　自1812年创立以来,花旗集团正是通过不断调整战略,才在一次次的经济周期中屹立不倒。欧洲银行业近年来也把跨国并购重点放在成长性较好的日本、韩国和东南亚国家。

(3) 充分重视并购整合及本土化经营　为减少整合中的矛盾,花旗集团利用金融控股公司模式的优势,既保持对并购企业的相对控制权,又给予并购企业独立发展空间。美国银行采用一整套结构化整合流程,整合项目团队从交易阶段就开始介入,确保业务部门主导整合过程,使利益相关者都能参与决策,并购双方在各级别都能有效沟通,以确保文化整合成功。JP摩根遵循"宁肯拥有一流的执行、二流的战略,也不要好的想法与平庸的执行"的理念,是知名整合专家。

3. 对中国商业银行国际化发展的启示

（1）高度重视国际化经营战略　当前,中国金融业市场结构、经营理念、创新能力、服务水平还不适应经济高质量发展的要求。中资银行应完善金融服务,防范金融风险,认真学习、借鉴美国银行和富国银行等大型银行以本土业务为主的成功经验,立足国内业务发展,稳步实施全球化经营,服务"一带一路"国际合作,推动金融业高质量发展。

（2）量身定制国际化业务发展模式　商业银行对自身优劣势和外部环境应有客观全面的认识。在制定全球化战略时,既要综合考虑人力资源、企业创新精神和风险管理水平等内部因素,又要兼顾国外监管规定、市场竞争强度、当地社情民意等外部因素。如在港澳和东南亚等周边地区,可优先考虑发展人民币业务,以及汇兑、结算和融资等业务,侧重于扩大市场份额;在伦敦、纽约等国际金融中心,可优先发展资金、清算和融资等业务,学习先进经验和技术;在华人华侨聚居地区可优先发展零售和汇兑等业务。

（3）制定分步实施的海外发展策略并灵活调整　现阶段,中国商业银行在海外业务管理能力、人才储备等方面距离国际先进水平还有差距。银行国际化拓展宜先实行"跟随客户"策略,逐步拓展大型跨国公司和境外优质客户,从财务并购向股权并购稳步推进。在积累足够经验后,可实行"分散投资"策略,全面完善全球网络布局,利用全球客户资源和综合经营平台开展交叉销售,利用全球资本配置规避系统风险,真正实现"成为世界一流银行"的战略愿景。如果在执行过程中,国际营商环境发生变化,则应灵活调整国际化发展策略。

（4）选择适当的并购时机和方式　在全球性和区域性危机中,银行并购机会将大大增加。在当前全球金融市场深度调整的形势下,一些银行可能陷入流动性困境,甚至破产倒闭,但同时也会有银行在危机中发展壮大。中国商业银行应做好形势研判,择机灵活运用协议转让、IPO认购、定向增发、认购可转债以及二级市场公开收购等并购方式和手段,选择一些有发展潜力的银行并购。

（5）充分关注可能导致海外经营失败的风险　中国商业银行已置身全球银行业跨国发展浪潮,参与是唯一选择。但如何参与和应对国际化经营中的各种风险是需要认真研究的问题。海外战略实施要始终保持冷静,严守风险底线,避免过分自信和盲目扩张。要对市场环境变化随时保持警惕,了解国际监管规则,预先设想可能出现的各种危机,做好应急预案,最大限度降低海外经营风险。

（6）加强国内外协同配合　国际化经营不是海外机构的自身行为,需要银行内部不同业务条线之间、前中后台之间、总分行之间、母公司和子公司之间的共同参与和配合。尤其在目前全球主要国际市场监管趋严趋同的形势下,中资银行海外机构面临的全球合规风险和反洗钱风险有加大之势,国内商业银行的业务部门、分支机构和子公司都应有全球化经营视角,要按照国际反洗钱等合规标准开展业务,做好客户身份识别与客户尽职调查,从"第一道关口"把控合规风险,防止风险从境内转移到境外。

(7)积极培养和储备国际化人才 由于一直偏重国内业务拓展,中国商业银行的国际银行管理人才严重不足,尤其缺乏适合在境外机构工作的领导团队。国际化竞争核心是人才竞争,应加紧培养和储备人才。一方面要培养自己的国际人才队伍,另一方面要在全球范围内招聘本土人才,尤其是关键岗位的高级人才。通过市场招聘、加大培训和加强交流等多种形式,打造能够胜任不同区域经营监管要求的境外人才队伍,为国内商业银行国际化战略实施提供最基本的保障。

参考文献:邴梦成.国际大型银行海外发展策略借鉴[N].国际商报,2020-05-07:03;唐建伟.商业银行如何走好国际化步伐[J].中国金融,2018,(05):9-11.

案例四 中国企业"走出去"遭遇世界银行制裁

教学目标

熟悉企业国际化经营的风险,掌握企业国际化经营的风险防范措施,能应用相关理论分析企业国际化实践案例。

教学重点

企业国际化经营风险防范,应用理论分析企业国际化实践案例。

案情介绍

近年来,被世界银行除名制裁的中国企业越来越多,其中不乏国际上很有影响力的企业涉案,世界银行制裁制度开始引起企业界的广泛关注。

2019年5月14日,世界银行公布对总部位于上海的某企业做出除名制裁的决定。制裁原因是,该企业在参与世界银行资助的加纳电力项目采购合同时伪造合同经验文件,以满足项目合同的要求。这被世界银行认定为欺诈行为,违反其采购政策。随后,该企业与世界银行达成和解。作为和解协议的一部分,该企业及其附属28家子公司在为期15个月里被世界银行给予除名制裁。而在世界银行制裁的1年多时间里,其他多边开发银行也会给予交叉制裁,因此该企业及其附属公司在未来15个月内都没有资格参与世界银行及其他多边开发银行资助的任何项目。

2019年6月5日,世界银行公布对一家中国央企及其所有附属公司和730家控股子公司做出除名制裁的决定。该企业被制裁原因是,该企业在参与世界银行援助的格鲁吉亚东西公路走廊改善项目合同投标时存有问题(提供的人员信息、设备信息、经验及业绩存在瑕疵),被世界银行认定存有欺诈行为。经过长期沟通,该企业与世界银行达成和解协议,缩短资格取消期。作为和解协议的一部分,该企业及其附属公司被给予9个月除名制裁,并在24个月内给予附条件不除名制裁。

根据世界银行公开制裁名单,截至2019年6月,被制裁的中国企业数量达54家。在制裁中,一家企业直接或间接控制的多家企业会被合并为1家企业。如果以每个实体来计算,被制裁企业数量达到914家。另外,世界银行还制裁了8名个人。在制裁名单中,有18家企业和4名个人因受到其他国际开发银行制裁,再被世界银行实施交叉制裁。其中,有2家企业被非洲开发银行制裁;15家企业和2名个人受到亚洲开发银行制裁;1家企业与1名个人受到美洲开发银行制裁。除公开制裁名单外,世界银行还把部分中国企业因不当行为的违规信息通知给中国政府调查,这些企业名单并没有公开。还有一些企业在世界银行启动调查之前,就主动与世界银行达成和解,或者参与世界银行的自愿信息披露计划。

从行业分布来看,99%以上是从事基础设施建设、工程建设类的企业。这些企业往往因为参与投标不合规,比如提供了不真实信息或文件造假,违反了世界银行采购指南的反对欺诈行为条款而遭到制裁。

讨论 题目

1. 企业开展跨国经营可能面临哪些风险?被世界银行制裁属于何种风险?
2. 中国被世界银行制裁的主要原因是什么?
3. 被世界银行制裁后可能带来哪些影响?
4. 中国企业应如何规避世界银行制裁?

案例分析

1. 跨国经营风险

通常,企业开展跨国经营主要面临政治风险、法律风险、经济风险、技术风险、社会人文环境风险(文化风险)、自然风险等。

其中,跨国经营法律风险是指在跨国经营活动实施过程中,由于企业外部法律环境发生变化,或由于包括企业自身在内的各种主体未按照法律规定或合同约定行使权利、履行义务,而对企业造成负面法律后果的可能性。

案例显示,被世界银行制裁的企业存在合同订立过程中信息披露违规和合同欺诈,违反世界银行采购指南的反对欺诈行为条款,因此都属于主观违法的法律风险。

2. 原因

(1) 企业在"走出去"过程中,对国际通行规则与非通行规则不熟悉、认识不足或理解不到位,而出现不合规的商业行为。

(2) 经受不住利润的诱惑而存在侥幸心理,做出违反国际通行规则和非通行规则的不合规行为。

(3) 没有认识到违规处罚的严重影响,存在以小博大的赌博心理。

(4) 企业没有认识到,国内法规、行业规则和国际规则对同一行为是否违规以及违规后的处罚力度不同,习惯性将国内做法沿用到国际商务经营之中而导致违规。

3. 造成的不良影响

(1) 根据世界银行章程和规则,企业一旦被制裁,就会被禁止承接世界银行资助的项目。

(2) 根据交叉制裁和联合惩戒原则,甚至会引起其他多边开发银行(如亚洲开发银行、非洲开发银行等)的制裁,限制企业参与多边开发银行资助的项目。

(3) 可能会被其他国家的政府、企业、金融机构关注,或者被设置不利的合作条件,进而影响企业进一步获得项目和商业机会。

(4) 考虑到世界银行资助的项目布局与"一带一路"倡议在地域上存在高度的重合性,企业因不合规被世界银行除名制裁,还可能不利于"一带一路"建设的顺利推进。

4. 应对策略

(1) 近期策略

① 正在参与或近几年内参与世界银行项目且未来还将继续参与类似项目的企业,应加强对相关项目是否存在合规风险情况的排查。如当前项目存在合规风险,企业应做好识别、整改及应对预案,甚至可参加世界银行的自愿信息披露计划。

② 对于过去10年内参与的项目,如存在较高合规风险,也应采取相应措施,管控风险。特别是要制定有效的合规方案,预防当前或未来项目中存在的合规风险。

(2) 远期策略　跨国公司应通过建立有效的合规管理体系,应用体系化与制度化的管理工具来应对合规风险的挑战。

① 加强对国际法律、国际规则、国际组织和多边组织章程与规则的整理、研究,加强对走出去企业管理人员,特别是涉外商务管理人员的常规培训和专题培训。

② 倡导与传播企业合规文化,让企业深知合规理念,引导企业树立诚信、透明、开放、合规的企业文化。

③ 推进企业合规管理体系建设,强化依法合规制度,加快形成经营范围、组织结构、业务规模、行业特征相适应的管理体系。

④ 完善企业合规法律服务,有效防范经营和管理风险,加强法律服务与企业经营管理的融合,为企业在经营过程中筑牢防火墙。

⑤ 加强企业合规人才培养,提升合规保障能力,打造一支适合中国和国际市场环境的既懂经营管理又懂法律的人才队伍。

⑥ 企业应注重培养"合规风险的识别与评价"技能,如构建适合本企业的"合规风险的识别与评价框架图",并逐步构建适合本企业的合规操作系统,如"公司全球合规操作系统"。此外,"走出去"中法律风险的更多防范措施建议参考2013年10月25日国务院国有资产监督管理委员会印发的《关于加强中央企业国际化经营中法律风险防范的指导意见》(国资发法规〔2013〕237号)。

因此,合规已成为企业的竞争力,能为企业全球化发展带来竞争优势,致力于全球化发展的企业要加快建立合规管理体系,提升合规管理能力,化解经营中的合规风险,为全球化稳健发展保驾护航。

参考文献:何芬兰."走出去"企业亟须警惕世行制裁风险[N].国家商报,2020-02-24:04.

案例五 雀巢的国际化经营

教学目标

掌握企业国际化经营的具体策略,能应用相关理论分析企业国际化实践案例。

教学重点

企业国际化经营的具体策略,应用理论分析企业国际化实践案例。

案情介绍

雀巢创始于1867年,是全球最大的食品公司,在世界500强中名列前50位。第二次世界大战以后,雀巢开始全面进军食品行业,不仅在乳制品和以咖啡、可可为原料的产品行业施行了一系列的并购,还涉足烹调食品、快速食品、冰激凌、冷冻食品、冷藏食品等。1983年伊始,雀巢又展开新一轮的并购行动,这次的重点还是食品行业,其目标是通过并购掌控食品行业专门技术的中小型企业,进一步增强核心业务的市场竞争力。同时,雀巢还实施了以提高美国市场占有率为目标的一系列并购。

讨论题目

1. 分析雀巢国际化经营战略所具有的特点。
2. 雀巢国际化对中国企业国际化经营有哪些启示?

案例分析

1. 经营战略的特点

(1) 采用并购方式进入新市场　在实施国际化经营战略的过程中,并购往往是最佳的选择,不仅可避开设立新企业所产生的巨额成本和无法预计的高风险,还能很容易地获取成熟的销售渠道和市场份额,以及被收购企业早已在本地市场树立的良好口碑和大量忠实的消费者。通过并购,为雀巢节约大量时间,在短短的几十年间,把自己的业务"蛋糕"做大几倍,为企业的长期发展不断创造出利润的增长点。

(2) 专注于食品行业(产品同构原则)　雀巢收购的企业大多是各个国家食品行业内的强势公司。收购不仅壮大其麾下的品牌队伍,更重要的是,通过多次并购,最终确立了雀巢在宠物食品市场的老大地位,成为全球最大的冰激凌生产商;取得瓶装水业务的领先地位,在较短的时间内实现市场份额的提升和市场竞争力的增强。

(3) 根据市场环境变化调整并购战略　第二次世界大战后,为迅速构建完整产业链、实现规模扩张和提升市场占有率,雀巢采用全面进军食品行业的并购战略。但到1983年,随着市场竞争格局的变化,企业不能再单纯依赖价格和规模竞争,转而依赖技术优势,因此雀巢将并购对象转向掌控食品行业专门技术的中小型企业,以增强核心竞争力。

(4) 并购地域选择的递进性　雀巢全球化经营不是在全球范围内同步展开,而是采用先国内、再周边、再外围、最后美国的"先易后难"式递进策略,将并购的风险,特别是文化差异风险降到最低,保证了并购的成功。

2. 启示

(1) 根据市场环境和企业自身资源,选择适当的国际化经营方式。
(2) 慎重选择横向一体化、纵向一体化和混合一体化经营策略。
(3) 根据市场环境特别是竞争环境而变化,注重培育新的竞争优势。
(4) 国际化经营要慎重考虑是采用全球同步化,还是渐进式。
(5) 国际化经营要慎重考虑是采用多元化,还是归核化经营。

案例六　派克钢笔全球一体化战略

熟悉跨国公司一体化经营战略的基本内涵、实施步骤、实施条件等。

教学重点

跨国公司一体化经营战略的实施条件。

案情介绍

派克钢笔厂总部位于美国威斯康星州简斯维尔,该厂专门生产书写笔具,在该行业中最为出名,产品远销154个国家。1982年1月,R·彼特逊出任派克公司总经理和最高行政官。那时公司正在努力奋斗,以全球销售为主要对策,企图振兴公司。彼特逊更希望派克钢笔能成为书写工具行业里的"万宝路"。

当时市场正发生着变化,日本人已开始批发式销售价廉物美的一次性用笔,并取得相当大的成功。其他品牌的钢笔也各自扩大销售,使派克笔的总市场占有率陡然降至6%。而派克却仍然运用原有销售渠道,继续在百货公司的文具店销售其优质名牌笔。即使在这些店里,派克笔的市场地位也受到A·T·克劳斯公司产品的排挤。彼特逊到任后就行动起来,裁减人员,把生产线从500条减至100条,稳定了生产秩序。他还下令全面整修主厂房,使其面貌焕然一新。雇佣著名的奥格威和马瑟被,专门负责"派克"在全世界的广告宣传。

组成营销部的3位经理也来到公司,他们都具有丰富的营销经验,尤其是国际市场的营销经验。理查德·斯瓦特是书写笔具部门的营销副总经理,曾在全世界宣传3M公司的形象,他把营销计划的种种问题传授给公司的经理们。书写笔具广告负责人是杰克·马克斯,他曾组织过吉莱特公司的雪尔肯斯护发用品的世界性宣传。卡洛斯·戴·纳罗来派克公司后任全球营销规划经理,也有丰富的国际经验。就这样,全球一致的营销策略获准通过。从1984年初开始,派克公司发起了一场全球性销售运动,在运动中要求一切都应有"同一模样、同一声响"的特色,所有计划都由总部制定,每一项同销售有关的工作都要标准化,这是对一种普遍有争议的概念的大规模试验。有些国际公司还积极学习"派克"经验。

但在世界各地,用同样方法销售派克笔的观念却没有被派克众多子公司和分销点所接受:虽然笔的功能一致,但市场却各不相同。法国、意大利人喜欢高档自来水笔,而斯堪的纳维亚各国却喜欢圆珠笔。在有些市场,"派克"可摆出一副清高超脱的姿态,但在别的市场上却只好委屈地在价格方面竞争。

派克总部向所有市场指出:"派克笔的广告(包括各种型号和样式)一律以共

创策略和定位方法为基础。全世界广告采用的主题为：'请您用派克书写'。广告将使用相似的版面和照牌图像，所用字体也将统一采用获准的派克徽记，材料将统一提供。"各子公司对于这样的指令持不同的看法，尤其是英国的子公司，他们一直强烈反对"同一世界，同一牌子，同一广告"的命令。矛盾发生以后，斯瓦特在一次会上竟然嚷道："你们不要问什么缘故，你们的任务就是去做。"地方宣传的灵活性被完全排除在外。

结果很快就见分晓了。先是生产方面出问题，价值 1 500 万美元的新厂房老是停工；成本提高了，次劣产品数量多得无法忍受；内部矛盾突出，董事会开始把矛头指向"全球一致化"策略。1985 年 2 月，全球化试验结束，这一计划的大多数策划者不是离开了公司就是被公司辞退。1986 年 1 月，派克笔厂书写分部以 1 亿美元的价格卖给了一批派克的国际经理和伦敦一家风险投资公司。

讨论 题目

1. 派克钢笔为什么不能像可乐、牛仔裤等产品那样成为"全球性产品"？
2. 派克笔全球一体化战略的失败主要有哪些原因？

案例 讨论

由于经济发展水平、消费能力、文化习惯、消费心理等方面的不同，导致各地对笔的需求存在差异。而世界各地对可乐、牛仔裤产品需求的差异较小。派克全球一体化战略失败的原因如下。

（1）未意识到世界各地需求差异性，以及全球对笔的需求的变化，而强行推动全球产品。

（2）同种产品在部分市场以品牌竞争，而部分市场以价格竞争，损害了统一形象。

（3）全球营销策略的相似性没有考虑各细分市场的差异，广告效果欠佳。

（4）集权组织结构使得决策层与执行层沟通不佳，影响决策的科学性和执行力。

（5）整修全部主厂房导致成本上升，而由于销售的不得力，导致开工率不足，进一步提高成本和次品率。

跨国经营理论

案例一　欧洲迪士尼乐园项目失败

【教学目标】

熟悉企业跨国经营的基本理论，并能应用该理论解释和分析企业跨国经营行为。

【教学重点】

邓宁国际生产折中理论，应用理论分析企业国际化实践案例。

【案情介绍】

　　1984年，美国沃特·迪士尼集团在美国加州和佛罗里达州迪士尼乐园经营成功的基础上，通过许可转让技术方式，开设东京迪士尼乐园，获巨大成功。东京迪士尼的成功，大大增强了迪士尼集团对跨国经营的信心，决定继续向国外市场努力。1992年4月，在法国开办起第二个国外迪士尼乐园。

　　从日本迪士尼项目中，迪士尼集团发现，以许可合同交易方式跨国经营，虽然风险小，但所得的利润也非常有限，除去开办乐园时的咨询费以外，迪士尼的收入仅限于乐园门票收入的10％和园内商品销售额的5％，大量的经营利润源源不断地流入日本人的腰包。因此，在巴黎开设的欧洲迪士尼乐园与东京迪士尼乐园不同，迪士尼集团采取的是直接投资方式，投资额18亿美元，是占地48平方千米的大型游乐场。虽然有东京的经验，又有49％股权所带来的经营管理上的相当大的控制力,但欧洲迪士尼乐园的经营一直不理想。该乐园第一年游客人数大大低于预期,且人均游乐支出也大大低于预计水平,出现9亿美元亏损。被迫关闭了一家旅馆,解雇了950名雇员,并全面推迟第二线工程项目开发。随后几年,欧洲迪士尼乐园的游客数一直维持在年均近100万人次,到1994年年底累计亏损达20亿美元。欧洲迪士尼乐园的股票价格也从164法郎跌到84法郎。欧洲舆论界戏称欧洲迪士尼乐园为"欧洲倒霉地"。

讨论 题目

1. 简述邓宁国际生产折中理论(OIL)的基本内容和主要结论。
2. 运用该理论分析欧洲迪士尼乐园失败的原因。

案例 分析

1. 国际生产折中理论的基本内容

主要是从产业组织理论和国际贸易理论各学说中,选择国际直接投资的最关键的3个解释变量,即厂商特定资产所有权优势(O)、内部化优势(I)、国家区位优势(L),根据这3个变量的相互联系来说明对外直接投资及其他各种形式的国际经济活动。只有当O、I、L 3个条件都满足时,投资厂商才愿意对外直接投资,即所有权优势和内部化优势只是企业对外直接投资的必要条件,区位优势是对外直接投资的充分条件。

2. 失败原因

欧洲迪士尼经营失败的原因主要是进入模式选择错误,关键是未仔细考虑在区位优势是否具备的情况下,就贸然通过直接投资方式进入。

(1) 欧洲漫长而寒冷的冬天会严重影响参观的人数。

(2) 在欧洲迪士尼开办的1992年,欧洲大多数国家收入已很高,闲暇时间的支配方式和娱乐习惯已形成,导致不管是游客人数还是人均游乐开支均低于预计水平。

(3) 法国与美国文化存在差异与冲突,使迪士尼法国雇员难以接受迪士尼企业文化,美国式运营遭遇困难。

(4) 园内物价高得惊人,消费水准太高,游客往往自带食品,极少有人会在乐园的旅馆过夜,因此园内的餐厅和旅馆非常萧条。

综上所述,迪士尼集团在根本不具备国际直接投资所必需的区位优势的情况下，贸然选择国际直接投资方式，终将失败。如果欧洲迪士尼采取的是东京迪士尼的技术转让方式，迪士尼集团的损失也不会这么大。可惜的是，迪士尼集团在高客流高支出的日本，采取低风险低收入的技术转让方式，而在低客流低支出的欧洲，采取了高投资高回报高风险的直接投资方式。

案例二　德国大众汽车对华投资案例 OIL 解析

【教学　目标】

熟悉企业国际生产折中理论，并能应用该理论分析企业跨国经营行为。

【教学　重点】

邓宁国际生产折中理论，应用理论分析企业国际化实践案例。

【案情　介绍】

德国大众汽车公司（简称"大众汽车"）创立于 1937 年，是德国最大的汽车生产集团，产量居世界第五位，也是最早进入中国的跨国汽车制造集团。1982 年 6 月 8 日，大众汽车与上海拖拉机汽车工业公司签订试组装合同，拉开与中国合作的序幕。一直以来，大众汽车不断完善着自身产业结构，适应发展变化的环境和政策，不断提高核心竞争力。1990 年，在长春签署一汽-大众成立合资企业协议；2003 年 1 月，大众汽车上海变速器合资企业建立投产；2004 年，建立两家生产最先进发动机的合资企业，分别于 2006 年和 2007 年投入生产；2007 年 7 月，大众汽车品牌捷达车型在成都一汽集团公司的生产基地投产。自 1984 年以来，大众汽车在中国的总投资额已超 60 亿欧元，在中国共拥有 14 家企业。

【讨论　题目】

应用邓宁国际生产折中理论分析大众汽车对华投资建厂案例。

案例分析

1. 所有权特定优势

（1）海外投资经验丰富　大众汽车在投资中国之前就已投资包括德国本土的大众汽车公司和奥迪公司，以及设在美国、墨西哥、巴西、阿根廷、南非等国的7个子公司。丰富的海外投资经验，使其具备一定的规避风险、全球管理、全球营销、全球调配资源的能力。

（2）技术优势　大众汽车早已拥有成熟的技术，科研开发与创新能力也极强。与中国合资，可充分发挥其技术和研发优势。

（3）生产规模优势　整个大众汽车年产销能力达300万辆，是全球十大汽车制造商之一，在世界各地都设有独立生产装配公司。

（4）商标和商誉　至2002年底，大众汽车已收购布加迪、兰博基尼、劳斯莱斯等世界著名汽车品牌，拥有包括奥迪、斯柯达、大众商用汽车和大众汽车等品牌在内的10个独立的汽车品牌，品牌力量强大。

2. 内部化优势

（1）与向中国出口相比，通过国际直接投资可绕过高关税等贸易壁垒，节约贸易成本。

（2）在华投资实现当地生产、当地销售，可缩短汽车供应链，增大利润空间。

（3）同步发展其他服务支持，例如，1988年在上海成立技术人员培训进修中心。

德国大众在中国投资的内部收益率高达43%，远超8%~10%的行业一般水平。

3. 区位优势

（1）外资优惠政策。推行经济改革和开放政策后，中国外商政策好，给予外商超国民待遇和便利并鼓励大众汽车的对华投资。

（2）中国经济发展势头强劲，市场规模和需求逐渐扩大，潜在消费能力强。

（3）中国的劳动力市场巨大且价格低廉，汽车零部件原材料资源丰富，极大地降低了汽车的生产和加工的成本。

（4）相比其他发展中国家，中国具有良好的工业基础，且基础设施健全，并具有市场辐射效应，即可以为将来进军东南亚和整个亚太市场打好基础。

案例三　联想集团收购摩托罗拉案例 OIL 解析

教学目标

通过本案例，熟悉国际生产折中理论的主要内容，能应用该理论分析和解释跨国公司实践经营案例。

教学重点

国际生产折中理论的运用，内部化优势的分析。

案情介绍

根据联想集团官方消息，2014 年 1 月 29 日，联想集团在美国北卡罗来纳州三角研究园与谷歌达成一项重大协议，将收购摩托罗拉移动智能手机业务。

此前，联想集团曾于 2005 年收购 IBM 的全球个人电脑业务及其个人电脑品牌业务。2014 年再度收购全球知名的摩托罗拉移动，其中包括摩托罗拉品牌、Moto X 和 Moto G 以及 DROIDTM 超级系列产品等创新的智能手机产品组合。除现有产品外，联想集团将全面接管摩托罗拉移动的产品规划。谷歌将继续持有摩托罗拉移动大部分专利组合，包括现有专利申请及发明披露。作为联想集团与谷歌长期合作关系的一部分，联想集团将获得相关的专利组合和其他知识产权的授权许可证。此外，联想集团将获得超过 2 000 项专利资产，以及摩托罗拉移动品牌和商标组合。

"并购这样一个在行业中最具代表性的品牌及其创新的产品组合和精英汇集的全球团队，将帮助我们在移动领域把握快速增长的机会，让我们加速成长为全球性的移动设备厂商。"联想集团董事长兼 CEO 杨元庆表示，"凭借联想高效的运营平台、一流的生产制造能力和全球化的业务覆盖，我们有信心让这个业务实现长久的增长和盈利。我们将结合双方优势，打造用户喜爱的产品，推动业务成长。联想在继承和发扬优质品牌方面有着非常好的经验，ThinkPad 品牌的优势在我们手中得到发扬光大。我们相信，本次并购同样能取得成功。面向未来，我们不仅将继续保持强劲的增长势头,还将为实现新发展奠定坚实基础。"谷歌 CEO Larry Page 表示:"这对所有安卓用户来说是一个重要的变化:随着这项协议的达成,谷歌(Google)将集中精力致力于安卓生态系统的优化和创新,而联想集团拥有专业且丰富的经验,这将会帮助摩托罗拉移动,将创新产品提供给更广大的用户。"

摩托罗拉移动 CEO Dennis Woodside 表示:"作为联想集团的一部分,摩托罗拉移动将会以更快的方式,实现获取移动互联网的下个 1 亿用户的目标。摩托罗拉新近发布 Moto X 和 Moto G,目前发展势头非常好,联想的硬件专业经验和全球性的业务覆盖会加速我们的业务发展。"

据联想集团官网,此次收购价约 29 亿美元(可有若干调整),包括在收购完成支付 14.1 亿美元,其中包括 6.6 亿美元的现金,以及 7.5 亿美元的联想普通股股份(视乎份额上限/下限而定)支付,而余下 15 亿美元将以 3 年期本票支付。

2014 年 10 月 30 日,联想集团宣布以 29 亿美元购买谷歌的摩托罗拉移动智能手机业务,并将全面接管摩托罗拉移动的产品规划。

讨论题目

1. 运用国际生产折中理论具体分析联想集团并购摩托罗拉案例。
2. 简要分析该并购案对中国企业对外投资的启示。

案例分析

1. 并购优势

(1) 并购方联想所有权优势

① 资本优势。截至 2014 年 3 月,联想集团 2013/2014 财年的营业额、除税前溢利和盈利均创历史新高,全年营业额达 387 亿美元,同比上升 14%,全年除税前溢利达 10.1 亿美元,同比增长 27%;特别是全年盈利,2010~2013 财年,联想集团权益持有人盈利分别为 2.73 亿美元、4.73 亿美元、6.35 亿美元和 8.17 亿美元。

② 并购整合能力优势。2004 年并购 IBM 成功整合,联想集团在 2013/2014 财年进一步巩固全球个人电脑市场的龙头地位,全年市场份额增加 2.1 个百分点,达 17.7%,再创新高。

③ 全球经营网络优势。2013/2014 财年第四季度,联想集团在亚太区的综

合营业额达17亿美元,占联想集团全球总营业额19%,经营溢利率年比年上升1.3%至2.7%;欧洲/中东/非洲区综合营业额达26亿美元,年比年上升39%,占联想集团全球总营业额27%,经营溢利率年比年上升1.0%至2.9%;美洲区综合营业额年比年上升23%至约20亿美元,占联想集团全球总营业额21%。

④ 集团化管控优势。2011年,联想集团成立移动互联及数字家庭集团MIDH,在运营商市场和开放市场发力;2013年,MIDH业务在集团业务占比从2011年2%提升至15%,智能手机销量位列中国市场第二位,在全球则是第四大智能手机厂商。

⑤ 技术优势。2013/2014财年,联想集团积极把握4G/LTE的商机,扩大自主研发的生态系统应用程序商店"乐商店",并在中国市场跑赢整体行业;推出数款智能手机,包括首款LTE智能手机,即联想Vibe Z;联想全球智能手机销量增长59.4%,较全球市场高出28%。

(2) 并购方联想的内部化优势

① 避免专利技术购买价值的不确定性,如果采用技术授权方式,则需不断评估技术授权价值和价格,增加不确定性。

② 可将摩托罗拉手机研发、生产和销售纳入统一体系中,实现一体化经营方式,避免外部交易的不确定性。

③ 可自主确定公司内部贸易的转移价格,避免价格发现与商定成本。

④ 可吸收被并购方先进的专利、品牌、技术、管理流程。

⑤ 可严格管控全流程的质量管理,避免外部交易可能导致的责任风险。

(3) 被并购方摩托罗拉的区位优势

① 品牌优势。联想集团将获得摩托罗拉品牌,如Moto X和Moto G以及DROIDTM超级系列产品等创新的智能手机产品组合。

② 网络渠道优势。截至2013年底,摩托罗拉仍占据8.6%的全球手机市场份额和6.7%的美国智能手机市场。

③ 专利优势。联想集团将获得超过2 000项专利资产、相关专利组合和其他知识产权的授权许可证。

④ 高科技人才优势与研发能力优势。2011年以来,摩托罗拉虽然相继退出部分市场,但其研发能力却得到长足提升,如推出的Moto X、Moto G、Moto360等产品在2014年年底就获得包括《华尔街日报》《Stuff》在内的媒体颁布的重量级奖项。

⑤ 谷歌股权合作优势。支付对价包括7.5亿美元联想普通股股份,使得谷

歌集团成为联想股东,可为获得与谷歌的战略合作机遇提供基础。

2. 案例启示

企业对外投资必须具备一定的所有权优势,如资本、规模、管理、技术、政府政策等方面的优势;选择的东道国或投资对象必须具备某种区位优势,如市场、技术、政策优惠等;对外投资者必须拥有将自身所有权优势和东道国或投资对象的区位优势相结合的内部化优势。

案例四 伊利集团创新与国际化战略

教学目标

熟悉伊利集团创新与国际化战略的关系,能运用该理论分析和解释跨国公司实践经营案例。

教学重点

创新推动国际化经营的路径。

案情介绍

2019年,内蒙古伊利实业集团股份有限公司(简称"伊利")实现营业总收入902.23亿元,连续6年位居亚洲乳业第一,同比增长13.41%,净利润70亿元,同比增7.73%;伊利营收连续超百亿级增长,展现出绝对领先的规模优势和持续稳健的增长能力。伊利亮眼的业绩源于对研发的重视和国际化战略的稳步推进。

第一,2019年财报数据显示,伊利研发费用为4.95亿元,占营收比例为0.55%,在国内乳制品企业中位居首位。截至2019年12月,公司累计获得专利授权2 703件。其中,发明专利授权数量为515件,并有4件专利获得中国专利优秀奖。伊利注重研发全球化,如2014年与荷兰瓦赫宁根大学合作建立伊利欧洲创新中心。

第二,随着改革开放的深入和"一带一路"倡议的推进,伊利加快国际化布局,带领中国乳品品牌"走出去",编织起涵盖资源、创新、市场等领域的全球网络。2019年,伊利加快全球优质资源整合步伐,国际化业务稳步发展,通过投资、并购方式,持续推进印尼、泰国等东南亚市场业务,如Joyday冰激凌在印度尼西亚大卖、安慕希成功登陆新加坡;收购新西兰Westland Co-Operative Dairy Company Limited,建立大洋洲生产基地,将畅销全球乳品市场的Westpro(威士宝)、Westgold(牧恩)黄油以及其他乳类产品正式引入中国市场,实现品质、技术、资源和市场的全方位融合。在第二届中国国际进口博览会期间,伊利积极推进"全球资源、全球市场、全球创新"国际化战略,与利乐、嘉吉和芬美意等13家全球战略合作伙伴签约,打造行业内首个"可持续发展供应链全球网络";全面深化全球健康产业链合作机制,构建更加紧密的合作共赢模式,汇聚全球优质资源,共建健康生态,共享健康成果,共同打造"全球健康生态圈",夯实全球产业链布局的战略协同优势。

讨论 题目

1. 简述科技创新推动国际化经营的路径。
2. 简述伊利科技创新与国际化战略的经验和启示。

案例 分析

1. 科技创新的作用

当前,科技创新已成为推动企业参与国际竞争、提升国际化经营水平的重要引擎,其作用路径主要有4个方面。

(1) 以Melitz为代表的新新贸易理论 企业国际化经营决策主要取决于其生产率的高低,而研发投入是提升企业生产率的重要因素,即研发投入可通过提高企业生产率而推动企业国际化经营。

(2) 邓宁国际生产折中理论 企业所有权优势、内部化优势和区位优势是企业国际化经营行为的重要影响因素。其中,企业的所有权优势主要是指企业拥有的某些专属资产,尤其是专利和技术等无形资产。企业专利和技术等无形资产的形成是通过长期的研发和创新投入不断积累的,因而企业的研发投入对企业所有权优势的形成具有重要的推动作用,即日积月累的研发投入形成企业的知识储备(Gustavsson等,1999),知识资源的应用则能够促进企业国际化程度的提高,加速企业国际化进程。

(3) 加大技术创新力度和自主研发投入　科技创新和研发投入能将国际化过程中接触到的新知识、新技术,整合、转化为推进国际化的能力,实现对生产要素或生产条件的"新组合",进而提升企业国际化速度(王同宇,2019)。研究表明:企业创新能力的提升对促进企业国际化经营乃至推动中国"走出去"战略的顺利实施具有重要作用,而创新能力的提升主要依靠自主研发投入(刘中燕,周泽将,2018)。

(4) 中国政府积极推动　一方面,中国政府推进"大众创业、万众创新",鼓励中国企业加大技术创新力度,中国政府和企业的研发投入呈逐年增长态势;另一方面,加大"放管服"改革力度,优化市场营商环境,为企业"走出去"提供便利,以实现科技创新和国际化战略的互促互利、双轮驱动的协同效应。

2. 企业优势

一直以来,伊利凭借全球化的资源保障能力、产能布局的战略协同优势、卓越的品牌优势、良好的渠道渗透能力、领先的产品创新能力、更具凝聚力的企业文化和管理团队6大优势为企业的稳健发展保驾护航。持续的研发投入和创新,使伊利具有品类齐全的产品线,不断夯实行业龙头地位。

(1) 树立创新发展理念　伊利一直注重创新,确立创新发展理念,如集团董事长潘刚提出的"不创新、无未来"已成为企业的发展理念,并相继提出"反式创新""全链创新""让创新成为伊利的态度"等创新理念,培育创新文化。

(2) 持续加大研发投入　经过多年发展,伊利已建立国家认定企业技术中心、乳品深加工技术国家和地方联合工程研究中心、国家乳制品加工技术研发专业分中心、农业部重点实验室等多个领先的技术研发和产学研合作平台;累计投资5亿多元人民币建成16 000平方米的创新中心,并不断加大研发投入力度,持续推动行业创新。2018年,伊利研发总投入达4.269亿元,同比增长104%;2019年,伊利研发总投入达4.95亿元,同比增长16%,占营业收入比例0.55%,在国内乳制品企业中位居首位;2020年1月~6月,伊利集团研发费用达2.03亿元,增长1.05%,占营收比重0.43%,在国内乳制品企业中仍居首位。

(3) 创新紧跟需求　为提升研发创新,伊利打造"基础研发-技术升级-产品开发"的3级研发平台,针对不同区域、不同消费群体的特殊消费需求,改革现有品类产品研发。2014年,随着收入水平增长,国人购买力大大增强,消费需求也从满足日常需求向追求品质转变,而常温酸奶以其独特的风味、丰富的营养物质广受消费者青睐。因此,伊利在荷兰成立欧洲研发中心,与雅典农业大学合作研发专用乳酸菌种,以保留希腊酸奶的特性,获得更浓郁的口感,且蛋白质含量比国家标准多35%,这让"安慕希"一面世就俘获大批追求营养与口味兼顾的消费者。到 2018 年，安慕希全年销售额即突破 140 亿元。

（4）注重研发全球化　伊利非常重视开放式创新和研发全球化，积极利用海外创新中心，与全球农业、食品、生命科学领域顶尖科研院校、研究机构，建立起战略合作关系及合作机制，有效整合国内外创新资源，不断推动企业的原始创新、引进、消化、吸收和再创新能力。2014 年 2 月，伊利在荷兰瓦赫宁根大学成立欧洲研发中心，致力于奶牛养殖、乳品研发和食品安全三大重点领域，并与雅典农业大学合作研发专用乳酸菌种；2014 年 3 月，与荷兰瓦赫宁根大学达成共同承建中荷首个食品安全保障体系的战略协议；2015 年，与美国康奈尔大学开展乳品加工方面的合作研究；2019 年 8 月，与新西兰林肯大学开展乳业全产业链的技术创新研究；2019 年 8 月，伊利联合全球伙伴成立中国品质技术战略联盟暨伊利品质发展学院；2019 年 10 月，伊利集团与科迪华农业科技签署合作备忘录，聚焦人才建设和技术合作两大领域展开密切交流与合作，以科技创新为抓手，联合推动中国青稞种植业和奶业高质量发展，助力国家奶业振兴战略，并进一步提升食品安全保障水平。

（5）基础型研究和应用型研究并重　据波士顿咨询公司（BCG）2019 年调查报告显示，中国企业以应用驱动型创新居多（90%），而技术创新者（10%）远少于美国（39%）。技术驱动型创新偏向技术创新，应用驱动型则注重商业模式、应用、内容层面上的创新。应用型创新的侧重使得行业门槛偏低、竞争壁垒薄弱、商业模式易复制，加剧市场的激烈竞争，一旦碰到击中消费者痛点的新商业模式或技术创新者，将可能迅速丧失竞争力。因此，伊利非常注意基础型研究和应用型研究并重，打造"基础研发-技术升级-产品开发"的 3 级研发平台。

（6）将技术优势转化为品牌和标准优势　伊利充分利用科技创新获得技术优势，打造质量优势和标准优势。一方面，全心致力于生产 100% 安全、100% 健康的乳制品，实施"品质领先 3310 战略"，聚焦"全球最优品质"，如与雅典农业大学合作研发专用乳酸菌种，以保证安慕希的营养口感乃至品质升级路径；另一方面，致力于开创液态奶时代，建立首个"母乳成分研究数据库"，建立"全球智慧链"并输出中国标准。

综上所述，从海外设厂到全球产业链搭建，再到升级全球研发体系，伊利在全球化道路上不断进步、越走越宽，通过实施"全球织网"战略，已经编织了一个包括全球资源体系、创新体系以及市场体系的全球一体化网络。

参考文献：钱瑜，姚倩.研发创新助力伊利 2019 年营收破 900 亿元[N].北京商报，2020-04-28：02.

跨国战略联盟

案例一 京东集团与谷歌战略联盟

教学目标

了解跨国战略联盟的主要类型,熟悉跨国战略联盟的特点,掌握跨国战略联盟的成功要件、构建动因和潜在风险。

教学重点

跨国战略联盟的成功要件,跨国战略联盟的构建动因与风险防范。

案情介绍

京东是中国一家自营式电商,集团旗下设有京东商城、京东金融、拍拍网、京东智能、O2O及海外事业部。其主营业务为在线销售,销售范围包括计算机、手机及其他数码产品、家电、汽车配件、服装与鞋类、奢侈品、家居与家庭用品、化妆品与其他个人护理用品、食品与营养品、书籍与其他媒体产品、母婴用品与玩具、体育与健身器材以及虚拟商品等,共13大类3 150万种SKU的商品。2014年5月22日京东在纳斯达克挂牌。2016年6月8日首次进入"2016年BrandZ全球最具价值品牌百强榜",排名第99。2018年12月12日京东原公司全称"北京京东金融科技控股有限公司"变更为"京东数字科技控股有限公司"。

1998年谷歌公司成立,是一家集互联网搜索、云计算、广告技术及各种互联网产品与服务等业务为一体的跨国科技企业,多次荣登"世界品牌500强"榜首,被公认为全球最大的引擎公司。1999年谷歌网站Google正式启用;2010年谷歌宣布关闭中国大陆市场搜索服务;2015年谷歌调整企业框架结构,成为Alphabet旗下子公司。

2018年6月18日,京东集团和谷歌宣布,谷歌以5.5亿美元现金投资京东,作为回报,谷歌将获得2711万股新发售的京东A股类普通股,发售价为每股20.29美元,占京东股份的0.93%。除资本合作,京东和谷歌将在战略项目上开启合作。双方将在包括东南亚、美国和欧洲在内的全球多个地区,合作开发零售解决方案,利用京东在供应链、物流领域的能力与谷歌的技术,探索打造下一代零售基础设施解决方案,为消费者提供更优质的购物体验。同时京东计划优选一系列高品质商品,通过Google Shopping(谷歌购物)在全球多个地区销售。

讨论 题目

1. 以联盟企业的主体地位、产业合作方向、资产注入情况、价值链位置等为划分标准,该战略联盟各属哪种类型?
2. 结合案例分析京东构建该战略联盟的动因。
3. 结合案例分析京东开展该跨国战略联盟的潜在风险。

案例 分析

1. 类型

其类型为股权式、混合式、集中式、互补型、协作性等战略联盟。

2. 构建动因

(1) 紧抓电商行业发展风口 近年,在政府政策红利推动、移动通信技术(4G技术)发展、消费观念转变等多种因素推动下,中国电子商务产业,特别是电子零售行业发展迅速,并仍维持高速增长态势,中国已连续多年成为全球第一大网络零售大国。虽然中国实物商品网上零售总额不断快速发展,但占社会消费品零售总额比重仍较低,如2017年为15%,2018年为18.4%,还有巨大提升空间。此外,近年中国跨境电商也发展迅速,如2017年中国跨境电商交易规模(含B2B及网络零售)达7.5万亿元,同比增长24%;2018年达9.1万亿元,预计2019年将达10.8万亿元,2020年有望达12万亿元。随着5G技术的成熟和大规模商业化应用,基于"淘宝村"的农村电子商务的发展,以及购物习惯的进一步转移,中国电子商务市场空间还巨大。因此,京东与谷歌进行战略合作,共同开发零售解决方案,将有利于紧扣电商发展风口。

(2) 有效应对外来竞争　京东是一家电商企业,行业竞争激烈。京东虽然以16.3%的市场份额位居第二,但与行业龙头阿里巴巴(58.2%)差距巨大,随时都面临龙头企业围堵的危险。此外,还面临拼多多、苏宁、唯品会、亚马逊的追赶。苏宁易购2015~2017年以70%的GMV复合增长率处于明显领先,使得京东面临严峻的外部竞争和挑战。2019年3月22日,艾媒咨询发布《2018~2019中国跨境电商市场研究报告》显示,2018年,网易考拉以27.1%的市场份额占据榜首,天猫国际和海囤全球分别以24.0%及13.2%的市场份额紧随其后。此外,跨境电商业务竞争还从国内拓展到国外,特别是近年来增长迅速的东南亚市场。2018年,阿里巴巴与软银联手协助Tokopedia筹资11亿美元以带动其印尼的业务成长;蚂蚁金服成为东南亚科技初创企业Bukalapak的最大金主;阿里巴巴对Lazada Group高达40亿美元的注资;腾讯持有包括电商平台ShopeeSEA在内的互联网上市公司SEA 34%股权,成为其最大股东;京东则在泰国设立一个新的网购平台,投资越南电商平台Tiki,并在印尼推出在线零售业务。

京东与谷歌合作能一定程度上抵御外部竞争。获得5.5亿美元资金注入,以加速自身资金流转;获得来自谷歌的技术支持,以提升零售基础设施解决方案和购物体验;加速开发包括东南亚、美国和欧洲在内的国际市场,以国际市场的收入和利润缓解国内竞争压力。

(3) 有利于进入海外市场　目前,中国国内电商市场竞争愈演愈烈,市场份额此消彼长,已不能满足国内企业的需求,急需拓展海外市场这一新的增长点。2019年4月18日,亿邦动力研究院发布《2019中国跨境电商金融服务生态研究报告》提出,欧美市场主力地位不变,东南亚和中东市场潜力开始凸显。但京东的国际化进程并不乐观,海外市场份额排在10位之外。因此,京东和谷歌合作,特别是共同开发东南亚、美国和欧洲等地区市场,并通过Google Shopping提高与谷歌已有的海外客户资源互动,并借助谷歌品牌迅速开拓海外市场。

(4) 加快自身科技化的进程　随着技术发展,传统电商企业需自我更新,特别是需要结合最新科技推出新型的电商模式,京东在此方面具有很强的前瞻性。2019年京东第一季度财报显示:京东技术与内容费用高达24.1亿元,同比大增87%,并不断招募高层次和领先技术人才,力争加快由"电商京东"变身"科技京东"。而与谷歌牵手,可充分利用谷歌技术优势加快京东的科技化转型进程。

(5) 提升市场地位与品牌知名度　在欧美等海外市场,谷歌品牌知名度远高于京东,京东在谷歌搜索页面上销售商品,在利用谷歌作为"跳板"进入欧美市场的同时,还可不断地交易累积,提升自身品牌知名度以及市场份额和市场地位。京东还能利用谷歌的技术,不断优化自身的零售、物流、结算等系统,不断提升服务质量和客户体验以及满意度,最终提升京东的品牌知名度和市场地位。同时,有利于进入国际市场,加快自身科技化进程,实现优势资源互补。

3. 潜在风险

(1) 企业文化差异风险　谷歌是以研发人员为中心的公司,倡导"工程师文化",一直秉承"吸引最聪明的人才来谷歌工作"的理念,即鼓励创新民主、"百家争鸣"的企业文化。京东的核心企业文化是客户为先,将客户的利益置于首位,秉承"为客户着想、为客户多做事"的工作理念。在企业内部实行严格的员工管理制度,对员工的约束力较高,区别于谷歌开放式的员工管理制度。在战略联盟实质推进中,如果两者没有重视和有效协同企业文化差异,很有可能影响到两者间的管理协同机制,进而影响跨国联盟战略的效益。

(2) 信息与数据外泄风险　京东是国内最大的仓储物流拥有者和运营者,拥有翔实的商品交易数据和物流渠道信息,而谷歌拥有强劲的数据分析能力。此次战略联盟主要是利用京东在供应链、物流领域的能力(主要是数据和信息优势)和谷歌的技术(如数据分析技术),但如果在战略联盟的实质推进中,京东没有很好地对客户、供应商等数据和信息进行保密,很有可能会被谷歌利用,而丧失大数据基础优势。特别是当京东将优质商品引入谷歌购物平台出售时,很可能导致优质供应商弃京东而投入谷歌怀抱,造成京东优质供应商流失。

(3) 依赖性增强风险　在战略联盟合作过程中,谷歌的技术水平远高于京东,所以京东主要是技术的接受方,这就很有可能使京东产生技术依赖性,依赖谷歌的技术支持,自我研发新技术的主动性减少。

(4) 竞争者仿效风险　就京东而言,同类型服务供应商的潜在竞争主要来自阿里巴巴。京东长期以来面临着阿里的"施压"。近年,京东市场表现并不尽如人意,致使京东急于扩张国际版图,所以和谷歌达成战略联盟,加快国际化步伐。但作为京东的竞争者,阿里决不会坐视不管,未来或许采取一些措施(如与亚马逊合作)给京东施压。

(5) 经营战略不明确　近年,京东在主营领域外进行一系列投资和管理活动,反而在一定程度上制约主营业务发展。电商物流是京东的核心,京东依靠电商物流对外扩张与发展,但对内却没有制定出明确的经营战略。如果京东的优势业务内部发展混乱,那么以其为基础的跨国战略合作将会受到影响。

参考文献:陈红,石灵.谷歌与京东跨国战略联盟效应分析[J].产业创新研究,2019,(07):15-17.

案例二 京东集团与沃尔玛战略联盟

教学 目标

通过本案例,了解跨国战略联盟的主要类型,熟悉跨国战略联盟的特点,掌握跨国战略联盟的成功要件、构建动因和潜在风险。

教学 重点

跨国战略联盟的成功要件,跨国战略联盟的构建动因与风险防范。

案情 介绍

沃尔玛百货有限公司(简称"沃尔玛")由美国零售业的传奇人物山姆·沃尔顿于1962年在阿肯色州创立。经过50多年的发展,沃尔玛已经成为美国最大的私人雇主和世界上最大的连锁零售企业,以营业额计算,是全球最大的公司,其控股人为沃尔顿家族。沃尔玛主要涉足零售业,是世界上雇员最多的企业,连续3年在美国《财富》杂志世界500强企业中居首位。沃尔玛有8 500家门店,分布于全球15个国家,在美国50个州和波多黎各运营。沃尔玛主要有沃尔玛购物广场、山姆会员店、沃尔玛商店、沃尔玛社区店等4种营业态势。

2016年6月20日,中国最大的自营电子商务网站京东和世界零售巨头沃尔玛宣布达成一系列深度战略合作,京东将向沃尔玛发售新股。交易完成后,沃尔玛将持有京东约5%的股份。根据合作内容,京东将拥有沃尔玛全资控股的1号商城主要资产,包括1号店的品牌、网站、APP。沃尔玛将继续经营1号店自营业务,并入驻1号商城。1号店将继续保持其品牌名称和市场定位。根据合作协议,沃尔玛在中国的实体门店将接入京东集团投资的中国最大的众包物流平台"达达"和O2O电商平台"京东到家",并成为其重点合作伙伴。

2016年10月,沃尔玛宣布增持京东A类普通股至10.8%,并获得京东董事会观察员资格。2016年在"双11"前,双方在业务层开展一系列深度合作。沃尔玛旗下山姆会员商店独家入驻京东,沃尔玛全球官方旗舰店也入驻京东全球购。京东旗下本地即时物流和生鲜商超O2O平台"新达达"还获沃尔玛5 000万美元战略投资,整合各自在O2O到家服务、物流和零售领域的优势。截至2016年12月31日,沃尔玛一共持有京东近24亿股A类普通股,占京东总的A类普通股的12.1%,取代高瓴资本成为京东第三大股东。

讨论题目

1. 简述该战略联盟所属的类型(至少列出4种)。
2. 结合案例分析该跨国战略联盟构建的动因。
3. 结合案例分析该跨国战略联盟的潜在风险。

案例分析

1. 类型

所属类型为互补型、股权式、横向型、销售型、合资型、综合性等。

2. 构建动因

(1) 资源共享　京东将拥有1号商城主要资产,包括1号店的品牌、网站、APP。沃尔玛将继续经营1号店自营业务,并入驻1号商城。1号店将继续保持其品牌名称和市场定位,京东与沃尔玛将携手支持1号店,不断加强其品牌影响力和业务增长。

(2) 优势互补　山姆会员店在中国市场获得进一步发展,它将在京东平台上开设官方旗舰店。京东物流仓储体系,即当日达、次日达商品配送服务已覆盖全国6亿用户。山姆会员店将使用该仓储体系,从而在中国更大范围内推广其高品质进口商品,并为顾客提供全中国最高效的商品配送服务。

(3) 拓展业务服务范围　京东与沃尔玛将在供应链端展开合作,为中国消费者提供更丰富的产品选择,包括扩大进口产品的丰富度。

(4) 更快地进入和占领市场　沃尔玛在中国实体门店将接入京东集团投资的中国最大的众包物流平台"达达"和O2O电商平台"京东到家",并成为其重点合作伙伴。通过线上线下融合,包括吸引更多线上客流到沃尔玛实体店,以及为

"京东到家"的用户提供沃尔玛实体门店丰富的生鲜商品选择，为双方带来更多的市场份额。

（5）应对竞争　通过与沃尔玛合作，京东不仅丰富自身商品品类，还可提升物流配送能力。2017年，沃尔玛在深圳、上海等多个城市设立前置仓，成为国内率先引入电商前置仓库网络的实体零售商。2018年，沃尔玛将在中国投资7亿元人民币，打造一个全新的首家定制化的自营生鲜配送中心。在本次战略合作中，山姆会员店入驻京东，京东和沃尔玛将在供应链端展开合作，合同条款包括扩大进口产品的丰富度等。京东希望能在产品品类的丰富度、独有性，以及对供应链更深度的掌控上实现与天猫的差异化。京东希望通过合作来扩大销售规模，形成更强的议价能力，提供更具性价比的产品和服务，形成对其他企业强大的挤出效应，从而在与淘宝和阿里的竞争中取得先机。沃尔玛在世界各地有很强的议价能力，其遍布全球的采购办公室可以帮助他们通过与知名生产厂商进行直接采购合作，绕过贸易商，最大限度减少中间环节，降低采购成本。

（6）顺应新零售发展趋势　自2018年2月1日起，沃尔玛宣布法定名称变更为"沃尔玛公司"，意味着沃尔玛不再甘于只做实体零售商，而是要致力于成为"全渠道新零售商"。"新零售"实际上是线上服务、线下体验，以及现代物流进行深度融合的零售新模式。虽然沃尔玛在供应链以及线下资源的优势很大，但缺少线上流量和高效物流的依托，难以在"新零售"的竞争中站稳脚跟。沃尔玛借力电商巨头京东，整合线上流量和线下供应链，把顾客体验放在首位，突出差异化优势，增加顾客黏性。

3. 潜在风险

（1）优势丧失的风险　在该战略联盟中，沃尔玛拥有全球的议价能力和供应链体系，在全球自有知名品牌下，高品质、低价格的商品进一步借助尖端科技和物流系统，具有强大的竞争力。而沃尔玛通过战略联盟的过程，将这些议价能力与供应物流平台与京东分享。相比较而言，沃尔玛供应链体系以及议价技巧更容易造成核心优势的丧失，从而承担了更大的风险。此外，到目前为止，沃尔玛只是京东的第三大股东，沃尔玛利用股权控制来预防技术泄密造成的损失有着一定的难度。

（2）联动物流或带来管理和售后争议　此次京东与沃尔玛的合作，不仅是表面上的线上线下互导流量，而是在库存上进一步打通，在业界看来，这才是最为关键的。据悉，京东与沃尔玛将在北京、上海、广州、深圳、成都、武汉6个城市实现库存互通，京东帮助沃尔玛将触角延伸至三四线城市，乃至更小的城镇用户。沃尔玛在城市中的门店则将同时成为京东的前置仓库。用户在京东平台下单后，如果系统判定该商品从沃尔玛的门店配送为最优路径,后台系统会下发指令给对应的沃尔玛门店,随后由沃尔玛的工作人员将商品出库及打包,京东快递在指定时间去沃尔玛门店提取商品并配送。此外,沃尔玛计划通过跨境直邮的方式大幅增加单品数量,将更多全新的沃尔玛海外产品引入中国,这也将成为京东和沃尔玛未来商品资源互通合作的重点方向。但是,这种库存互通式的联动物流或许会引发潜在的管理风险,而且存在物流问题时,责任的划分也会引发争议。

(3) 信息技术方面存在差异　沃尔玛给人们留下印象最深刻的是它的一整套先进、高效的物流和供应链管理系统。沃尔玛在全球各地的配送中心、连锁店、仓储库房和货物运输车辆,以及合作伙伴(如供应商等),都由这一系统集中、有效地管理和优化,形成了一个灵活、高效的产品生产、配送和销售网络。为此,沃尔玛甚至不惜重金,专门购置物流卫星来保证这一网络的信息传递。对沃尔玛的成功经验,可能中国相当多的企业有点"望洋兴叹"的感觉,且不说沃尔玛拥有自己的卫星和遍布全球的大型服务器,仅仅每一台货物运输车辆上的卫星移动计算机系统这一点,京东就难以效仿。同样,维持该庞大网络的IT投入和升级管理费用也非京东可以承担的。所以,在信息技术方面的差异,可能导致在联盟合作中沃尔玛占据更加主导和优势的地位。

(4) 第三方的潜在竞争　作为国际知名电商平台,京东和沃尔玛网上山姆会员商店占有极其可观的市场份额。但是,不能忽略他们的一个劲敌——亚马逊。亚马逊公司是美国最大的网络电子商务公司,是网络上最早开始经营电子商务的公司之一。它一开始只经营网络的书籍销售业务,现在的业务范围已扩展相当广泛,成为全球商品品种最多的网上零售商和全球第二大互联网企业。同时,亚马逊的网络服务也位居世界前列,为亚马逊的开发客户提供基于自有的后端技术平台和基础架构服务。利用该技术平台,开发人员可实现几乎所有类型的业务。

(5) 企业利益相互冲突,新销售危机的出现　京东和沃尔玛联合打造出的2017年"88"购物节,进一步打通了双方的用户、门店和库存。但是,联合促销将双方用户群体打通,相互渗透的过程在一定程度上会将自己的客户推给合作伙伴,定价差异和利润分配的不均更有可能导致双方矛盾的激增。就购物节来说,在目前电商零售业高速发展态势下,几乎每个月都会有不同的企业平台推出相应的促销活动,那么在有些购物者看来,这实际上就是一种"购物套路"。长此以往,加上可能存在的消费疲劳,未来的收益效率有待观察。

参考文献:徐阳,胡杨子.京东与沃尔玛跨国战略联盟效应与风险分析[J].

市场周刊,2018,(09):25-26.

案例三 伊利集团与荷兰瓦赫宁根大学战略联盟

教学 目标

了解跨国战略联盟的主要类型,熟悉跨国战略联盟的特点,掌握跨国战略联盟的成功要件、构建动因和潜在风险。

教学 重点

跨国战略联盟的成功要件及构建动因。

案情 介绍

内蒙古伊利实业集团股份有限公司(简称"伊利"),是中国唯一一家同时服务于奥运会和世博会的大型民族企业,也是国内最大的乳制品生产企业。伊利始终以强劲的实力领跑中国乳业,以极其稳健的增长态势,成为持续稳健发展的行业代表。2013年,在荷兰合作银行发布的全球乳业排名中,伊利位列全球乳业第12位,中国排名第一。

瓦赫宁根大学及研究中心是荷兰14所U类大学之一,在荷兰高等教育指南上高居榜首,在生命科学领域是欧洲大学的领头羊之一,它也是唯一一所归荷兰农业自然和食品质量部直接拨款的大学。在食品安全和食品质量方面,瓦赫宁根大学及研究中心启动和参与过的欧盟项目高达31项(共80项),充分显示其在这一领域的实力和国际地位。

2014年,伊利和瓦赫宁根大学开启战略合作的序幕,伊利欧洲研发中心在荷兰瓦赫宁根大学揭牌。该中心由中荷两国政府支持,伊利和荷兰瓦赫宁根大学共同出资设立,未来将致力于奶牛养殖、乳品研发和食品安全三大重点领域。2014年3月,伊利与荷兰瓦赫宁根大学达成共同承建中荷首个食品安全保障体系的战略协议。

讨论 题目

1. 简述该战略联盟所属的类型(至少列出4种)。
2. 简要分析该战略联盟的成功条件。
3. 结合案例分析伊利构建该战略联盟的动因。

案例 分析

1. 类型
互补型、横向型、合资型、联合研制型等类型。

2. 成功条件
（1）优秀的联盟伙伴　实现生产和研发的有效衔接，实现生产型优势和研发型优势的互补，提高研发的针对性，也能有效通过研发解决生产中存在的问题。

（2）双赢的经营成果　食品安全体系所用的开发方法和技术已成为欧盟的标准方法，在荷兰得到广泛应用，在检测精确度、速度和成本方面有很大优势。荷方与伊利一起，根据中国的实际情况进一步精进和调试，在中荷乳品安全检测中发挥作用；瓦赫宁根大学在推动中荷双边合作和人才培养方面起着重要作用；对于荷兰来说，中国是一个巨大的市场，荷兰借助双方的优势，通过合作，相互支持与发展。

（3）两国政府的有力支持　本次食品安全保障协议，在中国国家主席习近平与荷兰国王威廉-亚历山大的共同见证下签署。在签约仪式上，习近平主席建议加大中荷乳业合作力度。威廉-亚历山大国王表示，本次合作将会为今后双方的乳业合作打下良好基础，建立良好的平台。

（4）良好的技术保障　乳品安全和乳品科学研究需要全球协同，技术保障是食品安全体系的最基础也是最核心的环节。乳品生产作为食品安全的最复杂的系统，率先引入欧盟技术，建立技术保障体系，抓住关键环节，对于中国食品安全体系的完善和升级会发挥重要作用。

3. 构建动因
（1）实现优势资源互补，构建行业标准　这次伊利海外战略的升级，为中国的乳业全球研发打通新的通道，把企业单靠自己很难开发出的互补技能和资产结合起来，有助于建立有益的行业技术标准，未来中国乳业对全球乳业的影响力不可小觑。

（2）提升研发技术和能力，加速新品研发　在伊利欧洲研发中心成立1个月后，伊利的首款"舒适配方"奶粉托菲尔面世，让市场看到实实在在的创新战略成果。

（3）推动全球战略提升　欧洲食品硅谷迎来首个来自中国的研发中心，这是全球食品研发领域的重要信号，说明伊利的"全球织网"的战略已逐渐将重心转向全球研发。

（4）助推人才培养　充分利用合作方的资源和技术，加速培养全球科技和人才，提升中国乳业的自主创新能力，以契合中国乳品企业未来重要的战略方向。

参考文献：中国乳业编辑部. 伊利集团携手荷兰瓦赫宁根大学共建乳业研发中心[J]. 中国乳业，2014，(03)：34.

案例四　屈臣氏集团与爱茉莉太平洋集团战略联盟

教学目标

了解跨国战略联盟的主要类型，熟悉跨国战略联盟的特点，掌握跨国战略联盟的成功要件、构建动因和潜在风险。

教学重点

跨国战略联盟的成功要件、构建动因与风险防范。

案情介绍

屈臣氏集团是世界知名跨国综合企业长江和记实业有限公司的旗下成员。该集团于1841年创立，是全球最大的国际保健和美容零售商，在25个国家及地区市场拥有14 900家门店。每年超过30亿的顾客和会员在实体店铺及网上商店购买商品。2017年财政年度，屈臣氏集团的营业额达1 562亿港元，全球雇员人数超过140 000人。屈臣氏集团在欧洲及亚洲拥有广泛并庞大的店铺网络，以及强大的电子商贸平台。

爱茉莉太平洋集团是韩国排名第一的化妆品企业,于1945年创建,在亚洲是仅次于资生堂和花王的化妆品公司。旗下包括雪花秀、兰芝、梦妆、IOPE、悦诗风吟等34个品牌,覆盖化妆品、个人护理及保健品等类别。2000年,爱茉莉中国子公司成立,宣告正式进军中国市场,现进入中国品牌有兰芝(2002)、梦妆(2005)、雪花秀(2011)、悦诗风吟(2012)、伊蒂之屋(2013)、吕(2013)、艾诺碧(2015)、HERA(2016),销售网络覆盖中国350多个城市,进入中国市场以来有着骄人的成绩。2015年旗下品牌"雪花秀"在中国销售额增长110%。近5年来,以多品牌战略在亚洲、北美、欧洲三大市场上创下每年30%以上成长率的纪录。

2019年2月18日,韩国护肤化妆品公司爱茉莉太平洋集团(Amore Pacific)公布,与长江和记旗下屈臣氏集团(Watsons)建立战略合作伙伴关系。在此之前,屈臣氏集团已与爱茉莉太平洋集团合作,于亚洲地区推出草本护肤品牌梦妆、头发护理品牌吕,以及魅妆萱品牌。这次策略联盟令爱茉莉太平洋集团进一步扩大品牌的覆盖范围,并继续将多个以尖端科技研发的产品系列推广至全球市场。

讨论 题目

1. 简述该战略联盟所属的类型(至少列出4种)。
2. 结合案例分析该跨国战略联盟的构建动因。
3. 结合案例分析该跨国战略联盟的潜在风险。

案例 分析

1. 类型
其合作属于互补型、契约型、协作性等战略联盟。

2. 构建动因
(1) 快速开发新市场 作为化妆品零售业的先驱者,屈臣氏集团的大规模零售平台主要分布于亚洲和欧洲,在25个国家及地区市场拥有超过14 900家门店,为全球顾客提供极具人气的化妆产品,已成为化妆品消费者的最佳购物体验地。通过此次战略合作,爱茉莉太平洋集团可借助屈臣氏集团的客户数据,准确地了解顾客的真实需求以开发和提供适应性产品,并借助屈臣氏集团的销售网络,以相对较短的时间和相对较低的成本打开新市场,并提升市场影响力。

（2）互补优势资源　屈臣氏集团主要资源在化妆品零售端，门店众多，且全球分布。虽然也有自有品牌护肤和彩妆产品，但主要采用外包生产和零售销售，市场知晓率和占有率极低，且研发能力薄弱，难以满足市场新需求。爱茉莉太平洋集团是仅次于资生堂和花王的亚洲第三大化妆品公司，产品市场知晓率和占有率较高，但门店开设较少，且分布不广泛，很难满足消费者的需求。若以大规模开设门店和（或）专柜的方式拓宽市场，则成本会很高，且短期内难以见效。这次的战略联盟可互补双方的销售网络、研发能力、产品多样性、品牌声誉等优势资源。

（3）应对外来竞争　尽管爱茉莉太平洋集团产品在亚洲市场知晓率和占有率较高，但产品替代性大，竞争激烈，各大欧美集团纷纷加速与终端店铺进行战略合作。2017年7月14日，韩国SNP在华与屈臣氏集团达成全面战略合作；2017年12月7日，婺源与屈臣氏集团洽谈全面战略合作事宜；2018年3月，资生堂率先推出"心链接"培训计划，加强与CS渠道终端的合作；2018年6月，宝洁以专供CS渠道的OLAY新品为突破，欲重塑"名品"在CS渠道的价值定位；2018年12月，欧莱雅集团与CS渠道代表性连锁达成"共识"，有针对性地推出巴黎欧莱雅和美宝莲套盒及柜台；2019年1月，强生以艾惟诺、露得清、李施德林和OGX五大进口品牌进一步拥抱CS连锁，首批"牵手"成功的就包括安徽狐狸小妖等百强连锁。鉴于此，门店数量相对较少的爱茉莉太平洋集团在渠道方面已显露制约瓶颈，而与屈臣氏集团的战略合作能在短期内有效拓宽该制约瓶颈。

（4）迎合潜在市场需求　一方面，随着注重个性和创新的新生代消费者的崛起，多元和优质的产品越来越成为主流需求。另一方面，爱茉莉太平洋集团因销售终端有限，产品无法在短期内触及更大的市场，无法满足更广大的消费者。因此，通过战略合作，屈臣氏集团可更快速地将爱茉莉太平洋集团更多的新产品引入门店，丰富产品多样性，提升消费者体验感。

（5）缓解政治风险　2011年，韩国文化和产品大量涌入中国，掀起"韩流"热潮。爱茉莉太平洋集团也充分利用这点，看准明星效应及粉丝经济，聘请当时亚洲最红、形象最好的韩国明星代言，并正式迈出进驻屈臣氏集团的步伐，带来显著的业绩提升。但后来，受萨德事件影响，中韩关系僵化，中国企业和民众自发抵制韩国产品，使爱茉莉产品一时陷入危机。而与出身于中国香港的屈臣氏集团合作，可在一定程度上缓解政治风险，使中国消费者能更好地接受其产品。

（6）提高品牌效应　屈臣氏集团虽然贵为全球最大的国际保健和美容产品零售商，但销售的产品普遍定位在中低端档次，品牌效应不高。而作为韩国最大的化妆护肤公司的爱茉莉太平洋集团，旗下的雪花秀、梦妆等在欧美皆入驻顶级商场,在亚洲也属较高档的知名品牌。因此,与爱茉莉太平洋集团合作,有利于提高屈臣氏集团的品牌效应。

3. 潜在风险

(1) 提高依附性　爱茉莉太平洋集团门店触及范围小,而依托屈臣氏集团构建的分销网络虽可弥补不足,但过度依赖屈臣氏集团会产生一系列不确定风险。若屈臣氏集团与爱茉莉太平洋集团终止战略合作协议,则爱茉莉太平洋集团将丧失很大部分市场。

(2) 质量保障风险　对爱茉莉太平洋集团而言,当然是在自家门店,可使消费者体验达到最佳状态。但与屈臣氏集团战略合作,可能会由于屈臣氏店员不熟悉产品,而降低消费者的体验感,进而削弱产品的竞争力。屈臣氏集团也可能面临因爱茉莉产品质量不佳而遭客户投诉的风险。2018年3月20日,韩国食品医药品安全厅公布13种重金属锑超标的化妆品,其中就包括韩国爱茉莉太平洋集团旗下品牌伊蒂之屋、爱莉达恩的遮瑕膏、遮瑕棒、眉笔等,思亲肤品牌的樱桃唇线笔等。

(3) 联盟双方潜在竞争　屈臣氏集团也生产和销售自有品牌美妆护肤类产品,和爱茉莉太平洋集团是同行业竞争者。爱茉莉太平洋集团通过开展战略联盟合作,利用屈臣氏集团宽广强大的销售网络,以较低的成本打开各地的市场,获得市场占有量,必然会对屈臣氏自有品牌产生冲击。屈臣氏集团也可能通过合作了解和掌握爱茉莉太平洋集团的专利技术、产品研发、产品配方等,从而对爱茉莉太平洋集团造成竞争和不利影响。

(4) 同业者竞争加剧　屈臣氏集团代理销售众多品牌的化妆品。鉴于爱茉莉太平洋集团与屈臣氏集团战略合作所带来的竞争效应,其他同行业者也可能效仿,选择入驻屈臣氏、莎莎等美妆零售商店,加剧市场竞争。2019年4月12日,资生堂提升与屈臣氏集团全面战略合作;2019年6月28日,佳丽宝与屈臣氏集团开展战略合作,ALLIE皑丽防晒新品全面入驻屈臣氏。而爱茉莉太平洋集团为降低对屈臣氏集团的依赖,也逐步开拓或深化与其他零售终端的合作。2019年2月26日,爱茉莉太平洋集团与京东海囤全球签署2019年战略合作协议;2019年9月11日,爱茉莉太平洋集团与阿里巴巴集团宣布开启全球战略性合作,将在新品孵化、新零售营销、数据资产管理、海外市场拓展等领域深入拓展;2019年9月27日,浙江省电子商务促进会副会长单位云集与爱茉莉太平洋集团在杭州签署2019战略合作协议。

参考文献:赵佑美,林心如.爱茉莉太平洋集团与屈臣氏集团战略联盟效应与风险分析[J]. 产业创新研究,2020,(01):91-92.

案例五 万达网络与 IBM 跨国战略联盟

教学目标

了解跨国战略联盟的主要类型,熟悉跨国战略联盟的特点,掌握跨国战略联盟的成功要件、潜在收益和潜在风险。

教学重点

跨国战略联盟的成功要件、潜在收益和风险防范。

案情介绍

2016年,万达金融集团单独分拆出万达网络科技集团(简称"万达网络"),专注于线下线上融合,涵盖电商、消费、物流和金融等丰富应用场景,旗下囊括非凡信息公司、快钱支付公司、网络数据中心、网络信贷公司等。万达网络依靠全国最丰富的实体消费场景,运用大数据、云计算、人工智能等新科技,助力实体产业的模式转型,以降低成本、增加效益;整合生活服务范畴内的体验类消费场景资源,利用新模式和新技术为用户提供个性化内容和完美消费体验;为消费者及商家提供场景化新金融服务。

IBM 是世界上最大的商业解决方案和信息技术公司之一,数据中心网络解决方案的领导者。近年来,IBM 一直致力于云服务开发,并将超过 5% 的营业收入投入到云服务新产品开发,特别是不断优化"云就绪"(cloud-ready)网络解决方案,并最终搭建起全球化的动态企业数据中心。

2016 年 2 月,万达网络开始首轮云服务合作伙伴招募,密集会见十几家云服务提供商。2016 年 3 月,万达集团信息管理中心副总经理冯中茜会同万达高管,向 IBM 大中华区董事长陈黎明表达战略合作意向。2016 年 10 月,万达集团董事长王健林在集团总部会见 IBM 全球董事长 Ginni Rometty,双方达成战略合作意愿。2017 年 3 月,万达网络与 IBM 签订正式战略合作协议,万达网络将开拓公有云业务，为企业提供国际先进的云服务，如负责 IBM 公有云服务在华推广，包括 IaaS（基础架构即服务）、PaaS（平台即服务）及人工智能系统 Watson、区块链和物联网等技术，IBM 则借此在中国落地人工智能系统 Watson。

讨论题目

1. 请结合该案例分析开展该跨国战略联盟的构建动因。
2. 请结合该案例分析开展该跨国战略联盟的潜在风险。
3. 请简析该跨国战略联盟的实际效应。

案例分析

1. 构建动因

（1）紧跟行业发展趋势，力抓行业风口　近年来全球云服务市场高速发展，2017 年市场规模达 2 602 亿美元，同比增长 18.5%，并一直持续至 2018 年第一季度。根据智研咨询网预测，云服务市场呈现出的强劲发展势头有望在未来 5~7 年内保持下去。预计到 2020 年，全球云计算市场规模将达 4 114 亿美元，其中公有云服务市场规模也望突破 2 600 亿美元，行业前景相当广阔。"十二五"以来，中国云计算产业发展迅猛，创新能力显著增强，服务能力大幅提升，应用范畴不断拓展，已成为提高信息化发展水平、打造数字经济新动能的重要支撑。随着"互联网＋"的积极推进，中国云计算应用正从互联网行业快速渗透到政务、金融、工业、轨道交通等传统行业，云计算应用效果逐步显现。

因此，在坚实的工业及互联网基础上，加之支持政策加码及技术突破双重利好，中国工业互联网和云计算有望跨过市场培育期，跨入快速发展阶段。中国产业调研网发布的《2018~2025 年中国云服务行业现状研究分析及发展趋势预测报告》就明确指出：中国已将云计算作为战略性新兴产业发展的重要领域之一，其中在北京、上海、成都等 30 多个省市相继推出各有侧重的云计算产业规划，云计算产业布局正在形成，产业发展明显加快；随着云服务市场逐步启动和快速发展，中国新型云服务中心需求量不断增加，具有巨大市场潜力和空间。2017 年，中国云服务市场规模已达 670 亿元人民币，2020 年将达 1 366 亿元人民币，并保持高速增长。相对而言，中国云服务产业却存在供给能力亟待加强、低水平重复建设严重、产业支撑条件尚需完善等问题。而万达网络和 IBM 跨国战略联盟将有助于提升云服务产业供给数量和质量，以顺应云服务产业发展趋势。

(2) 互补优势，应对外来竞争　云计算业务需要时间积累大数据资源、分析与运用经验，且是一个重资产、回报周期长的行业，特别是数据中心的构建和服务器的购置。2015年底，万达集团在成都双流斥资30亿元建成占地1.8万平方米的万达云基地数据中心。虽能为相关行业和企业提供高标准和精确的数据服务，但作为云服务的后来者，其平台的负载能力、数据综合分析与运用能力还亟待提升。而IBM云业务拥有一套包含分析服务、数据服务、MonoDB托管、数据托管、Cloudera托管和Riak托管等业务在内的成熟的企业级处理方案。因此，具有基础数据资源优势的万达网络，如能与具有基础架构与技术优势的IBM合作，对大量经营消费数据资源进行发掘、分析及运用，将能助力万达网络在云服务竞争中后来居上。

(3) 整合资源，助推企业转型　近年来，互联网在中国发展非常迅猛，且线上线下交融发展的趋势日益明显。万达网络所属的万达集团在"互联网＋实体"的实体经济端具有很大优势，关键在于如何提升互联网端的能力以发挥协同效应。其中，云服务是关键环节。云服务能解决线上与线下的衔接痛点，降低各业态场景数据的整合难度与成本，助力企业新商业价值的发掘。

但万达网络乃至万达集团现有技术和资源短期内还难以满足万达转型的需要，如要充分发挥人工智能、云计算和大数据的效能，则应致力于促进物理商业的数字化转型和升级，并创造一种与互联网相融合的新的、高效的商业模式。

IBM有逾百年的企业服务经验和技术，将能助力万达集团线上和线下的互联交融。特别是战略联盟达成后，万达集团不仅可正式进入公共云服务领域，还能得到IBM PaaS、IaaS、Watson、区块链和物联网的技术支持，将大大提升万达集团"互联网＋实体"的融合效率。

(4) 有利于建立行业技术标准　现代商业竞争已从价格竞争升级到质量、技术与品牌竞争，并进入到标准和规则竞争时代。万达网络与IBM联盟的重要内容之一，就是将首次引入国际领先的"商业人工智能系统"IBM Watson，并由万达网络负责该系统在中国的推行。鉴于IBM Watson在全球人工智能，特别是人工智能商业化运用领域占有重要地位，以及成为全球成熟的商业应用人工智能平台的巨大潜力(2016年，以Watson为主导的IBM认知解决方案营业收入达182亿美元，毛利率达81.9%)，此次引入将有利于在中国率先建立"商业人工智能系统"行业技术标准。

(5) 借助IBM品牌价值提升竞争力　万达集团在20年前就开始向消费领域全方位转型，经过多年的发展，已覆盖的行业包括商业不动产、商业运营、影视文化和体育等，并拟进一步向医疗健康、金融、征信、电商以及政府服务等行业进军。这些领域相对更加注重数据安全和综合服务。2015年4月1日正式实施的《信息安全技术云计算服务安全能力要求》，规定了政府部门和重要行业使用的云计算服务应具备的基本安全能力，对云服务商提出一般要求和增强要求，标志着中国云计算标准化工作进入一个新阶段。在"2017可信云大会"上强调：中国云计算市场采用审慎准入机制，准入评测标准包括信息安全管理系统、网站备案系统、接入资源系统、机房运行安全评测；云服务监管体系包括企业合作、资源使用规范、服务规范、安全保障、社会责任等5个方面；专业的第三方组织正在积极开展云服务供给方服务能力、服务质量、可信度、网络与信息安全等评测认证活动。2017年，中国成立首个以云服务经营自律为使命的第三方组织——云服务经营自律委员会，并于2018年初正式发布《云服务经营自律规范》。

IBM正好在数据安全和综合服务领域具有长期积累优势，即该跨国战略联盟有助于万达集团提升其在金融、电商、医疗健康行业的竞争力和拓展能力。

(6) 充分享受政府政策红利　2015年以来，中国政府密集颁布云计算领域的政策和法规，全力打造云计算行业快速、健康发展的营商环境，特别是在《国务院关于促进云计算创新发展和培育信息产业新业态的意见》（国发〔2015〕5号）中提出，要结合区域产业发展优势和国家创新型城市建设，结合云计算创新和发展试点示范工作，整合现有数据中心和其他资源，推动云计算中心建设，为调整经济结构、提高信息服务程度、发展战略性新兴产业、改变发展形式等提供有力支撑。为落实《意见》各部委和省市纷纷出台配套政策或实施细则。2016年12月，工信部印发《关于规范云服务市场经营行为的通知》；2017年3月30日，工信部印发《云计算发展三年行动计划（2017～2019年）》；2017年，山东省印发《实行"云服务券"财政补贴助推"企业上云"实施方案（2017～2020年）》；2018年10月19日，山东省威海市中小企业局举办《企业上云政策讲解及企业上云服务项目介绍活动》；2018年7月23日，工业和信息化部印发《推动企业上云实施指南（2018～2020年）》。万达网络与IBM跨国战略联盟能充分享受政府政策支持红利。

2. 潜在风险

(1) 技术信息泄密风险　万达网络和IBM战略联盟是契约式联盟，属于非股权式战略联盟，容易造成技术信息的泄密。如IBM在将业务部署和数据转移至云计算平台后，数据信息以及技术的安全性就主要依托服务商及其安全保密措施。而万达网络难以对这些安全措施进行有效监督和管理，也不能有效监管IBM内部人员对客户信息的非授权访问和使用。同样，IBM提供的技术在实际使用中也面临战略合作方内部人员泄密的风险。

(2) 资金压力风险　2015年,万达集团正式宣布退出房地产业务而向影视、文化旅游等服务业转型,并投入大量资金用于推动转型的跨国并购,导致其债务膨胀(2017年第一季度末,万达集团资产负债率达70.61%,略高于2016年年底70.26%)。再加上中国政府的资本限制(原本宽松的融资环境变得紧张,房地产企业低成本资金供给也变成融资逐渐困难)以及美国的政策改变,万达集团已无法轻松获得大规模资金。但与IBM战略共建公有云服务平台和体系需投入巨额资金,必将带来巨大资金压力,致使万达集团于2017年以632亿元价格出售76家酒店和13个文化旅游项目。2017年底开始发酵的万达网络大规模裁员(员工数量将从6 000名缩减至300名,裁员率高达95%)更是凸显万达网络所遭遇的资金压力。而"推迟原定于2017年进行的15亿美元融资方案至少至2018年年初"则是雪上加霜。

(3) 后入者的竞争劣势风险　2016年11月,阿里巴巴集团旗下的云计算公司早已在中国境外开设新的4个数据设施的计划,希望能在行业领先的微软和亚马逊手中抢占一定市场份额。2017年度财报显示,阿里巴巴集团在中国公有云市场所占份额已超过30%。这种先入优势,对2017年才开始宣布进入公有云行业的万达网络来说,意味着巨大的竞争压力和市场风险。更重要的是,共有云市场竞争者数量仍在不断增加,从阿里巴巴到百度、腾讯,已有近20家企业致力于提供公有云服务,部分企业还在寻求战略合作。因此,作为后来者的万达网络和IBM需要直面多方强大竞争对手的威胁,竞争风险不容小觑。万达网络旗下从事电商业务的飞凡信息公司就因遭遇天猫、京东等电商平台挤压而举步维艰。

(4) 管理整合风险　虽然万达网络和IBM在生产、运营、人事等"硬管理"方面有着"重效率,重人才"的相同理念,但缺乏战略联盟间的协同管理经验(如曾一度传出双方战略合作谈判破裂的消息,就说明该战略联盟的协同性有待加强),而业务协同和管理协同对公有云服务业提供优质服务,创造衍生价值至关重要。

3. 实际效应

万达网络是万达集团互联网转型的第四次尝试,期望能借助自身所积累的丰富实体线下消费场景,在大数据和云计算等技术的帮助下,完成线上与线下的交融。在2017年3月与IBM达成跨国战略联盟后,万达网络在云服务行业获得一定发展,营业收入由2016年41.9亿元增长至2017年58.6亿元,增长39.86%;2017年11月,万达网络科技集团携旗下数字商业、万达大数据、物联网研发中心、数字权益、蓝海开放平台等业务线,在2017年中国全零售大会暨第十九届中国零售业博览会(CHINASHOP 2017)现场设展,为广大零售商带来涉及数据、运营、营销、支付、顾问等多方面的实体商业数字化解决方案;2017年11月,全球公认的数据中心标准认证机构 Uptime Institute 宣布,万达网络成都云基地数据中心顺利通过 Uptime Tier IV TCCF 建造认证,成为东北亚地区首个获此殊荣的数据中心,标志着中国在建造全球最高安全等级数据中心的技术能力已达到国际一流水准。但由于融资受阻、业务条线模糊、合作双方融合不畅等原因,万达网络经营持续亏损,2018年1月20日,2017年万达年会后,宣布万达网络部分业务暂停。但网络科技业务一直在推进,2018年3月12日,万达网络确认与新西兰区块链公司 Centrality NZ 展开战略技术合作。

参考文献:任佳丽,周诗钰.万达网络与 IBM 跨国战略联盟效应分析[J].产业创新研究,2019,(03):7-9.

案例六 戴尔与电脑屏幕供应商合作

教学目标

熟悉跨国公司组织结构控制模式的类型及特点,掌握跨国公司确定组织结构控制模式应考虑的因素。

教学难点

跨国公司确定组织结构控制模式应考虑的因素。

案情介绍

戴尔是一家总部位于美国得克萨斯州朗德罗克的世界500强企业,以生产、设计、销售家用以及办公室电脑而闻名。戴尔在全球的产品销量高于任一家计算机厂商,戴尔之所以能够不断巩固其市场领先地位,是因其一贯坚持直接销售基于标准的计算产品和服务,即去除中间商直接向客户销售产品,使得公司能以更低廉的价格为客户提供各种产品,并保证送货上门,提高客户体验。

为此，戴尔要求与其合作的电脑屏幕供应商做到每百万件产品中只能有1 000件瑕疵品。通过绩效评估确信这家供应商达到要求的水准后，戴尔才放心地让其产品直接打上"Dell"商标，并取消对这种供应品的验收、库存。类似的做法也用于戴尔其他外购零部件的供应中。

戴尔的做法：当物流部门从电子数据库得知，公司某日将从组装厂提出某型号电脑××时，便在早上向这家供应商发出显示屏配领数量的指令信息。当天傍晚，一组组电脑便可打包完毕分送到顾客手中。如此，不但可节约检验和库存成本，也可加快发货速度，提高服务质量。

讨论 题目

1. 试分析戴尔对供应商供应的零部件是否已放弃和取消控制？
2. 戴尔所采取的控制方式与传统方式有何不同？
3. 试分析中国企业是否能借鉴戴尔的做法？并说明原因。

案例 分析

1. 不放弃对供应商零部件的控制

戴尔对显示屏供应商的控制放在事前的"绩效评估"中。戴尔对供应商筛选的标准，主要是供应商的成本、科技含量、运送、服务、持续供应能力和全球营运的支援度6个方面具有综合的优势。戴尔要求供应商须支持公司所追求的所有重要目标。为此，戴尔定下了量化的评估方式——供应商记分卡。戴尔在卡片上明确规定在每100万件产品中能容忍多少比例的瑕疵品、产品在市场上的表现、在戴尔自己生产线上的运送表现、戴尔与供应商合作的容易度等。戴尔会根据对供应商考核的结果，分阶段地逐步扩大采购其产品的规模，以降低新入选企业供应水平不稳定的风险。考核的对象不仅包括产品，还涵盖产品生产的过程，要求供应商具有符合标准的质量控制体系。每一合同期间有抽查和年终的考核，保证下一次合同期间的"绩效评估"结果，同时承担次品责任。

如果生产线上某部件由于需求量突增导致原料不足，主管人员就会立刻联系供应商，确认对方是否可能增加下一次发货的数量。如果无法保证，主管人员就会立即与后备供应商协商。如果穷尽可供选择的所有供应渠道后仍没有收获，主管人员就会与公司内部的销售和营销人员磋商，通过其"直线订购渠道"与客户联系，争取把客户对于某些短缺部件的需求转向那些备货充足的部件。通过"需求调整",最大限度地消除了供需之间的不一致现象。

2. 直接模式

戴尔直接将信息反馈到与供应商建立的一个非常严密的网络上,每一个供应商和戴尔实现网络互联。通过网络,使供应商知道公司所需零件的数量和时间,和供应商组成一个虚拟企业,通过电子数据交换等方式紧密连接,密切配合,达到资源的更优配置,同时降低成本,共同为顾客提供优质的产品和服务,即戴尔把库存的压力转移给供应商。

传统的方式是收货方过多的检验,产生物流和库存成本,使价值期间变得更长。戴尔没有采用所有原材料来料检验合格才进入生产线的直接控制方法,即戴尔并没有亲自监督,而是通过计算机的使用和数据收集技术来控制。

3. 戴尔的做法并不完全适用于中国企业

(1) 戴尔取得成功的关键点是直销模式,但目前中国人传统观念仍是眼见为实。联想集团总裁柳传志认为:"中国消费者看到实实在在的东西才会购买。"同样许多外国企业由于坚持自己的经营方式,一味让中国消费者去适应而导致失败。

(2) 投入成本过大

① 直销在广告宣传上的投入非常大。由于缺少面对面与客户交流的机会和诸多的销售网点,直销厂商须加大其他方面的宣传力度。

② 表面上,直销越过瓜分利润的中间商,节省可观的销售成本,但前提是公司首先拥有一个日益庞大和复杂的全球信息和通信网络,包括免费的电话和传真支持。如戴尔平均每天要处理电话 5 万个以上,还要自己建立一支优秀的销售和服务队伍。

③ 与一般 PC 厂商相比,需要更强大的计划、培训、投资和管理能力,而这一切确是一笔不小的投入。

(3) 中国在物流供应链的成熟程度上远不如美国,无法支持发展如同戴尔那般的零库存销售经验。戴尔在美国提出将产品 3 天内从工厂送到用户手中,尤其是非中心城市的用户手中的承诺。这在中国即使能完成,也很可能将付出更多成本。即使是如戴尔有着丰富直销经验的国际大公司,在中国国内也入乡随俗,采用分销和直销结合的形式,力图卖出产品,成为有力的市场竞争者。

(4) 戴尔的做法,需要一个信任和负责的商业环境,尤其是尊重法律的环境。目前中国法律,尤其是经济法律并不完善,整个市场环境仍然存在着许多问题,戴尔的经营之道并不适用于中国。

4. 值得借鉴的地方

直接套用戴尔的经营战略,在中国想要获取成功是有一定困难的,但戴尔的销售理念仍然有一些值得借鉴的地方。

（1）先进合理的供应链模式可有效地降低生产成本,提高生产效率,增加税后利润及更好地服务顾客,最终极大地提高了企业的竞争力。因此,中国企业应对供应链的设计与管理工作给予高度重视。

（2）企业之间良好的合作关系是供应链管理的关键所在。为了提高中国企业的供应链管理,应该努力促进企业间的长期合作,建立相互信任的合作基础。要有效提高信息技术的建设水平,为企业间的信息共享建立有效的操作平台。

（3）注重客户的意见。戴尔对客户和竞争对手的看法是:"想着顾客,不要总顾着竞争"。许多公司都太在意竞争对手的作为,因而更受牵制,花了太多时间在别人身后努力追赶,却没有时间往前看。在中国渠道代理群中,过度的竞争已是一个不争的事实。因此,中国企业更应在整个价值链上下功夫,除制造外,还应重视改造与优化其他环节,降低成本,缩短中间环节。

案例七 华为与飞利浦跨国战略联盟

教学 目标

了解跨国战略联盟的主要类型,熟悉跨国战略联盟的特点,掌握跨国战略联盟的成功条件、构建动因和潜在风险。

教学 重点

跨国战略联盟的构建动因和风险防范。

案情 介绍

1987年,华为技术有限公司(简称"华为")成立。华为是一家生产、销售通信设备的民营通信科技公司,是全球领先的信息与通信技术(ICT)解决方案供应商。坚持稳健经营、持续创新、开放合作,在电信运营商、企业、终端和云计算等领域构筑端到端的解决方案优势,为运营商客户、企业客户和消费者提供有竞争力的 ICT 解决方案、产品和服务,并致力于为未来信息社会构建更美好的全连接世界。华为坚持"开放、合作与创新"理念,与操作系统厂家、芯片供应商和内容服务商等建立良好的合作关系,旨在构建健康完整的终端生态系统。

1891 年,飞利浦成立于荷兰,主要生产照明、家庭电器、医疗系统方面的产品,在全球 28 个国家有生产基地,在 150 个国家设有销售机构,是世界上最大的电子品牌之一,在欧洲名列榜首;在彩色电视、照明、电动剃须刀、医疗诊断影像和医用监护仪器、单芯片电视产品等领域领先于世界,拥有 8 万项专利。

2016 年 6 月,国务院办公厅发布《关于促进和规范健康医疗大数据应用发展的指导意见》,进一步明确规范和推动"互联网＋健康医疗"服务,围绕医疗大数据的"互联网＋健康医疗"商业模式得到有力推广和扶持。

2016 年 9 月,华为和飞利浦签署合作协议,旨在保障飞利浦 Hue 家居智能照明系统和华为 Ocean Connect 物联网(Internet of Things,IoT)平台间的无缝对接。华为借此次合作成为飞利浦"Hue 之友"合作伙伴,飞利浦照明亦成为华为 Ocean Connect 物联网合作伙伴。

2016 年 11 月,飞利浦与华为在深圳签署最终战略合作协议,双方就构建健康全程关护云平台、在数字化健康关护领域开展覆盖"健康关护全程"的全方位合作等达成战略合作协议。

讨论 题目

1. 试分析华为开展跨国战略联盟的动因或收益。
2. 试分析华为开展跨国战略联盟的弊端或潜在风险。
3. 试分析华为防范跨国战略联盟弊端或潜在风险的可行措施。

案例 分析

1. 构建动因

(1) 有效利用互补性资源　飞利浦是全球健康科技行业的市场领导者,凭借富有前瞻性的先进技术、丰富的临床经验和深刻的消费者洞察,致力于为从健康生活方式塑造、疾病预防-诊断-治疗到家庭护理的整个健康关护全程,提供整合硬件、软件和服务的创新解决方案。华为作为全球领先的信息与通信技术解决方案供应商,在云计算、大数据、物联网领域一直保持较高的核心技术优势。

双方整合飞利浦在个人健康关护和疾病诊疗、管理领域的专业经验和系统平台，以及华为成熟、完备的 IT 基础设施构建、物联网技术和云服务能力，展开全面合作，旨在发挥资源互补效应。

(2) 有助于开拓新市场　根据合作协议，双方将在健康医疗和云服务市场结为产业联盟，在健康生活方式塑造、疾病预防-诊断-治疗、家庭护理等健康关护全程开展全方位合作，主要包括数字化医院建设、慢病院后管理、居家养老、医疗级可穿戴设备、医院云服务、省市级医疗云平台推广和应用等。围绕着医疗大数据的上下游众多业务范畴，智慧医疗、远程医疗与医疗信息化等"互联网＋健康医疗"相关的商业模式都将得到有力推广和扶持，为合作双方开拓新的市场机会。

(3) 降低企业与客户运营成本　飞利浦和华为达成合作协议，双方都可利用对方的已有技术与资源，不需要再去涉足自身没有优势的领域，节省自身运营成本。此次合作，华为企业云将发挥在云服务领域的品牌、运营、技术、网络资源等优势，与飞利浦共同打造基于云服务模式的健康全程关护云平台，为医疗机构、医护人员、患者、消费者等提供覆盖全生命周期的健康医疗护理解决方案，让专业医疗人员和个人都能有效利用社会和医疗资源，降低整个社会的医疗成本。

(4) 提升抗风险能力　华为与飞利浦合作，将实现双方优势资源最大程度的融合，通过共同探索创新的合作模式，使客户需求得以最大化地满足，从而加快数字化健康医疗解决方案在中国市场的普及应用。在此过程中，双方可共同承担研发与市场开拓风险。

(5) 战略联盟实际效应分析　第一，从合作双方实际运营情况来看，该战略联盟的积极效应正逐步显现，具体表现在双方 2017 年营业收入、营业利润、净利润、现金流、负债率等指标相对 2016 年均有所改善。第二，华为在核心网云化方面，已获得 350 多个 NFV 商用合同，并于 2017 年 2 月获世界移动大会"最佳技术使能"奖；在物联网方面，通过业界领先的 Ocean Connect 物联网全栈平台，提供丰富的 API 使能垂直应用，并通过系列化 Agent 方便终端接入，帮助运营商构建开放生态，携手产业伙伴合作共赢；在 IOT World Europe 2017 大会获"最佳物联网平台"奖。第三，华为目前正通过云计算、大数据、SDN、物联网等技术创新，打造开放、灵活、弹性、安全的平台，积极联合客户、合作伙伴、开发者、产业联盟、标准化组织，已初步构建起相互依存、共同成长的生态圈。

2. 潜在风险

(1) 技术泄密风险　在战略联盟中，飞利浦主要构建连接健康关护全程的健康和疾病管理系统，从健康生活方式塑造、疾病预防-诊断-治疗到家庭护理的整个健康关护全程，提供整合硬件、软件和服务的创新解决方案。华为主要投入于云计算、大数据、物联网等核心技术研发,致力于为客户提供全面高效的IT基础设施建设和云计算服务。相对而言,华为的技术优势更易被合作伙伴或第三方模仿。此外,该战略联盟是契约式而非股权式联盟,即华为无法通过股权控制来预防技术泄密。

(2) 文化差异风险　飞利浦倡导个体能力、给予充分授权、推行责任制的弹性工作时间和垂直整合的双向沟通,即企业文化自由且人性化,更尊重个人和员工发展,等级观念淡薄,又强调团队合作,非个人英雄主义。华为则推行"狼性"与"做实"的企业文化,家族式民营企业性质和相对封闭的管理体制。企业文化存在巨大差异,成为华为和飞利浦战略联盟不可忽视的潜在隐患。如果不能妥当处理文化理念差异,可能严重影响整个战略联盟的发展。

(3) 来自联盟方或第三方的潜在竞争风险　联盟双方的业务各有侧重,飞利浦在健康科技领域正积极推动"互联网+健康医疗"的生态融合和增值服务,华为企业云已在中国构建起一张覆盖国家-省-地市三级的云服务网络,让企业像用水、用电一样使用ICT服务,并承诺"上不做应用,下不碰数据"。但在当今全球市场快速发展的背景下,两个企业在信息技术领域等方面必然存在潜在竞争,特别是华为主要以投入易复制和模仿的信息技术为主,将可能导致技术优势转移,使得飞利浦从联盟对象转变为潜在竞争对手。此外,华为的竞争优势主要源于技术研发、低成本制造等,这些优势很容易被其他竞争者复制和模仿。因此,飞利浦理论上可通过与提供相同服务的竞争对手合作而解除与华为的联盟。

(4) 潜在依附性增加风险　华为在和飞利浦的战略联盟中,主要以强大的连接家庭各种电子设备并采集信息的互联系统、物联网和云技术为主的企业云服务,并已在中国构建起一张覆盖国家-省-地市三级的云服务网络。而飞利浦则掌握着大量医疗专业知识、技能和管理经验。因此很有可能,华为公司在技术创新与软硬件产品开发成功后,借助大数据和飞利浦的咨询管理分析方法,使技术与产品能最终为客户服务。即华为更多的是提供基础性前期技术,而飞利浦则在后期咨询、系统集成、业务外包等方面提供大量资源和信息。鉴于契约式联盟的内在缺陷,华为一旦提供前期的技术服务,就在很大程度上处于被动地位,飞利浦则占有主动权。倘若技术再出现单方面转移,华为就不得不面对彻底丧失优势与主动权的尴尬处境,甚至被潜在竞争者替代。在后期服务中,掌握核心资源的飞利浦在战略联盟中处于主导地位,可获得更多话语权和选择机会,而华为则可能逐渐增加对飞利浦的依附性,因而带来风险。

综上所述,企业并购本身就是一种风险巨大的活动,特别是跨国并购所承担的风险就更大,因此所面临的国际市场竞争十分激烈,存在着诸多不确定因素,可能导致企业运作产生种种风险。

3. 风险防范的措施

（1）技术风险防范　如前所述，跨国战略联盟会削弱企业对核心技术的控制权和独立性，带来核心竞争优势丧失的危险，主要体现为技术流失。因此，战略联盟中各企业须拿出具有较强竞争优势且对等的技术进行共享，彼此学习技术、分享研发成果。

（2）人才流失风险防范　人才的竞争是现代企业竞争的重要部分，人才是重要的资源，留住人才是企业并购成功的关键。在合作过程中，各企业可以彼此了解技术人才、管理人才等。在联盟解体后，关键性人才就有可能被挖走。关键人才的流失就有可能带来关键技术的流失，进一步削弱自身核心竞争优势。所以要参考对方企业的工作模式，不要一味固执己见，遵循自己的管理模式和对员工的监督控制。

（3）文化交流风险防范　企业文化可包括在价值体系、信仰、行为规范、理想及宗教礼仪中。在两企业合作时，要注意所实施的战略是否会与两公司的文化产生冲突和矛盾，双方公司能否融洽合作是整个战略联盟有效协调运作的关键。所以在华为与飞利浦达成战略联盟后，双方要先详细了解对方国家以及公司的文化，企业领导者要明确与合作伙伴的文化差异。要想降低企业文化冲突，就要同时尊重两者的企业文化，将两者相互渗透，达到"你中有我，我中有你"的境界，不能只是简单地用自己的文化代替对方的。

（4）权责失衡风险防范　跨国公司战略联盟难以协调彼此的利益与责任。跨国公司战略联盟实质是一个动态、松散的企业间组织形式。因此，在很多问题上可能难以达成一致，或者缺乏促使成员履行各自职责的有效的约束机制。特别是各企业利益相互冲突，或者核心利益不一致的时候。收益分配方面也面临同样的问题，各企业实际收益和预期收益往往不一致，彼此的协调非常困难。实际上，比起效率各方更注重公平，特别是各方投入资源不平衡的时候，利益的分成更加困难。而且这种协调也会增加联盟的成本，进一步损害各方利益。因此，华为与飞利浦要加强利益与责任之间的协调。

综上所述，在企业跨国并购的过程里可能会出现许多的风险，所以在风险防范上需要并购企业提前分析风险发生的可能性，及时提出相应的应对之策，减少并购的风险，更好地推动中国企业向外发展。

参考文献：查贵勇. 华为与飞利浦跨国战略联盟效益与风险分析[J]. 产业创新研究, 2019, (01): 5-7.

案例八　飞猪旅行与汉莎航空战略联盟

教学目标

了解跨国战略联盟的主要类型，熟悉跨国战略联盟的特点，掌握跨国战略联盟的构建动因和潜在风险。

教学重点

跨国战略联盟的构建动因和风险防范。

案情介绍

飞猪旅行是一家为注册会员提供机票、酒店、旅游线路等商品和服务的综合性旅游出行网络交易服务平台，包括网站及客户端。德国汉莎航空集团（简称"汉莎航空"）是一家居世界领先地位的航空运输公司，其年载客量以及机队规模都在世界前列，目前为世界第四大航空公司。汉莎航空业务面极为广泛，其核心业务是经营定期的国内及国际客运和货运航班。

2016年10月24日，阿里巴巴集团旗下旅行平台飞猪，宣布与汉莎航空签署战略合作协议，并同步上线汉莎航空飞猪官方旗舰店，旨在通过航司官网的直订体验，即在旗舰店上购买汉莎航空、瑞士国际航空、奥地利航空机票，可享受官网同价，让消费者出行更有保障更放心。汉莎航空通过NDC、XML和API方式，把控产品内容、捆绑式的机票产品，适应市场最新需求。通过此次战略联盟，汉莎航空将会借助飞猪平台进一步推动其在中国的线上销售，包括在中国市场的营销战略、会员体系等领域开展深入合作。

讨论题目

1. 以联盟企业的主体地位差异、依赖程度、产业合作方向、资产注入情况等为划分标准，该案例所涉及的战略联盟属于哪些类型？

2. 试分析飞猪旅行开展该联盟的动因或收益。
3. 试分析飞猪旅行开展该联盟的弊端或潜在风险。

案例分析

1. 类型
属于互补型、契约式、纵向型、协作型、销售型、集中型等类型。

2. 构建动因

（1）顺应出境游发展大趋势　近年来，中国赴海外旅游的人数连年攀升，已连续多年保持世界第一大出境旅游客源国地位。但出境游人数也仅占旅游总人数的3%，不到全国人口的10%。2016年，中国出境旅游花费高达1 098亿美元（约7 600亿元人民币），人均花费900美元；2017年，中国公民出境旅游花费达1 152.9亿美元，同比增长5%。但出境游消费额也仅占全国旅游花费的16%，表明中国出境游具有巨大发展潜力。中国旅游研究院《中国出境旅游发展年度报告2018》显示：预计未来5年，中国出境旅游市场复合增长率将达5%，到2020年，每年出境游人次将达1.57亿。而在互联网环境下成长起来的年轻一代已成为出境游的主力人群。

（2）发挥优势资源互补效应　第一，航空出行是全球游的最重要通路之一，汉莎航空携旗下3家航空公司接入飞猪旗舰店后，飞猪平台可为消费者提供更多的航空公司和航空线路，增强对消费者的吸引力。汉莎航空作为一家世界一流的航空公司，拥有良好形象和口碑，其入住飞猪平台将提升飞猪平台的市场定位和市场形象。第二，汉莎航空几十年海外航线的经营经验与星空联盟的支持，也可为飞猪旅游在开拓海外市场以及充分利用海外资源上提供便捷。第三，飞猪旅游作为"全球游"战略的直接实施者，已成为中国最大的机票直销平台，旗舰店数量超过70家，更可通过阿里巴巴共享超过5亿移动端活跃用户的流量、全球化交易平台和全维度大数据资源。通过与飞猪平台战略合作，汉莎航空可增加出境游游客选择其旗下产品的概率，扩大在中国市场上的销售渠道及销售范围，让更多即将成为旅游主力的年轻一代选择汉莎航空。第四，在飞猪网站经营旗舰店，汉莎航空可通过O&D管理系统等对业务进行把控，提升与用户的互动便利性，拉近汉莎航空与旅行者的距离。

（3）快速占领市场　第一，随着互联网一代成为出行主力人群，航空公司能否在互联网生态中建立品牌优势，熟练掌握互联网运营能力将成为取胜的关键要素。飞猪作为时下非常受年轻人欢迎的线上旅游平台（飞猪85%的顾客为85

后),其对年轻消费群体和互联网生态的深刻理解能带动汉莎航空在"网络一代"中的销售。第二,飞猪旅游不仅能为汉莎航空提供阿里系超大流量入口,帮助汉莎航空与消费者建立直接联系,还能通过数据分析提升汉莎航空的营销能力,沉淀会员体系,改善服务水平,持续优化消费者出行体验。如此,可将传统的航空公司和线上网络销售平台相结合,实现优势互补,以更快地占领中国日益发展的出境游市场。

(4) 借助联盟力量应对竞争　第一,助力飞猪应对携程、途牛等竞争对手。飞猪旅游虽已在互联网一代的消费者中开拓出良好的市场环境,培育了部分稳定客户。但相比已在旅游领域经营 17 年的携程来说,飞猪在运营经验、品牌效应与声誉等方面还存在一定差距,并面临途牛、驴妈妈等竞相追赶。因此,飞猪作为一个集聚资源的平台系统,需要汉莎航空这样强有力的合作伙伴的进入和支持,以应对国内竞争。第二,提升汉莎集团应对国际航空客运的竞争。随着中国航空运输业对外资和民营资本开放的实质性推进,汉莎航空在开拓中国市场的进程中面对日益激烈的竞争,需要与中国本土的旅游公司开展合作来应对竞争。

(5) 降低维护成本　第一,汉莎航空公司如果依靠自身实力创建官网、APP 等直销渠道,需要创建技术团队、营销团队,维护服务器与防止病毒入侵等,成本非常高昂。而通过跨国战略合作,利用飞猪旅游现有平台和技术,借助阿里巴巴新零售的理念以及影响力,可降低汉莎航空在开发和运营中国电商渠道线上旅游平台的成本。第二,飞猪旅游接受海外高端航空公司汉莎航空的入驻,可提升其在消费者心中的公信力和口碑。而在海外旅游市场和国际航线的开拓和探索上,飞猪也可借助汉莎航空已有的资源,降低在海外发展适合航线和开拓市场的费用以及风险。

3. 潜在风险

(1) 技术不完善及技术泄密潜在风险　第一,汉莎航空计划通过 NDC、XML 和 API 等模式,与飞猪建立旗舰店合作协议,以充分利用阿里等在线生态系统,是在中国乃至整个亚太地区的第一次尝试。目的是寻求分销方面的大规模创新并实现分销成本合理化,重点是如何最大限度地发挥 API 系统的能力。但在接入飞猪旅游平台的过程中,汉莎航空的 API 系统出现过很多技术漏洞,还需要进一步完善 API 系统。第二,当前,旅游技术供应商 Farelogix 在为汉莎集团提供直连技术,属于外包委托开发,对研发的内部流程监控相对较弱,容易导致技术外泄。

(2) 同类型服务供应商的潜在竞争　飞猪和汉莎航空虽已达成战略联盟的

协议,但两者还需面对很多同类型服务的竞争对手。2014年,香港航空就已进驻飞猪开立旗舰店,并于2017年签署新战略合作协议;2016年4月,阿联酋航空就已实现与飞猪旗舰店直连,并于2017年6月15日入驻飞猪开设官方旗舰店;2016年10月,汉莎航空宣布与携程开展海外市场直连,为游客提供更优惠的出境机票和更优质的服务。这些合作伙伴和其竞争对手的战略联盟的形成,无疑在诸如平台推广、广告投放以及客户页面优先选择等方面都构成威胁。

(3) 管理协同可能存在挑战　汉莎航空虽已早在1996年就进入中国,但一直是在独立发展。当前,汉莎航空已开始重视中国市场和业务,与飞猪建立旗舰店合作协议(直连协议)是在中国乃至整个亚太地区的第一次尝试,在管理协同方面还处于探索和经验积累阶段,可能会遇到诸多问题。如汉莎航空作为欧洲目前最强势的航空公司,很大程度上保留德国人固有的严谨、刻板的特点,与以年轻的互联网一代为主要客户群、发展模式和经营定位不断调整(如8年3次易名)的飞猪形成鲜明对比。两者的管理风格和文化的差异是跨国联盟之间最深的隔阂。如果不能很好有效地吸收和接纳,很有可能会出现文化冲突,进而影响双方的整合和利益共创。

(4) 在线旅游平台的监管日趋严格　在线旅游平台争夺供应商和销售额的竞争,有可能导致对供应商监管力度和产品质量把控的下降。飞猪作为一家在线旅游平台,销售的产品全部由合作供应商提供,致使飞猪很难监控品质。由低品质产品和服务引发的较差的用户体验,如果在售后处理上,平台方与供应商再"踢皮球",互相推脱责任,则会造成更大的负面影响,最终导致客户的流失与口碑下降,阻碍在线旅游平台的进一步发展,进而间接引发汉莎航空订单的减少。

参考文献:牛惜羽,章昕悦.飞猪旅行和汉莎航空跨国战略联盟效应与风险分析[J].市场周刊,2018,(09):27-28.

案例九　华为与埃森哲战略联盟

教学目标

了解跨国战略联盟的主要类型,熟悉跨国战略联盟的特点,掌握跨国战略联盟的构建动因和潜在风险。

教学重点

跨国战略联盟的构建动因和风险防范。

案情介绍

华为技术有限公司(简称"华为")聚焦于信息通信技术基础设施领域,致力于为电信运营商、企业和消费者提供信息技术解决方案、产品和服务,持续提升客户体验,为客户创造最大价值,丰富人们的沟通和生活,提高工作效率。华为秉持围绕需求、持续创新、开放合作的战略态度,坚持"以客户为中心,以奋斗者为本"的企业文化,具体体现在成就客户、艰苦奋斗、自我批判、开放进取、至诚守信和团队合作6个方面。埃森哲主营业务为管理咨询和信息技术,实施全球知识管理策略,旨在通过知识的运用,把思想转化为商业价值;通过创造、获取、综合、分享、使用信息、见解和经验,以达成埃森哲的商业目标。埃森哲还建立了全球化的知识资本标准运行流程,这些流程已深入到埃森哲的业务开发、项目执行、质量保证等各个业务流程中,充分强调知识分享的重要性。

2014年10月16日,华为和埃森哲正式签署战略联盟协议,共同面向电信运营商和企业信息与通信技术(ICT)两大市场的客户需求,开发并推广创新解决方案。根据该战略协议,双方将针对客户需求制定合作计划,初期聚焦于中国、东南亚及其他新兴市场,并选择性地关注进入发达市场的机会。双方将充分利用华为领先软硬件产品和解决方案的丰富组合,借助埃森哲在咨询、系统集成和服务外包方面的能力,协同为电信运营商提供业务支撑系统(BSS)及系统集成服务,以满足运营商在计费、客户关怀及其他业务支撑部门的需求。双方还将结合埃森哲"基础设施即服务"的解决方案与华为私有云基础设施方案,为各行业的企业客户提供预先设计的集成的私有云解决方案。根据协议,其他共同的机会成熟时,双方可将电信运营商和企业解决方案等合作扩展到更多领域。

讨论题目

1. 简析该战略联盟的类型(至少列出4种)。
2. 简析华为开展该战略联盟的构建动因。
3. 简析华为开展该战略联盟的潜在风险。

案例分析

1. 类型
该战略联盟为互补型、非股权型（契约型）、纵向型、协作型、联合研制型。

2. 构建动因
（1）有效利用互补性资源　充分利用华为领先的软硬件产品和解决方案的丰富组合，借助埃森哲在咨询、系统集成和服务外包方面的出色能力，协同为电信运营商提供业务支撑及系统集成服务，以满足运营商在计费、客户关怀及其他业务支撑部门的需求，即双方联盟是彼此获取互补性资源的重要渠道。

（2）拓展互补性市场　根据战略协议，合作双方将针对客户需求制定合作计划，初期聚焦于中国、东南亚、其他新兴市场，并选择性关注进入发达市场的机会。华为可借助埃森哲在发达市场的势力，寻求机遇进入发达市场。根据协议，等其他机会成熟时，双方还可将电信运营商和企业解决方案方面的合作扩展到更多的潜在领域。即双方合作极大程度上为双方企业进入各自的优势市场提供便利，并有效地降低了市场进入的门槛与成本。

（3）打造行业技术标准　结合埃森哲"基础设施服务"解决方案和华为私有云基础方案，为各行业的企业客户提供领先的私有云解决方案。而私有云服务目前还处于探索阶段，还没有统一的行业标准，如果联盟双方能在该领域取得先入优势，则毫无疑问可为打造符合联盟双方各自利益的行业标准夯实坚实基础。

（4）构建市场进入壁垒　华为与埃森哲在各自行业领域中都已取得非凡的成就，两者牵头组建战略联盟，必定是一次强强联合。这使双方企业有能力，以更低的成本和更小的风险，在更短的时间内帮助客户实现业务目标。

3. 潜在风险
（1）管理协同风险　两者企业文化存在巨大差距，将可能成为华为和埃森哲的战略联盟不可忽视的隐患。如果不能很妥当地处理文化理念的差异，管理不协同问题将无法避免，甚至可能导致整个战略联盟的分崩离析。

（2）技术泄密风险　在该战略联盟中，华为聚焦ICT基础设施领域提供全球领先的电信解决方案，涵盖移动、宽带、IP、光网络、网络能源、电信增值业务和终端等领域的解决方案。这些技术对华为来说是企业生存发展的命脉，而在联盟过程中则主要提供咨询、系统集成和服务外包方面的服务。相较而言，华为所提供的技术更容易造成泄密和难以掌控，承担更大的风险。

（3）联盟方和第三方的潜在竞争　埃森哲和华为都以全球为目标市场，经营范围都涉及全球 120 多个国家，且存在一定的业务重叠，都将促使埃森哲成为华为在某些特定细分市场的潜在对手。在联盟中，埃森哲主要提供咨询、系统集成和服务外包等软性服务，竞争优势主要源于人力资本、信息集成等软实力，被替代性相对较低。华为则主要提供 ICT 基础设施和信息通讯终端设施等硬性产品，竞争优势主要源于技术研发、低成本制造等，而这些优势很容易被其他竞争者（如中兴通讯）复制和模仿。因此，埃森哲理论上可通过和与华为提供相同服务的竞争对手合作而解除联盟。

（4）潜在依附性的增加　华为在和埃森哲的战略联盟中，主要是以提供领先软硬件产品和解决方案为主，展现在电信网络、企业网络、终端和云计算等领域的优势。埃森哲作为一家专注于管理咨询、信息技术的发达国家的公司，掌握大量专业知识、技能和管理经验。因此，专注于通信行业特定软硬件开发领域的华为，很有可能在技术创新与软硬件产品开发成功后，需要借助大数据和埃森哲的咨询管理分析方法，实现技术与产品能最终为客户服务。即华为更多的是提供基础性前期技术，而埃森哲则在后期咨询、系统集成、业务外包等方面提供大量资源和信息。鉴于契约式联盟的现实，华为一旦提供了前期的技术服务，就在很大程度上处于被动地位，完全听任埃森哲的摆布。

参考文献：蒋函廷，张艺雯，袁颢瑜，等. 埃森哲与华为战略联盟效应分析[J]. 对外经贸，2016，(05)：65 - 67.

案例十　华为与福田汽车战略联盟

教学目标

了解战略联盟的主要类型，熟悉战略联盟的特点，掌握战略联盟的成功要件和构建动因。

教学重点

战略联盟的成功要件，战略联盟的构建动因与风险防范。

案情 介绍

北汽福田汽车股份有限公司(简称"福田汽车")成立于 1996 年,1998 年 6 月在上海证券交易所上市,是中国品种最全、规模最大的商用车企业。现已形成集整车制造、核心零部件、汽车金融、车联网、福田电商为一体的汽车生态体系。其中,商用车业务涵盖整车及服务、汽车智能互联应用两大业务,整车覆盖 5 大业务单元、15 个产品品牌;汽车智能互联应用覆盖车联网和电商两大单元。

华为技术有限公司(简称"华为")成立于 1987 年,是一家生产、销售通信设备的民营通信科技公司,是全球领先的信息与通信技术(ICT)解决方案供应商。华为在电信运营商、企业、终端和云计算等领域构筑端到端的解决方案优势,为运营商客户、企业客户和消费者提供有竞争力的 ICT 解决方案、产品和服务,致力于把数字世界带入每个人、每个家庭、每个组织,构建万物互联的智能世界。华为也是全球最大的专利持有企业之一,截至 2018 年底,累计获授权专利 8 万余件。2010 年,华为首次入围《财富》世界 500 强企业排名。

2019 年 4 月 17 日,福田汽车与华为正式签署战略合作协议,双方就构建商用车全智能化体系,开启 5G 时代全新的智能互联布局,达成全方位战略合作协议。根据合作协议,双方将整合优势资源,充分利用华为云计算领域的优势地位和解决方案的丰富组合,借助福田汽车在汽车智慧互联应用的领先探索,在车载计算与智能驾驶、智能网联、智能互联、智能能源、智能制造、云服务、云计算和信息化等领域开展战略合作;还将结合"手机-车机互联"在行车智慧助手、信息娱乐服务、生态资源等方面扩展更多的潜在合作领域。

讨论 题目

1. 该战略联盟的类型(至少列出 4 种)。
2. 结合案例分析该战略联盟的构建动因。
3. 结合案例分析该战略联盟的潜在风险。

案例 分析

1. 类型

该联盟为契约式、研发型、集中式、互补型、协作型等战略联盟。

2. 构建动因

（1）顺应车联网发展大趋势　　盖世汽车《车联网产业发展报告2019》显示，当前全球联网车约9 000万辆，预计2020年将增至3亿辆左右，车联网有广阔的发展前景，商用车领域尤其如此。对福田汽车而言，利用5G技术，开拓5G时代背景下车联网的创新布局，是此次与华为达成战略联盟的主要目标。华为拥有的LTE-V2X车载终端技术，是国内首个在开放道路上成功应用的LTE-V2X车联网终端，为汽车提供车道级的定位能力。华为汽车行业解决方案部门对将汽车产业与ICT产业融合的战略构想已久，由华为云发挥行业＋智能的作用，与福田汽车的联盟将携手共建开放的合作云生态，以紧抓车联网发展风口，打造行业领先优势。

（2）利用互补性优势资源　　随着5G时代的到来，汽车产业正在把ICT技术定位为新的主导性汽车技术。福田汽车是商用车行业的领导者，凭借其富有前瞻性的先进技术，从零部件生产、整车制造，到下游车联网、电商物流一体的完善生态体系。但在面对变革时，也在积极寻求顺应科技发展的新道路。华为作为全球领先的信息与通信技术解决方案供应商，在云计算、大数据、物联网领域一直保持较高的核心技术优势。福田汽车"工业4.0"与华为"聚焦ICT技术，帮助车企造好车"的战略不谋而合，双方基于福田汽车对车联网应用的专业经验和华为成熟完备的通信技术、物联网技术和云服务展开合作，充分发挥互补性资源优势。

（3）享受政府政策红利　　中国车联网产业发展趋势良好、产业规模不断扩大、政策红利不断释放。2018年底，工信部发布《车联网（智能网联汽车）产业发展行动计划》，全面梳理车联网产业发展政策措施，针对发展中存在的问题和薄弱环节，国家与社会将从6个方面做出具体保障措施。《行动计划》指出，充分发挥政策引领作用，彰显国家对于车联网产业发展的高度重视，早日实现"人-车-路-云"高度协同、联网产业高质量发展的目标。政策落地不到半年，在车联网业内人工智能、大数据、通信等为代表的新一轮技术革命蓬勃发展，业内新增长点、新动能的形成清晰可见。华为与福田汽车选择结成战略联盟，充分利用政策对车联网产业的优惠条件，为自身技术突破、产业生态完善享受更便利的政策环境。

（4）共担研发成本和风险　　福田汽车与华为的合作主要聚焦于云服务＋边缘计算，其中华为侧重云服务、5G技术的研发及提供，福田汽车主要负责商用车生产、车联网的基础建设。两者充分利用联盟综合优势，共享资源，相互协调，双方不再需要涉足自身没有优势的领域，可节省自身运营成本。华为将发挥云服务领域的技术与品牌优势，结合福田汽车在商用车行业的成熟经验，共同打造基于云服务＋边缘计算的极简网络,支撑福田业务系统建设,快速满足车联网等业务创新需求。

3. 潜在风险

(1) 技术制约与泄露风险　目前车联网所提供的服务正快速扩张与发展,但在隐私保护问题上并未紧跟发展步伐。福田汽车与华为达成合作后,福田车联网系统的车辆位置、用户数据、用户身份等都将在华为云端存储,对华为开放,福田汽车企业数据也很容易遭泄露。如果有不法攻击者入侵华为云端平台,福田汽车的信息安全也难以得到保障。此外,车联网通信技术当前也存在局限,特别是远程通信的时效性、车载网络的通信安全仍有待提升。福田汽车通过与华为合作开启 5G 时代的车联网,是否能彻底解决这些问题将至关重要。

(2) 技术突破存在挑战　2019 年 6 月 6 日,中国工信部发放 5G 商用牌照,标志着中国正式进入 5G 商用元年,但也意味着中国 5G＋车联网进程刚刚起步。在微观层面,中国企业在车联网技术上与世界领先企业相比,还存在一定差距。德国专利数据库公司统计数据显示,第一名高通拥有 305 项技术,华为仅以 206 项位居第四,这表明华为与福田汽车基于 5G 的车联网构建,技术方面仍有待突破。尤其是在当前中美贸易争端的大背景下,美国及其盟国对华为在各领域的围追堵截,使得华为与福田汽车的共建更加困难,不确定性性增大,可能会因联盟目标无法尽快实现而影响联盟的稳定。

(3) 联盟方或第三方的潜在竞争　虽然华为与福田汽车主要业务范围存在差异,福田汽车专注于全面发展商用车领域,同时注重将商用车全系列发展构建的黄金价值链延伸到关联产业,而华为则侧重于 ICT 服务领域。但在当今车联网发展大趋势下,越来越多的汽车企业布局车联网系统,使得来自联盟内部或外部的竞争加剧,如在 2019 年上海车展中,华为又联合东风汽车共同展出首款集成 LTE－V/5G 的无人驾驶汽车。因此,在竞争激烈的"云服务＋汽车"行业中,华为有动力通过与其他汽车企业合作而解除与福田汽车的战略联盟。

(4) 企业文化差异导致协同风险　福田汽车人才战略遵循"以人为本"原则,尊重个人价值,构建起对外开放的人才引进平台。华为则遵从"狼性"企业文化,如引发舆论的"996"工作制,华为也是实施企业之一。战略联盟双方企业文化存在的巨大差异,福田汽车的人员如何适应华为高强度的工作模式、家族民营企业的管理体制,都是影响战略联盟发展的潜在隐患。

参考文献:张潆予.华为与福田汽车战略联盟效应与风险分析[J].产业创新研究,2019,(08):8-9.

案例十一　宝洁和沃尔玛产销联盟

【教学目标】

了解战略联盟的主要类型,熟悉战略联盟的特点,掌握战略联盟的成功要件、收益和潜在风险。

【教学重点】

战略联盟的成功要件、收益和风险防范。

【案情介绍】

20世纪80年代以来,美国的流通产业迎来巨大变革。美国零售业在规模上的发展、信息化的建设和运用上出现质的飞跃,零售企业形成完备的流通信息网络,整个流通产业链中的主导权从生产方转移到零售商;而美国市场也面临着来自国外企业的强大挑战,迫切要求产销之间能紧密结合、相互补充、相互促进,形成新的竞争优势,以应对日益恶劣的市场环境。

鉴于此,美国大型生产商宝洁和美国第一大零售商沃尔玛结成战略联盟,开始探索一种新型的产销合作关系,在实践中向供应链管理方向发展。1987年,宝洁和沃尔玛开始合作,借助于计算机实现信息的共享,通过联盟的形式推动双方业务的发展。宝洁可调用沃尔玛的销售和库存数据,并以此为依据制定高效率的生产和出货计划。1989年,沃尔玛开始对宝洁的纸尿裤产品实行供应链管理,其具体形式是双方通过卫星通信实现联网。宝洁可迅速知晓沃尔玛物流中心内的纸尿裤库存情况、销售量、库存量、价格等各项数据。同时引进直接交易形式,借助以信息共享为特征的经营和物流管理系统,使产销都能对应市场变化,及时作出响应,有效遏止滞销品的产生。沃尔玛得以从原来繁重的物流作业中解放出来,专心于经营活动。作为实施合作的主要组织机构,宝洁和沃尔玛双方组成由财务、流通、生产和其他各职能部门组成的约70人的专门合作团队,派往沃尔玛实行协作管理。该联盟取得良好效果。1991年,宝洁153亿美元销售额的 11% 来自沃尔玛；1992 年，宝洁美国市场占有率升至 20%；2004 年，宝洁 514 亿美元销售额的 8% 来自沃尔玛；2004 年，沃尔玛 2 560 亿美元销售额的 3.5% 归于宝洁，沃尔玛店铺中的宝洁纸尿裤商品周转率提高 70%，销售额提升 50%，达 30 亿美元，利润上升 48%，沃尔玛物流配送系统与供应链管理更为高效。

讨论题目

1. 本案采用的是何种国际经营战略？该国际经营战略有何特点？
2. 如果从战略实施企业的主体地位、依赖程度、资产注入情况、价值链位置等划分该国际经营战略，宝洁和沃尔玛选择的是哪种类型？
3. 结合案例分析该国际经营战略成功的条件。
4. 结合案例分析该国际经营战略的收益与风险。

案例分析

1. 战略联盟经营的特点

(1) 非资本参与型国际经营方式。
(2) 实现全方位合作和组织结构创新。
(3) 联盟间合作与竞争并存，实现"柔性竞争"。
(4) 合作形式具有较大的灵活性和随意性。
(5) 多为自发非强制性的。
(6) 介于企业与市场间的一种"中间组织"。
(7) 主要集中在高技术产业和第三产业。

2. 类型

具体类型有互补型、契约型、协作型、营销型、纵向型、非股权型等。

3. 成功条件

(1) 合适的战略伙伴 宝洁与沃尔玛都是各自行业的领头公司，宝洁可借助沃尔玛获得销售渠道，而沃尔玛可通过此次产销联盟推广到其他供应商，双方适合结成联盟、合作互助。

(2) 非竞争性的纵向战略联盟 不存在直接的利益冲突，更适合探索中的合作。

(3) 实现全方位合作，组织结构有所创新 在战略联盟探索的初期阶段，宝洁与沃尔玛便有全方位的合作意识，不仅在生产、销售、技术、信息等方面进行合作，获取利益，也借此走向供应链管理道路。

（4）联盟具有互利性　通过此次产销联盟，两家公司借助信息系统，从供货、物流、结算等各方面引入新型系统，以节省成本、提高效率。

4. 收益

（1）节省各项成本，提升利润空间。

（2）降低在库成本和风险。

（3）双方结算系统（EFT 系统）的导入可加速双方资金的周转。

（4）宝洁采用的管理库存系统（MMI 系统），使企业更易制定营销计划，提高生产效率，节省沉没成本。

（5）提高宝洁的竞争能力，加速形成垄断地位，以增加议价能力。

（6）沃尔玛脱离物流作业，可以专注于核心业务，提高管理效率。

（7）将与宝洁产销联盟的成功经验推广到所有产品供应商，提高整体管理水平和盈利能力。

5. 风险

（1）技术外泄　此次产销联盟引进 EFT、MMI 等信息化系统，技术含量较高，易造成技术的外泄。

（2）依附性增加　20 世纪 80 年代，战略联盟处于探索时期，生产商与零售商间还没有广泛运用战略联盟来达成销售额的增加，并且宝洁与沃尔玛之间签署的条件较为苛刻。如果宝洁与沃尔玛的产销联盟失败或未获得预期利润，则双方不一定能找到其他在各自行业地位相当的战略联盟合作伙伴。

（3）为合作伙伴带来竞争　沃尔玛在与宝洁的产销联盟成功之后，将这种新的合作方式推广到其他供应商，自然会为宝洁带来抢占市场份额的竞争对手。

第五篇 跨国公司跨国并购

案例一 优酷与土豆合并协同效应

教学目标

了解跨国并购的各种类型,熟悉并购协同效应理论的具体内容,熟练运用协同效应理论分析具体实践案例。

教学重点

协同效应的含义和类型,协同效应理论的具体运用。

案情介绍

2012年8月20日,优酷与土豆合并方案获双方股东大会批准通过,优酷土豆集团公司正式成立,这是视频行业两大公司的合并。优酷网与土豆网宣布以100%换股的方式合并,中间不涉及任何现金,土豆网即将从纳斯达克摘牌退市,并兑换成优酷股,在中国互联网的并购案中也属首例。

优酷网和土豆网作为国内网络视频领域的两大代表性网站,近年来获得飞速发展,并成为资本市场的宠儿,先后在海外资本市场顺利实现IPO。易观国际统计数据显示,2011年第四季度中国网络视频市场广告收入为16.87亿元,优酷网、土豆网、搜狐视频占据市场前3名位置,其中优酷份额为21.8%,土豆份额为13.7%。虽然两家网站已牢牢占据市场领先地位,不过由于普遍面临高昂的带宽成本和版权成本压力,再加上各大网络巨头纷纷把网络视频看作"兵家必争之地",市场同质化竞争惨烈,行业依然处于"烧钱圈地"阶段,两家企业也由此长期深陷亏损"泥潭"。易观智库分析师黄萌表示,从业务上看,优酷与土豆合并对双方都有利。两者的用户群将融合成更大的用户资源,整合后的产品线也将更加完整。同时将降低新公司的版权采购、后台资源等成本,从而提升其盈利水平。资深互联网分析人士谢文认为,在战术和短期内,合并是个聪明之举,减少竞争成本,扩大垂直领域优势。优酷创始人、董事长兼CEO古永锵在宣布合并消息后表示,"战略合并完成后,土豆将保留其品牌和平台的独立性,帮助加强和完善优酷土豆的视频业务。本次合作会产生多方面的协同效应,将正版视频内容带给更广泛的用户群体,形成更有效的带宽基础设施管理。"

讨论 题目

1. 从并购双方行业关系、并购方式、并购双方接触与否、并购目标企业性质等角度来看,该并购案例属于哪种具体类型的并购?
2. 何为并购的协同效应?协同效应具体又可分为哪些类型?
3. 运用协同效应理论分析该并购案例。

案例 分析

1. 类型

该并购为横向、股票、协议(友好、直接)、上市公司并购等类型。

2. 协同效应的定义与类型

(1) 定义 协同效应具体分为内部协同和外部协同。

① 内部协同:企业生产、营销、管理的不同环节、不同阶段、不同方面共同利用同一资源而产生的整体效应。

② 外部协同:并购后竞争力增强,导致净现金流量超过两家公司预期现金流量之和,或合并后公司业绩高于两个公司独立存在时的预期业绩总和。

(2) 类型

① 经营协同效应:主要指实现协同后的企业生产经营活动在效率方面带来的变化及效率的提高所产生的效益,包括规模经济、优势互补、成本降低、市场份额扩大、服务更全面等方面。

② 管理协同效应:又称为差别效率理论,主要指的是协同给企业管理活动

在效率方面带来的变化及效率的提高所产生的效益。并购的管理协同效应主要表现在节省管理费用、提高企业运营效率、充分利用过剩管理资源等方面。

③ 财务协同效应：主要指协同的发生在财务方面给协同公司带来的收益，包括财务能力提高、合理避税和预期效应。并购的财务协同效应主要表现在企业内部现金流入更为充足、时间分布更为合理、企业内部资金流向更有效益的投资机会、企业资本扩大、破产风险相对降低、偿债能力和取得外部借款能力提高、企业筹集费用降低等方面。

3. 并购的协同效应

（1）经营协同效应

① 有效发挥规模经济效应：正如古永锵所指出的，优酷、土豆之间的合并，取决于中国互联网行业里的规模效应的重要性，在视频行业尤其如此。因此，双方合并最看重的还是规模效应。合并前，腾讯网和土豆网都处于亏损状态，这个亏损有多方面的原因，但不可否认，两家死掐，内耗的过程产生很多费用，是其中一个重要原因。其中，高昂的视频版权成本和带宽成本是当前众多视频网站背负的"两座大山"，尤其是版权，已成为当前阻碍视频网站盈利的"不可承受之重"。2012年第二季度财报显示，优酷第二季度净亏损6 280万元，其中，内容成本1.44亿元，带宽成本1.119亿元；土豆网第二季度净亏损1.547亿元，其中内容成本为1.005亿元，带宽成本为6 510万元。优酷和土豆合并将可能有效发挥规模经济效应，提高版权引进谈判地位，增强议价能力，极大缓解版权成本快速上涨的压力。而带宽和研发成本也会相应减少，从而发挥规模经济效应。

② 资源互补，增加经济利得：优酷和土豆并购具有一定的资源互补效应，增加经营利得。如合并后双方广告系统打通，便利广告组合投放，减少双平台投放时的浪费，实现最佳资源分享，可进一步提升竞争力，巩固行业位次，提高对广告机构的议价能力；整合还可提升双方品牌价值，为双方带来更多用户流量，提升双方流量变现能力。此外，资源互补效应还体现在优酷土豆在整体内容的排播和编排风格上存在较大差异，且两家有不同的自制内容；在品牌定位和产品设计方面，两个网站也都各自有特色，用户体验也各不相同，如土豆将保留其品牌和平台的独立性，帮助加强和完善优酷土豆的视频业务，提高市场竞争力。更重要的是，合并后，优酷土豆网作为一个集团下的两个品牌，其原本存在的差异化风格和特色可以更加放任地发展。因此，考虑到资源互补效应的发挥，合并后的公司在业务整合方面，应坚持偏后台的业务以合为主和前端的业务以分为主的原则，如数据统计与分析、广告投放系统、媒体资源库、服务器采买、技术服务后台等都是以合为主，涉及产品设计、内容频道、自制内容、品牌定位、页面风格等则以分为主。

③ 提升市场垄断力：合并后的新公司如具有一定的市场垄断力,则可通过减少竞争、设定垄断价格、提供更丰富的产品而扩大战略收益。易观国际2011年第四季度中国网络视频市场收入份额数据显示,优酷和土豆的占比分别为21.8%和13.7%,位于行业前两位,合并后双方总市场份额达35.5%,高于第三名22.2个百分点,且合并后双方网络视频用户覆盖率达到80%,受众人群和内容定位的差异化及扩大的内容库带来的流量与用户量,将有望为双方广告客户带来更有效和高性价比的营销组合,将进一步压缩中小视频厂商的发展空间,提升市场垄断力。

(2) **管理协同效应** 目前优酷和土豆的同质化内容较多,导致大量资源浪费,通过资源整合可提升资源的利用率,降低成本,并可将节省的部分资源用于之前一直想做但因无人力精力去做的事情,以带动其他业务的发展,进而产生更多的协同效应。当然,正如易观智库分析师张骠所言,合并也会使得双方的内容同质化更严重。因此,为充分发挥管理协同效应,两个平台须走差异化路线。根据差别效率理论,如果A公司的管理层比B公司更有效率,在A公司收购B公司后,B公司的效率便被提高到A公司的水平,通过并购提高效率,整个经济的效率水平将由于此类并购活动而提高。

2012年第一季财报显示,土豆净营收2 230万美元,同比增长76.7%,而优酷净收入高达2.7亿元,同比增长111%;第二季财报显示,土豆网净营收增至人民币1.719亿元,同比增长47.3%,净亏损人民币1.547亿元;优酷网净营收增至人民币3.874亿元,同比增96%,净亏损人民币6 280万元,但若剔除期权费用和公司合并相关费用,优酷净亏损仅人民币2 930万元。从增长看,土豆的增速低于行业平均值,最重要的广告收入亦增长乏力,主要靠广告商数量的增长所驱动。反观优酷,增速远高于土豆网和行业平均水平,且自上市以来,优酷净收入持续保持高速增长,且更为健康,主要由广告商的平均购买金额增长所驱动,且优酷总体收入的55%~60%来自快消品,不易直接受经济因素所影响,在收入构成中支撑力更强,充分体现优酷的强劲竞争力和可持续发展实力,即优酷具有更高的经营效率和更强的盈利能力。优酷合并土豆,将可能提高土豆公司的经营效率和盈利能力,激发管理协同效应,并且将会在当年三四季度继续展现。

(3) **财务协同效应**

① 提高营收和盈利能力：合并后,新公司规模扩大,规模效应将使企业资金流入更充足,而资金支出将有所缩减,可使公司有更多资金自由支配。而统一两家公司的资金调配,可将资金投入效益更好的业务,特别是一些以前想开发而无精力和能力开发的业务,以进一步提高资金使用效率,提高新公司营收和盈利能力。

② 降低税负,合理避税:虽然优酷、土豆都连续亏损,但亏损额差异颇大。若不合并,则随着经营改善,亏损较少的优酷盈利后,按法律规定抵扣一定的亏损额后,将要缴纳企业所得税;但合并后,可抵扣亏损额加大,即可在一定程度上降低税负,以合理避税。

③ 扩大新企业筹资能力:

a. 双方合并可扩大自有资本的数量,自有资本越大,由于企业破产而给债权人带来损失的风险就越小。

b. 合并成功后,对企业负债能力的评价不再是以单个企业为基础,而是以合并后的新企业为基础,在一定程度上可解决偿债能力对企业融资带来的限制问题。

c. 信用等级较低的被合并企业,通过合并,使其信用等级提高到收购企业的水平,为外部融资减少障碍。无论是偿债能力的相对提高、破产风险的降低,还是信用等级的整体性提高,都可美化企业形象,提高企业的筹资能力,并能降低筹资成本。

④ 降低企业筹资费用:合并后企业可根据新企业的需要发行证券融集资金,避免各自为战的发行方式,并减少发行次数,使得整体性发行证券的费用明显小于各企业单独多次发行证券的费用之和。

⑤ 提升经营绩效:在三网合一、多屏融合的时代,合并后的优酷土豆集团可在影视版权采购、带宽服务器采买、后台数据整合、搜库、媒资库、广告投放系统等多方面实现协同,为用户提供更优质视频体验服务,将有效降低双方的成本,使成本增长低于收入增长,提升经营绩效。但可预计,短期内的协同效应更主要的还是来自销售和内容采购,由于两家公司基础架构不同,导致在技术上短期内难以出现协同效应。综合而言,协同效应将每年节约支出5 000万~6 000万美元。

参考文献:查贵勇.优酷土豆协同效应分析[N].国际商报,2012-09-03:03.

案例二　苏宁易购并购家乐福中国

了解跨国并购的各种类型,熟悉跨国并购的动因和潜在挑战,能熟练运用跨

国并购理论分析具体实践案例。

教学重点

跨国并购的动因、风险及跨国并购理论的具体运用。

案情介绍

苏宁最初主营实体电器销售。2009年，开始进行互联网转型，在紧抓线下销售的同时，积极开拓互联网业务，以"全场景零售"为目标，线上线下双管齐下。如今在O2O模式上已成为领先者，已形成"两大一小多专"的业态布局。"两大"即苏宁广场、苏宁易购广场；"一小"指苏宁小店；"多专"即苏宁易购云店、红孩子、苏鲜生、苏宁体育、苏宁影城、苏宁极物、苏宁易购县镇店、苏宁易购汽车超市。截至2018年底，苏宁旗下门店已过万家，其中自营门店8 881家，苏宁易购零售云加盟店2 071家，迪亚天天便利店加盟店112家，覆盖中国大陆、中国香港、日本等市场，涉及家电、母婴、商超、便利店等多店面零售业态。

家乐福集团是法国零售巨头，业务遍及30多个国家和地区，运营近万家零售商店，拥有大型综合商超、超市、折扣店、便利店、会员制量贩店、电子商务等业态。1995年，家乐福正式进入中国大陆市场；截至2018年底，在中国坐拥大型综合超市210家、便利店24家、仓储配送中心6座，总建筑面积超400万平方米，覆盖22个省份的51个城市，拥有会员近3 000万。中国连锁经营协会报告显示：2018年中国快速消费品（超市/便利店）连锁百强中家乐福位居第七。

2019年6月23日，苏宁易购公告称，全资子公司苏宁国际拟出资人民币48亿元收购80%的家乐福中国股份。2019年9月27日，苏宁易购完成家乐福中国股权交割手续，收购正式完成。

讨论题目

1. 请分析苏宁易购开展该并购的动因。
2. 请分析苏宁易购开展该并购的潜在风险。
3. 请分析苏宁易购开展该并购的实际效应。

案例分析

1. 动因

（1）加速补齐快消品类供应链和转型升级　苏宁正开展从电器商向全场景全客群拓展的多元化转型。但以售卖电器起家的苏宁，在快消商品行业经验不足，凭内生能力推动转型将费时费力，且风险较大。但家乐福中国凭借供应链能力极强、线下运营经验丰富、品牌知名度较高等优势，已与 1 425 家中国供应商建立起业务往来，分布于全国各省市。因此，在快消商品、食品的采销方面能与苏宁形成较好的互补。

苏宁近年来决意发力全品类经营，供应链单纯依靠内生发展尚不能满足商贸行业的激烈竞争要求，后续双方将快消品供应链进一步打通，将大大提升苏宁供应链体系的重构速度，有利于降低采购成本，提升市场竞争力和盈利能力。此外，未来还要借力家乐福丰富的快消商品仓储、物流经验，建立快消商品类全国仓储供应链基础设施建设，进一步降低物流成本。

（2）推动多业态融合发展和数字化升级　苏宁转型战略具有显著的"多业态融合发展"特征，通过铺设线下全场景零售，使各品牌门店数据关联，将顾客群体交叉融合起来，提高顾客价值。苏宁未来计划对家乐福中国门店进行数字化改造，则是响应"智慧零售"的理念，加速构建线上线下全场景的百货零售业态，加速实现全场景融合，推动转型升级。

首先，将体育、百货和影城入驻家乐福，实现集百货、休闲、体验于一体的社区一站式生活中心。其次，借助家乐福中国的店面选址、供应链布局等基础性优势资源和丰富的快消商品经营思路，苏宁可将家乐福中国打造成社区到家服务的供应链前端平台，并与苏宁小店联手，完善"最后一公里"配送网络，提高到家模式的效率，节约物流成本。再次，家乐福的快消商品和海外商品能帮助苏宁实现 SKU 的极大丰富。最终，逐步将苏宁易购天猫旗舰店、苏宁易购主站、苏宁小店、苏宁拼购、零售云等平台和场景，与家乐福的商品、服务相嫁接，形成完善的闭环生态，实现场景数字化升级和发展 O2O 模式。

（3）获取优质物业、供应链及仓储能力等战略性资源　家乐福中国深耕国内市场 20 余年，在国内坐拥大型综合超市 210 家、便利店 24 家、仓储配送中心 6 座，总建筑面积超 400 万平方米，覆盖 22 个省份的 51 个城市，可作为"最后一公里"配送据点，配合成熟的物流仓储体系，能有效满足顾客即时配送需求，大大降低苏宁全场景零售布局战略的实施成本。

（4）补齐线下零售矩阵　在空间布局上，与苏宁小店、苏宁零售云店具有明显的错位竞争特点。家乐福门店更多覆盖大中城市的优势地段，不仅地理位置优越，客流量丰富，且物业空间大，也有助于未来苏宁红孩子、百货等更多业态与之融合。在消费场景上，线上已搭建苏宁易购电商平台，家乐福则正好补足 3 km 的日常生活圈，与线下苏宁小店针对 1 km 社区近场零售、万达百货和苏宁广场聚焦 5～10 km 的一站式商业中心形成互补。

（5）扩大消费群体，增强品牌影响范围　当前，家乐福中国拥有会员约 3 000 万，并购后可将其纳入苏宁零售体系的会员群中实现会员互通，以充分运用苏宁的数据挖掘和分析能力，互相推荐体系内会员，以使用户活跃度得到提高，用户黏性得到增强，用户价值得到提升。

（6）应对同行业巨头的竞争压力　近年，O2O 零售模式开始崭露头角，先有阿里提出新零售概念，并入股高鑫零售，与欧尚和大润发达成新零售战略合作；后有腾讯入股永辉，加入新零售争霸。在此背景下，苏宁提出的智慧零售概念似乎与阿里、腾讯践行的新零售布局高度重叠和激烈竞争，而选择并购家乐福中国可有效应对同行业巨头的竞争。

（7）降低并购成本并实现避税效应　家乐福集团财务数据显示，家乐福中国近年连续亏损。2017 年和 2018 年净亏损分别为 10.99 亿元和 5.78 亿元，经营呈现困境，资产估值有所缩水，由此降低了苏宁并购成本。并购成功后，可利用家乐福中国的亏损抵扣苏宁税前利润，从而降低整体税负，实现财务协同效应。

（8）具有成功的并购和整合经验　2012 年，苏宁电器正式宣布收购母婴电商品牌红孩子。截至 2019 年 7 月底，苏宁红孩子全国门店突破 157 家，全年新开店 103 家，并延伸线上销售功能，通过渠道优势激发消费升级。预计到 2020 年底，苏宁红孩子门店将超 500 家，形成覆盖全国一二线重点城市和大部分三四线城市的线下网络，为母婴人群提供购物、消费、玩乐等为一体的一站式消费服务。2019 年，拥有强大线上线下全渠道全场景优势的苏宁红孩子，通过丰富产品、扩展销售渠道等全面提升客户购物体验，实现飞速发展，就是因为其背靠苏宁智慧零售体系，并立足专业、情怀、温度 3 个母婴领域的关键契合点，贴合各场景消费需求的结果。2019 年 4 月 4 日，苏宁易购收购万达百货有限公司下属全部 37 家百货门店并完成股权交割，成为苏宁 2019 年全场景零售布局的重要落子。苏宁易购公开数据显示，2019 年 4～5 月，万达百货实现营收近 20 亿，净利润 6 385 万元。

2. 潜在风险

（1）现金、财务和经营压力加大　如前所述，2017～2018 年家乐福中国的连续亏损和本次48亿元的并购款,对苏宁现金、财务和经营管理等可能会产生一定压力。此外,为保证并购的长期性、战略性投资目标,并购双方对彼此的股权都做出3年内禁止对外转让的承诺,将会限制双方通过股权转让形式降低并购风险的能力。

(2) 文化、人员整合是现实挑战　苏宁和家乐福中国都是各自行业内的知名企业,虽然两者都不足"30"岁,但也已形成各具特色的企业文化。如何使两种不同的企业精神、企业文化很好融合,是苏宁要面对的重要问题。如果不能有效整合文化、人员,势必会造成不同企业间员工的冲突而造成的工作效率的低下,甚至是内部管理的混乱。

(3) 实体大卖场与电商零售融合风险　家乐福的卖场所具有的"大而全、多而杂"特征与现代电商越来越细分的零售赛道有冲突。在苏宁宣称不参与家乐福中国具体运营的情况下,家乐福中国能不能融入苏宁电商体系还有待于时间检验。

(4) 数字化技术外泄风险　苏宁计划对家乐福中国门店进行数字化改造,而这种技术越来越成为未来零售模式的核心竞争力。该数字化技术一旦外泄,将导致苏宁失去关键的竞争优势,并可能给竞争对手带来一条低成本模仿途径。

3. 实际效应

(1) 实体店融合稳步推进　2019年9月28日,家乐福门店入驻的200多家苏宁易购电器店正式运营,打响家乐福加入苏宁易购的第一枪。当日就获得超过10万人次的客流,重新开业期间家乐福累计订单量突破18万单,销售增长152%。

(2) 数字化改造进展顺利　2019年11月29日,家乐福旗舰店在苏宁易购正式上线,消费者通过苏宁易购网站或者APP即可进入家乐福店铺下单。在会员体系上,已打通两者原有的线上和线下会员体系,实现会员权益和资源共享,推动融合营销、互相导流;在选址和选品上,苏宁易购也依托前期积累的海量数据,对不同区域消费人群、商品属性、消费场景、消费偏好进行深入分析,提高内部运营效率,打造家乐福特色。

(3) 首战"双11"战绩亮眼　2019年"双11"期间,家乐福中国以苏宁易购"1小时场景生活圈"新成员身份首次亮相,在部分门店试点上线升级版块拣仓,全面升级前置仓,并接入家乐福小程序、苏宁小店APP及第三方平台。统计数据显示,2019年"双11"当日,家乐福中国累计销售达31.2亿元,同比增长43%,到家业务订单204万单;"双11期间"(11月1~11日),家乐福销售额同比增长103%,51%的门店突破单日销售纪录,到家服务订单量增长310%。

(4) 供应链整合持续推进　在联合采购上,苏宁易购与家乐福已逐步开展国内国外联合直采,扩大规模优势,如 2019 年 11 月底至 12 月初,联合直采 2 000 kg 赣南脐橙、100 吨智利车厘子等生鲜,并通过苏宁线上超市、苏宁小店、家乐福、苏鲜生等线上线下平台同步销售,进一步降低采购、物流和销售成本;在物流协同上,家乐福中国与苏宁自建物流进一步融合,苏宁易购上家乐福旗舰店的订单,均由苏宁天天快递配送至消费者手中;在信息共享上,2019 年 10 月,上海、南京的部分家乐福门店上线"履约中心",逐步承接家乐福小程序、苏宁小店 APP 及第三方平台的订单,进一步加强苏宁和家乐福中国的信息互通和共享,提升 O2O 业务的履约效率。

(5) "双向"国际化进程加速　在第二届上海进口博览会上,家乐福突破"展"和"买",借助苏宁电商平台的数字化销售优势,将更多海外优质商品和品牌推向国内消费者,凸显企业对全球好物的选择与品控,力求为中国消费者提供更高品质的生活而努力。家乐福中国也表示,将依托苏宁公司,继续加码布局国际供应链。如成功举办意大利对外贸易委员会 2019 年 11 月下旬的到访,深入洽谈意大利商品引进事宜。2019 年"黑色星期五",家乐福旗舰店上线苏宁易购并试运营。截至 2019 年底,苏宁海外购商品销售额始终保持超过 200% 的增速,已成为家乐福增速最快的商品类目之一,凸显家乐福数字化改造和线下线上融合升级的效果。

参考文献:庞晴.苏宁易购并购家乐福中国效应分析[J].产业创新研究,2020,(03):1-3.

案例三　中化集团并购瑞士先正达

了解跨国并购的各种类型,熟悉跨国并购的动因和潜在挑战,能熟练运用跨国并购理论分析具体实践案例。

跨国并购动因,跨国并购理论的具体运用。

案情 介绍

中国化工集团公司是经国务院批准成立的中国最大的基础化学的制造企业,业务范围覆盖化工新材料及特种化学品、石油加工及化工原料、农用化学品、氯碱化工、橡胶及橡塑机械、科研开发及设计6大板块,已形成集科研开发、工程设计、生产经营、内外贸易为一体的比较完整的化工产业格局,是国内综合实力位居前列的化工企业集团。2015年资产总额438.54亿美元,销售收入418.13亿美元,《财富》世界500强排名第265位。目前,中国化工正加快产业结构调整,力争形成材料科学、生命科学、环境科学加基础化工的"3+1"主业格局,创建具有国际竞争力的世界一流化工企业。

瑞士先正达是世界领先的农业科技公司,成立10多年来,已从农业化学品公司发展为具有"植保+种子+农技服务"一体化作物综合解决方案的提供商,领先技术涉及多个领域,包括基因组、生物信息、作物转化、合成化学、分子毒理学,以及环境科学、高通量筛选、标记辅助育种和先进的制剂加工技术。先正达总部设在瑞士巴塞尔,拥有员工约28 700人,业务遍及全球90多个国家和地区,建有5家独资企业、1家合资公司、数十家代表处和119个研发中心,尤其是在欧洲和亚洲,具有强大的市场实力。2014年以营收147亿美元位居世界500强第419位,是世界第一大植保公司、第三大种子公司。

2016年3月23日,中国化工集团向农业化学与种子巨头先正达发出正式收购要约,该收购金额达430亿美元,是中国企业最大的一笔海外并购交易。

讨论 题目

1. 简述该跨国并购的类型(至少列出4种)。
2. 简析中国化工开展该跨国并购的动因。
3. 简析中国化工开展该跨国并购的潜在风险。

案例 分析

1. 类型

此次并购属于协议(友好、直接)、横向、现金、互补、上市公司并购等类型。

2. 动因

(1) 应对外来竞争　中国是世界上第二大种业市场,但中国种业企业前10强的销售额约110亿元,仅为美国孟山都的10%,而规模化发展是种业发展的关键。该并购将有助于中国化工转型为转基因种子主要开发者,与美国巨头孟山都和杜邦分庭抗礼,而中国也可占领转基因技术制高点。

(2) 完善业务板块,优化产业链布局　先正达和ADAMA相比,具有更强的生物育种核心技术优势和农药原药研发优势,将为中化集团在农业化学基础研究领域补上短板,并有助于中国化工减少对石油及其产品的依赖,从而优化产业链布局。

(3) 具有吸收、整合海外公司优势资源的先例与能力　截至目前,中国化工已成功收购法、英、以色列、意大利等国的9家行业领先企业。这些案例显示,并购后的企业运行能保持人员稳定、业务稳定、利润增长。

(4) 吸收先正达的技术研发实力　先正达深耕具有更高附加值和发展潜力的蔬菜、花卉等种子品类,掌握世界领先的生物育种技术,具有别家公司无可比拟的竞争力。更重要的是,该公司致力于为农业从业者提供整体性植保解决方案,具有独特的垄断优势。

(5) 吸收先正达的销售渠道和品牌价值　先正达在全世界90多个国家和地区拥有销售网络,尤其是在欧洲和亚洲,具有强大的市场实力。

(6) 获得管理协同效应　中国化工收购后,先正达现有管理团队继续经营公司,进一步保持、推广并提升先正达的声誉。且中国化工还会在资金等方面帮助先正达实现更高价值,如对其领先的农业解决方案及创新能力进行投资,并计划在未来几年将公司进行重新上市。此外,中国化工也可借鉴、吸收和运用先正达完善的公司管理体制和经验,加强对公司自身的经营管理,改善中国化工管理落后和经营业绩持续恶化的局面。

(7) 政策支持　中国高度重视农业发展,如2016年中央一号文件强调:"如何加快转变农业发展方式以确保粮食等重要农产品实现有效供给,如何提升中国农业竞争力赢得参与国际市场竞争的主动权,已成为中国农业农村发展须完成和破解的历史任务和现实难题";国务院总理李克强表示,要积极推动农业现代化,调整农业结构,推进农业基础设施建设,确保粮食安全和产量。中化集团收购先正达获得的种子技术、科研能力等将进一步提升中国粮食安全保障,提高农产品生产效率和国际竞争力,符合国家利益,能充分分享受国家政策红利。

3. 潜在风险

(1) 资金风险　2015年,中化集团向银行申请350亿美元贷款用于收购先正达,将加重中国化工的债务负担,提高该公司的债务杠杆风险。

(2) 政策与社会风险　2016年3月31日,包括化工部前部长秦仲达在内的460位民间人士向国务院国有资产监督管理委员会,提交反对中化集团并购先正达的《质询书》,明确指出:当今几乎所有欧洲国家及其他发达国家,以及许多第三世界国家已把转基因种子公司赶出市场,并立法严限或禁止转基因作物种植,如欧盟对转基因采取"零容忍",禁种转基因作物和禁止进口转基因食品;美国也在逐步削减转基因农业;中国国内对转基因食品的接受程度相对较低。

(3) 品牌信任风险　在中国本土诸多品牌面临"信任危机"的当下,中国企业并购瑞士企业后,是否会降低"瑞士制造"信赖度是值得关注的问题。

(4) 违约风险　如果该交易最终未能获得监管的审查通过而导致交易失败,中国化工则需要支付给先正达30亿美元的赔偿金,相当于收购价的7%。

(5) 管理整合风险　作为国有企业,中国化工的决策管理更多的是自上而下的,行政色彩相对较浓,而先正达则多为市场导向,两者在知识产权、环保、产品质量、服务等方面均存在差别。

参考文献:何佳婷,李许舟华. 中国化工并购先正达的效应与风险分析[J]. 市场周刊(理论研究),2016,(06):39-40.

案例四　复星医药并购印度 Gland Pharma

教学目标

了解跨国并购的各种类型,熟悉跨国并购的动因和潜在挑战,能熟练运用跨国并购理论分析具体实践案例。

教学重点

跨国并购动因、风险及跨国并购理论的具体运用。

案情介绍

上海复星医药(集团)股份有限公司(简称"复星医药")成立于1994年,是中国领先的医疗健康产业集团。复星医药以促进人类健康为使命,业务覆盖医药健康全产业链,主要包括药品制造与研发、医疗服务、医疗器械与医学诊断、医药分销与零售。复星医药始终将自主创新作为企业发展的源动力,持续完善"仿创结合"的药品研发体系。复星医药在血液系统、中枢神经系统、代谢及消化系统、抗感染、心脑血管、抗肿瘤等治疗领域,均有产品在各自细分市场占据领先优势。

Gland Pharma成立于1978年,是印度第一家获得美国FDA批准的注射剂药品生产制造企业,并获得全球各大法规市场的GMP认证;通过共同开发、引进许可,为全球各大型制药公司提供注射剂仿制药品的生产制造服务等;Gland Pharma公司的业务范围覆盖心脑血管、麻醉、抗感染和糖尿病等,核心产品包括肝素钠、依诺肝素钠注射液、罗库溴铵注射液、万古霉素和重组人胰岛素等多个领域。该公司为印度上市公司。

2016年4月27日,复星医药宣布拟并购Gland Pharma已获中国发改委批准,同时完成了美国、印度两个国家的反垄断申报。2016年5月16日复星医药与Baxter竞购Gland Pharma。2016年7月28日,复星医药对外披露并购信息,公告称拟通过控股子公司出资不超过126 137万美元收购Gland Pharma约86.08%的股权。2017年9月19日,复星医药公告称,拟出资不超过10.91亿美元收购印度药企Gland Pharma约74%的股权,其中包括收购方将依据依诺肝素在美国上市销售所支付的不超过2 500万美元或有对价。2017年10月3日,复星国际和复星医药发布联合公告,称印度药企Gland Pharma之控股权益完成交割,历时超过1年国内药企海外并购最大交易终于画上句号。

讨论题目

1. 简述该跨国并购的类型(至少列出4种)。
2. 简析复星医药开展该跨国并购的动因。
3. 简析复星医药开展该跨国并购的潜在风险。

案例分析

1. 类型
该并购属于横向、直接、友好、协议、上市公司、现金并购等。

2. 动因
（1）优势互补，加速产品上市进程　Gland Pharma 与复星医药在注射剂、生物制药的研发、制造能力方面具有高度互补性。并购完成后，Gland Pharma 将成为复星医药重要的国际化药品生产制造及注册平台，即复星医药提供诸多符合国际标准、通过美国 FDA 认证的注射剂原料药，由 Gland Pharma 在印度完成最终制剂的制造、生产，再销往全球。

（2）突破壁垒，快速开拓海外市场　除中国外，全球其他国家的仿制药市场潜力也巨大，如日本厚生省明确提要求，在 2020 年之前提升仿制药处方比例，欧洲也鼓励使用仿制药以应对开支紧缩。复星医药虽然一直在寻求突破国际化之道，如建立专门的研发团队，推动制药工厂通过 FDA 认证，但在国内市场上积累的优势和价值并未在美、欧、日等国际主流医药市场得到充分发挥。而 Gland Pharma 一直专注注射剂仿制药市场，2003 年至今，已通过美国 FDA 的注册认证和多次检查认证，产品主要销往美国、欧洲。复星医药收购完成后，可借助 Gland Pharma 的优势和平台，大幅提升产品的全球注册速度，逐步打造国内制剂出口领军企业，特别是力争实现 EPO、单克隆抗体类药物等产品率先出口。

（3）获取技术、研发、人员与产品优势　复星医药收购 Gland Pharma 后，将拥有专注于注射剂产品研发的约 200 人的研发团队，熟知全球 90 多个国家药品注册法规的全球注册团队，成熟和规范的生产能力和质量管控系统。这些优势使得 Gland Pharma 的产品质地好于国内任何制剂生产企业，并保障其具有良好业绩和成长性，如该公司已获批 31 个 ANDA，其中 2016 年、2017 年分别为 9 个和 10 个，获批速度加快，获批数量比肩 Dr Reddys、Sun Pharma、Glenmark 等国际仿制药巨头；2016 年，万古霉素、昂丹司琼、阿奇霉素、美罗培南全球销量分别达 8 亿美金、22 亿美金、12 亿美金和 2 亿美金，空间广阔；Gland Pharma 主打产品依诺肝素即将在美国上市，将拥有巨大利润空间。更关键的是，虽然 Gland Pharma 生产的依诺肝素是一种仿制药，但仿制难度很高，即便同类仿制药逐步进入该市场，该药品仍在全球具有较好的市场空间；而凭借 ANDA 的陆续上市，Gland Pharma 业绩有望保持 30% 左右的高速增长。

(4) 国内医药市场巨大　当前,中国人口老龄化程度已达国际标准的 1.5 倍,并呈现不断加速态势,致使中国居民医疗保健消费支出额和价格指数均呈现快速上涨,并带动医药品进口快速增长。中国医药市场潜力巨大。通过鼓励仿制药的发展和使用,进而降低药品价格和医疗卫生支出是国际通行的惯例,2018 年 1 月 23 日,中央深化改革领导小组审议通过《关于改革完善仿制药供应保障及使用政策的若干意见》,更是从国家顶层设计层面发出鼓励仿制药发展,支持后续政策落地的信号。因此,复星医药收购后,可将 Gland Pharma 的产品引入国内,开发国内潜在巨大市场,让更多国内患者享受世界上物美价廉的药品。

3. 潜在风险

(1) 中印双边关系存在不稳定因素　作为亚洲的主要对手,印度一直将中国作为假想敌,这对中印双边政治、经济与贸易关系存在不利的影响。印度 CCEA 对该并购案从 2017 年 3 月开始长达 6 个月拖而不批的情况就可略窥一斑;2017 年 6 月开始的中印"洞朗危机";2018 年 2 月印度总理莫迪以"挑衅者"姿态访问所谓"阿鲁纳恰尔邦"(即中国藏南地区);2018 年 3 月,印度将中国在印度洋的正常海洋活动视作"包围印度"等。上述种种反映中印关系存在不稳定性。如果两国政府关系长期僵化,无疑会对复星医药和 Gland Pharma 的战略合作造成负面影响。特别是根据印度《敌国财产法》,中印万一爆发冲突,在印中国企业及其资产可能会遭到印度暴民打砸抢,乃至作为敌国财产而被没收和国有化。

(2) 印度外资政策的不稳定性　在现行民主政体下,印度在吸引外资时有时会陷入持久战,议而不决、决而不行、行而拖沓,乃至半途而废。虽然吸引外资是莫迪政府一直以来的目标,但对于来自中国的巨量投资爱恨交加,特别是对于 Gland Pharma 这种产品远销欧美发达国家的企业,加之复星医药的经营规模,该并购很有可能造成行业洗牌,从而形成垄断,对印度本国的行业安全造成影响。

(3) 市场竞争加剧而销量达不到预期　本次并购的一个主要动因是依诺肝素产品通过美国 FDA 审批后的极大市场潜力和利润空间。但近年医药行业监管不断升级,将可能延长审批时间,降低审批通过率;更需注意,国内已有厂商生产出依诺肝素类似产品,而 Gland Pharma 的依诺肝素产品尚未在国内流通,即该药品的市场份额和利润可能难达预期。

(4) 组织、制度与文化整合风险　复星医药与 Gland Pharma 隶属不同经济体制、经济发展模式和经济发展水平的国家,在组织架构、经营战略、业务流程等都存在差异。并购 Gland Pharma 后,复星医药必然面临组织架构、管理模式、技术、产品与文化等整合。如果不能找到一个温和的方式平缓地实现整合,复星医药就很难在短期内实现预期并购红利,甚至可能会发生科研人员由于不适应环境而离开,进而产生损失等情况。

对此,复星医药并购后可采取循序渐进整合模式,如先将中方人员加入管理层,变更管理和经营细节,再渐渐更新管理和经营政策;或在一定时间内维持并购企业的现有管理和经营模式,而后再逐渐变更;定期组织双方员工学习与交流,对双方文化做一些科普,举办一些文化交流活动,使双方员工能更好地实现融合。

参考文献:吴兰,黎芊含.复星医药跨国并购 Gland Pharma 效应与风险分析[J].产业创新研究,2018,(10):23-25.

案例五　滴滴出行并购巴西 99 出租车

教学目标

了解跨国并购的各种类型,熟悉跨国并购的动因和潜在挑战,能熟练运用跨国并购理论分析具体实践案例。

教学重点

跨国并购动因、风险及跨国并购理论的具体运用。

案情介绍

滴滴出行公司是全球化的一站式综合移动出行平台,为超过 4.5 亿用户提供出租车、专车、快车、顺风车、豪华车、公交、小巴、代驾、租车、企业级、共享单车等全面的出行服务。日订单已达约 2 500 万,同时还以人工智能技术支持城市建立智慧交通解决方案。2016 年 8 月,滴滴出行并购优步中国。滴滴出行公司致力于与不同社群及伙伴协作互补,运用大数据驱动的深度学习技术,解决全球出行、环保、就业挑战;提升用户体验,创造社会价值,建设开放、高效、可持续的移动出行新生态。巴西 99 出租车创立于 2012 年,已在巴西积累 1 400 万用户和 30 多万名司机,是巴西第一款为女性乘客推出女性专享服务的公司,也是第一款为司机提供小费的公司,是巴西最大的共享出行提供商。

2017年1月,滴滴出行投资1亿美元获得了巴西99出租车的战略股份和管理权,滴滴出行成为99出租车战略投资者并将加入99出租车的董事会。除资本层面外,滴滴出行还将为99出租车提供技术、产品、运营经验、业务规划等战略支持,助力99出租车在巴西及拉美市场推进积极的扩张战略。2018年1月4日,滴滴出行再从99出租车的投资者手中收购该公司100%股权,收购价为10亿美元现金。

讨论题目

1. 简述该跨国并购的类型(至少列出4种)。
2. 简析滴滴出行开展该跨国并购的动因。
3. 简析滴滴出行开展该跨国并购的潜在风险。

案例分析

1. 类型

类型为横向、直接、友好、协议、上市公司、现金、股权并购等。

2. 动因

(1) 迅速进入并占领市场　收购巴西99出租车能有效降低滴滴出行进入巴西市场的竞争壁垒,有助于加快国际化进程与构建全球化战略。国民人数超过2亿的巴西,是全球竞争最激烈的打车应用市场之一。99出租车是巴西最大的共享出行提供商,滴滴出行通过并购可直接利用99出租车在当地的市场网络与渠道布局,迅速进入拉美共享出行市场,获取先入优势,并进一步扩张全球市场份额。

(2) 利用巴西99出租车的经营资源　99出租车已在巴西积累1 400万用户和30多万名司机,提供私家车、出租车及豪华出租车的服务。滴滴出行收购后可充分利用99出租车的团队资源、经营经验、运营渠道、市场份额、商标专利、口碑信誉、融资渠道等资源,获得竞争优势。

(3) 充分利用双边投资优惠政策　受2008年美国次贷危机和全球经济危机的影响,巴西出现经济衰退,为推动经济发展,巴西给予外资诸多优惠政策和便利条件;中国为推动对外投资和履行《金砖国家投资便利化合作纲要》,积极鼓励有条件的企业赴巴西投资,参与巴西投资伙伴计划有关项目合作。巴西作为全世界增长最快的移动互联网市场,滴滴出行利用中国和巴西双边优惠投资政策。

(4) 提升实力应对外来竞争　　全球化是滴滴的首要战略重点,而实施国际化战略的最大竞争对手是优步。巴西是优步全球第二大市场(美国、墨西哥分别为第一、第三大市场),在巴西拥有1 700万用户和50万名司机。通过收购巴西99出租车,滴滴出行可利用本土团队直接扩张巴西和拉美市场,变被动防御为主动防御,以更好地应对国际化竞争。

(5) 追求规模经济效应　　滴滴出行着力借助跨国联盟、并购等整合全球共享出行资源,是因为规模对吸引司机和乘客至关重要。通过布局全球运营网络,可极大降低成本,形成规模效应。因为共享出行的客户在世界各地旅行,相比下载额外的软件并用当地货币创立新账户,能在多个国家使用相同的应用更为方便。

3. 潜在风险

(1) 潜在资金压力加剧　　当前,在国内市场,滴滴出行正面临对手美团打车的竞争,以及潜在市场进入者高德的挑战,而价格战及补贴成为主要竞争手段,使得滴滴出行面临较大的资金压力;在国外市场,2016~2017年,滴滴出行已累计投资印度的Ola、南非与欧洲的Taxify、中东的Careem、东南亚的Grab、美国的Uber和Lyft等6家规模较大的移动出行平台。巴西99出租车为第7家,投资额高达11亿美元,并计划投资墨西哥市场,以进一步扩大和完善海外市场版图。持续性的大规模海外投资势必会对滴滴出行的资金储备与周转造成一定程度的压力。此外,由于国内经济复苏缓慢、国际收支失衡、美联储加息和缩表政策等因素的冲击,2018年依赖巴西雷亚尔对美元出现严重贬值,大大增加滴滴出行投资风险。

(2) 法律风险凸显　　巴西法规、临时措施繁多,法规透明度较低,严重影响外国企业对巴西投资的积极性;巴西对外企人员的工作签证要求高、审查严、时间长,外企人员难以获得工作签证,影响按时派遣和轮换;巴西的劳工法不尽合理,雇用和解聘雇员困难,劳资纠纷时有发生。

(3) 税收风险不容忽视　　巴西税收多达58种,企业纳税额约占经营成本的38%,税收负担在拉美居首位。总之,巴西与中国不同的税收制度、法律法规、员工管理制度等都会对滴滴出行在巴经营和管理造成挑战。

(4) 直面优步竞争压力　　与在中国被滴滴出行收购相比,优步在巴西表现截然不同,如优步拉美负责人Andrew MacDonald表示,优步在巴西运营状况要比近期退出的东南亚市场好,巴西是优步全球第二大市场,在用户数和司机数上分别领先于99出租车21.43%和66.67%。滴滴出行收购99出租车进军巴西市场,势必与在巴西处于市场主导地位且发展势头强劲的优步展开直接竞争。

(5) 管理整合存在挑战　滴滴出行此前只进行过国内收购与国外少数股权的战略性投资,全资收购 99 出租车是滴滴出行第一个跨国并购,势必会在并购整合方面给滴滴出行带来新的挑战。

① 企业管理层调整和管理风格融合。当前,滴滴出行已用自己的高管仇广宇(Tony Qiu)接替 99 公司原 CEO Peter Fernandez。两国不同的管理风格可能会导致公司既有制度、规章的调整,以及人员的变动。

② 文化差异引发整合风险。相对巴西而言,中国是一个相对重视长期取向的国家,越来越多的企业在制定计划时更注重长远、全面的发展,为了长远目标和利益,往往表现出更多的耐心、宽容和毅力。但相比于过去,巴西短期取向更加明显,专注于当前短期利益而非长远收益,企业在制定计划时也更偏向于短期战略。因此,滴滴出行跨国收购巴西 99 出租车可能会引发企业管理理念和文化冲突。

参考文献:尹慧敏,王姝.滴滴并购巴西"99 出租车"的效应与风险分析[J]. 市场周刊,2018,(09):23-24.

案例六　蚂蚁金服并购美国速汇金

教学目标

熟悉跨国并购的动因和潜在风险,能熟练运用跨国并购理论分析具体实践案例。

教学重点

跨国并购动因、潜在风险及跨国并购理论的具体运用。

案情介绍

蚂蚁金服成立于 2014 年 10 月,是一家旨在为世界带来普惠金融服务的科技企业。其前身是支付宝母公司浙江阿里巴巴电子商务有限公司于 2013 年筹建的小微金融服务集团。蚂蚁金服依靠移动互联、大数据、云计算的现代技术基础,以"为世界带来更多平等的机会"为使命,致力于通过科技创新能力,助力金融机构和合作伙伴加速迈向"互联网+",搭建一个开放、共享的信用体系和金融服务平台,为全球消费者和小微企业提供安全、便捷的普惠金融服务。蚂蚁金服旗下有支付宝、余额宝、招财宝、蚂蚁聚宝、网商银行、蚂蚁花呗、芝麻信用等子业务板块,其推出的多样化、个性化的产品与服务已成为中国在普惠金融服务体系下的重要实践。

美国速汇金(Money Gram)是成立于 1940 年的创新型国际汇款服务公司,其分支机构遍布 30 多个国家,并且在全球 200 多个国家与地区拥有 35 万个网点。速汇金作为连接客户的亲朋好友的金融渠道,与全球各地银行拥有着良好的伙伴关系,通过在线、或通过移动终端、或通过银行自助终端等便利方式,利用快速汇款业务将消费者资金紧密相连,直达全球约 24 亿个账户,包括沃尔玛、CVS 药店、英国邮政、加拿大邮政及 ACE Cash Express 等在内均是其重要合作伙伴。

2017 年 1 月 26 日,蚂蚁金服宣布以每股 13.25 美元的价格与速汇金达成 8.8 亿美元的并购协议:若蚂蚁金服并购速汇金完成,Money Gram 的现有品牌和团队继续保留,且会不断完善,速汇金将作为蚂蚁金服旗下的独立单元独立运作。

2017 年 3 月 14 日,美国电子支付提供商 Euronet 向速汇金发出每股 15.20 美元、总价 10 亿美元的并购要约,这一要约比蚂蚁金服之前提出的每股 13.25 美元的并购价溢价 15%,它无疑成为蚂蚁金服并购速汇金路上的"程咬金",使得蚂蚁金服不得不付出更高的价格来达成并购协议。

2017 年 4 月 17 日,蚂蚁金服与速汇金双方对签署的最终收购协议进行修正,蚂蚁金服宣布上调并购速汇金的报价,以每股 18.00 美元的现金价格收购速汇金的全部流通股。此次报价较 1 月 26 日首次提出的 13.25 美元每股的价格提升 36%,使得交易金额增加至 12.04 亿美元,速汇金的收盘价格也大约溢价了 64%。蚂蚁金服此次的收购修正协议获得了速汇金董事会方面的全票通过。

2018 年 1 月 4 日,蚂蚁金服与速汇金共同宣布,正式终止 2017 年初提出的相关并购事宜,同时,根据之前的协议约定,蚂蚁金服必须得向速汇金支付 3 000 万美元的解约金。这一波三折的并购使得蚂蚁金服"赔了夫人又折兵"。

讨论题目

1. 简析蚂蚁金服开展该跨国并购的动因。
2. 简析速汇金开展该跨国并购的动因。
3. 简析该跨国并购的潜在风险。

案例分析

1. 蚂蚁金服动因

(1) 提高国际竞争力 自各种智能终端面世以来,移动支付体系成为中国支付体系中不可忽略的重要存在,而蚂蚁金服作为阿里巴巴旗下的小微金融服务集团,凭借支付宝的庞大支付构架,占据着中国支付体系的半壁江山。但是,蚂蚁金服并未就此止步,不断向国际市场进发,先后在印度、泰国、韩国、菲律宾等市场扩张、部署自己的全球化战略。蚂蚁金服并购速汇金就是其全球扩张的重要一步。速汇金作为全球知名的汇款服务公司,在全球 200 多个国家与地区拥有 35 万个网点,连接了全球 24 亿账户。如果并购成功,将有助于蚂蚁金服占据美国市场的部分江山,其全球战略将迈出重大的一步,其业务将迅速拓展到全球范围,其市场也会随着业务量的不断扩大而迅速扩大。这些都将大大提高其国际竞争能力及影响力。

(2) 增加海外用户 蚂蚁金服从 2014 年成立至今,发展迅猛,已成为中国最大、最具价值的私有金融企业之一。截至目前,其旗下的支付宝单单国内用户就已有 8 亿之多。但蚂蚁金服的全球化战略并不局限在这些用户数据上,2016 年 11 月,蚂蚁金服的全球化战略公布,计划在未来 10 年内为全球 20 亿用户以及 2 000 万中小企业提供包括支付、小贷、保险、零售等在内的多种普惠金融服务,并建立相关的全球信用体系。截至 2017 年末,在 36 个国家和地区已经能"扫码即可付款"了。速汇金在全球 200 个国家拥有约 24 亿银行和移动账户,如果并购成功,速汇金的全球汇款渠道可为蚂蚁金服提供巨大帮助,使得蚂蚁金服能进一步构建全球的跨境网络,同时也能向速汇金的客户推销宣传其服务。

(3) 与速汇金形成资源互补,达成协同效应 虽然蚂蚁金服成立时间不是太长,但它抓准了时代先机,依托云计算、移动互联、大数据等创新技术,凭借着自身的便捷性优势,迅速占领中国市场并逐渐壮大。发展到今天,成就非常显著,旗下的支付宝更是与财付通分庭抗礼,且以明显的优势居于主导地位,占据着中国移动支付市场的半壁江山。速汇金成立时间较久,有着浓厚的历史沉淀,是全球知名的汇款服务集团,其用户覆盖全球范围,用户资源丰厚。如果蚂蚁金服并购速汇金成功,将快速地拥有速汇金 24 亿的用户资源,并在此资源上进行优势整合,协同互补,共同开发。

(4) 打压国内竞争对手微信支付 在第三方移动支付市场日渐成熟的前提下,微信支付和支付宝市场份额此消彼长,相互竞争,初定了支付宝、财付通双寡头市场格局。支付宝在金融层面更加专业,体系更加完善。支付宝依托支付业务,开创性地利用余额宝、花呗、借呗等理财、信贷与支付打通,完善了自身的金融生态体系。相比之下,微信就相形见绌。也因此支付宝在大额交易的场景下牢牢占据着主导地位。微信支付业务增长强劲,对支付宝构成了威胁,而且在长尾商户和三线以下城市的渗透率很高,其优势在于产品迭代和用户基数,使得微信支付快速崛起。即使路边小贩也会贴上微信收款码,方便用户支付。但是,微信金融只是微信社交体系下的一个分支,并没有形成微信金融产品线的超级入口,金融属性相对较弱。缺乏电商和 O2O 业务,微信无法像"阿里系"一样形成新零售闭环,只能依靠战略合作伙伴来发掘新零售与支付结合的潜力。

微信和支付宝的用户数量都是非常庞大的,支付宝、财付通占据 94% 的市场份额,目前微信的用户已经达到 10 亿,而支付宝则达到 8 亿,但是使用 APP 平台的功能却大不相同。微信在大部分用户眼中主要还是社交平台,没有被视为主要的移动 APP 支付平台。支付宝主打的是支付功能,其在金融层面更加专业及完善。在支付宝支付与微信支付间的拉锯战中,支付宝不仅已经稳住了第三方支付行业中的龙头位置,还拉大了与行业第二之间的差距。这些都与支付宝在场景布局和线下支付方面的投入密不可分。如果蚂蚁金服并购速汇金成功,将迅速获得全球 24 亿用户,与微信支付等支付工具将拉开巨大差距,有效打压竞争对手。

2. 速汇金动因

(1) 促进美国在移动支付上的技术进步 2018 年初,外媒报道,Forrester Research 的数据显示,美国 2016 年的移动支付交易总额达到 1 120 亿美元。另一家市场调研公司艾瑞咨询提供的数据则显示,中国的移动支付交易额已达到 9 万亿美元。2018 年 1 月 30 日,工信部对媒体表示,截至 2017 年 10 月底,中国移动支付交易规模近 150 万亿元,居全球首位。从技术层面看,美国的互联网技术基础不比我们差,之所以没有发展出庞大的移动支付体系,差异在于市场机会。美国也有电商,也有自己的支付平台,也有亚马逊、eBay 这样的企业,但是这些企业发展起来的时候,美国已经有完整的支付体系,完整的信用体系,信用卡交易非常发达,不需要开发新的移动支付体系,开发了消费者也不一定用。即便今天,亚马逊大量的交易都是依靠信用卡,并不需要新的支付工具来完成交易。所以说,移动支付体系在中国的发达,既是因为有移动互联网技术提供了技术基础,也是因为中国有庞大的市场需求,二者缺一不可。美国缺了第二条,就没有发展起来。如果蚂蚁金服并购速汇金,将会打开美国市场的移动支付需求,并带去相关的大数据、云计算等技术,促进美国在移动支付上的技术进步。

(2) 提高美国的投资水平,刺激美国经济发展　2017 年 1 月,马云在与美国总统唐纳德·特朗普会面期间,承诺帮助他创造 100 万个美国工作岗位。在对美策略上,阿里巴巴为吸引美国小商家向美国消费者出售商品时进行一系列支付方式捆绑,从而发展其支付体系,向美国商户宣传向中国日益壮大的中产阶级出售产品的益处,以说服小商家在阿里巴巴的平台上出售它们的产品,创造足够高的销售增长来刺激就业。如果蚂蚁金服并购速汇金成功,蚂蚁金服的庞大支付、信贷、保险等体系将会带到美国各家各户,并引导其消费,提高美国的投资水平,以刺激美国经济发展。

(3) 帮助大量中小企业的发展,增加更多的就业机会　蚂蚁金服是一个小微金融服务集团,对发展中国普惠金融、缓解中小微企业及个人的融资压力带来巨大帮助,在一定程度上增加了中国国民的就业机会。如果并购成功,蚂蚁金服支付宝拥有 8 亿的用户和蚂蚁金服境外并购后的数亿用户,对于速汇金在亚洲的布局,同样是非常有帮助的。蚂蚁金服的金融性质,将会帮助到美国及全球其他国家的中小微企业解决融资难问题,为中小企业创造 100 万个新的就业机会。

3. 潜在风险

(1) 目标公司所在国的政治法律风险　各国国情各不相同,在制定相关法律时侧重点也有所不同。在制定关于跨国并购的相关法律法规时,会参照自身国情来保护本国经济及产业结构的稳定持续发展。

由于美国总统特朗普上台后的一系列对中态度,导致中美地缘环境发生了巨大的变化,美国政府方面不断收紧中资并购的相关审查。一方面是担心速汇金的巨大客户流会被冲散,资金流被分散,对国民经济产生影响;另一方面美国一直大肆宣扬中国市场背景的不安全因素,蚂蚁金服在支付方面可能对速汇金等汇款机构造成巨大威胁,使得美国的相关资金安全可能会受到威胁。因此,下属于美国财政部的美国外资投资委员会(CFIUS)不断收紧外资收购审查,从而限制外资企业占领本国市场。这导致了蚂蚁金服多次提交的并购计划都未能通过。

(2) 资金与债务压力风险　蚂蚁金服虽然成立时间不长,但依靠完整的产业线,发展较为迅猛,利润收益也较高。但是蚂蚁金服并购速汇金,所需资金是比较庞大的,使用自有资金会增加投资风险,使用借贷资金会增加筹资成本。而且,完全通过自有资本来完成一项大型的企业并购活动是不可能的,尽管经过几年的积累沉淀,加上后台阿里巴巴的强力支撑,但若全靠蚂蚁金服的自有资本来顺利实现对速汇金的兼并收购,也是一项比较困难的工作。再加上之前和之后频繁的海外收购,并购速汇金一事都将会增大蚂蚁金服的财务风险,加重其债务负担,间接影响对众多海外公司的资源整合管理以及持续性经营。速汇金的相关业务及流程稍有欠缺,要将其业务市场拉入蚂蚁金服的阵营还需要付出相关的整合代价。再者,海外并购一般都设立了相关违约补偿机制,蚂蚁金服在面对多方审查仍未通过后,并购事项终止,导致蚂蚁金服必须支付3 000万美元的补偿款,"赔了夫人又折兵",无形中增加了蚂蚁金服的资金负担。蚂蚁金服在明确并购速汇金战略后,就出现了Euronet,导致竞购过程"水涨船高"。随着叫价的上升,购买资金大大超过预期。即使没有超过预算,竞购也加重了财务负担。

(3) 人员整合风险　跨国并购涉及两个不同国家,其中的文化差异、公司治理差异、经济情况等都会影响并购后的企业人员管理。如果人员整合不到位,将很容易失去更多的人才,引发核心人力资源的流失。在中西并购后,如果人员及管理的整合不到位或者忽视两企业的整合规划,中西管理风格并存,就会导致管理失控、任人唯亲或者人员排挤、人事变动随意化等现象。

如果并购成功后,蚂蚁金服派往速汇金的管理团队缺乏对美国的企业文化、政治环境、市场及速汇金员工的了解,可能会过分依赖原有团队,不能主导企业相关人员及管理的整合。如果不改变速汇金的文化和团队,人员整合的规划就等于白搭,管理将会失控,影响企业间的协同效应,阻碍公司发展。

如果并购成功,蚂蚁金服的被派人员需要花大量的时间学习当地语言,了解当地文化,才能逐渐加深与当地机构的沟通,而他们在国内的相关市场拓展技巧不能很快派上用场,市场开发的速度会受到影响。

(4) 国内市场竞争风险　蚂蚁金服在中国市场发展可以用"飞速"形容,其旗下支付宝体系与微信支付的角逐局面一直都未消散。中国的移动支付市场存在着双霸头局面,这两者的竞争从未间断。蚂蚁金服并购速汇金必须考虑国内市场的相关竞争方。在并购时,必须考量并购一事是否对自身在国内市场的竞争形成威胁及威胁程度。如果并购失败,自身的资源限制将影响其实力的提升,限制其市场竞争力。

综上,企业并购本身就是一种风险巨大的活动,特别是跨国并购所承担的风险就更加大了。因为他所面临的国际市场竞争十分激烈,存在着诸多不确定因素,可能导致企业运作产生种种风险。

案例七 万达集团收购美国传奇影业

教学目标

了解跨国并购的各种类型,熟悉跨国并购的动因和潜在挑战,能熟练运用跨国并购理论分析具体实践案例。

教学重点

跨国并购动因、风险及跨国并购理论的具体运用。

案情介绍

2012 年,万达集团斥资 31 亿美元收购美国第二大院线运营商 AMC 100% 股权;2015 年,万达集团旗下的上市公司万达院线又以 22.46 亿元全资收购澳洲第二大院线公司 Hoyts。万达集团已将电影产业下游的院线资源收入囊中并成为全球最大的院线老板。为完善产品链,打造全产业链,万达集团逐步将目光投向上游的影视制作环节,并于 2016 年 1 月 22 日,宣布以不超过 35 亿美元(约 230 亿元人民币)现金收购美国传奇影业公司 100% 的股份,并在北京举行签约仪式,成就迄今中国企业最大海外文化并购案。

传奇影业由托马斯·图尔创建于 2004 年,是美国独立的电影制片公司。其母公司为传奇娱乐,总部坐落于美国加利福尼亚州的伯班克市,是同类公司中第一家可与由华尔街私人股东和对冲基金投资者支持的大电影制片公司相匹敌的公司之一。2005 年,该公司与华纳兄弟公司达成一项共同出资和制作 40 部影视作品的协议;2009 年,该公司即宣布建立一个数字部门,重点开发游戏;2011 年,该公司宣布电视创意部将把精力重点放在发展电视制作上,宣布在香港成立传奇东方影视制作公司。自 2013 年开始,传奇东方每年将制作 1~2 部面向全球市场的英语电影,并且为每年一个季度的额外两部电影制作融资。因为该公司以中国文化为基础,所以有权利规避掉一些国外影片的发行配额。

讨论题目

1. 简析该跨国并购的类型(至少列出4种)。
2. 简析万达开展该跨国并购的动因。
3. 简析万达开展该跨国并购的潜在风险。

案例分析

1. 类型

类型为横向并购、协议并购(直接并购、友好并购)、上市公司并购、现金并购、调整结构型并购、技术获取型并购等。

2. 动因

(1) 获得知识产权(IP)　2000年,美国传奇影业创立于加州,正逐步迈向国际化电影文化公司,至今已制作39部影视作品,如《盗梦空间》《侏罗纪世界》《蝙蝠侠》《环太平洋》《超人》等,拥有大量知识产权,并与多国影视机构达成许多电影版权合作协议,全球票房累计超120亿美元。

(2) 获得电影制作经验　自从万达集团开始图谋文化产业以来,电影产业就是万达集团文化产业版图中的重头。中国电影市场虽然十分红火,但在电影制作和发行上仍然存在短板,向好莱坞学习已成为公认的"捷径"。传奇影业在电影制作方面的经验和优势,对于想要打造中国版的好莱坞,并在2016年启动制作发行行业资本化运作的万达集团而言,可弥补万达集团在电影制作发行上的短板,从而打通全产业链,提高国际影响力、话语权和品牌知名度。

2016年传奇影业将有两部大片上映,双方可借此近距离学习,提升电影制作和发行经验,不仅能绕过跨国文化交流的壁垒,更有助于缩短中国国产电影的稚嫩期,加速步入成熟期。

(3) 快速进入北美市场　2015年,北美电影市场大规模发行影片164部,创历史新高,年度总票房终于突破历史性的110亿美元大关。在北美电影市场蒸蒸日上之时,如何快速、有效进入该市场并分得一杯羹,是万达集团的燃眉之急。此时收购传奇影业毫无疑问是一个正解。虽然传奇影业在北美电影市场所占份额不高,无法与六大好莱坞电影公司相比。但传奇影业毕竟参与制作、发行过多部在北美电影市场有极大影响力的电影,如《蝙蝠侠》《侏罗纪世界》等。因此,收购传奇影业有助于万达集团快速、有效进入北美电影市场并占一定份额,为提升万达影院知名度、全球竞争力和话语权打下坚实基础。

(4) 提升合拍影片国内票房分成　此前,万达集团已先后通过收购美国第二大院线运营商 AMC 与澳洲第二大院线运营商 Hoyts 而进入海外院线市场,分享全球票房。而此次收购传奇影业能将好莱坞大片直接变成中美合拍片,以在中国国内市场拿到至少 25% 的票房分账。更有专家预测,万达集团并购传奇影业后,中国电影票房收入有可能在 2017 年超越美国,将给万达院线带来更多的票房分成。

(5) 传播中国文化　万达集团并购传奇影业将加速两国电影文化的输入与输出,形成良性交流。鉴于传奇影业已与多国驻华使馆都达成合作协议,致力于推进电影文化交流并投资多部影片,因此该并购案毫无疑问将会带来中外更加密切的电影交流和电影创作机会,即可让中国文化通过电影载体通向世界铺路搭桥,让更多中国元素出现在大荧幕上。

(6) 获得经营协同效应　深入分析传奇影业的公司背景,可发现传奇影业主要是通过拼盘投资的策略与好莱坞大的制片厂合作,即传奇影业本身并不具备雄厚的资金基础,而更多的是知识产权优势。如被资金背景雄厚的万达集团收购,可将万达集团的富余资金流与传奇影业的电影制作经验互补,以实现经营协同效应。

(7) 推动企业整体转型　万达集团创立于 1988 年,主营商业地产、高级酒店、旅游投资、文化产业、连锁百货等。2015 年 1 月 17 日,万达集团发布"第四次转型战略"。空间上,万达集团从中国企业转型为跨国企业;内容上,万达集团从以房地产为主的企业转型为服务业为主的企业,到 2020 年形成商业、文化、金融、电商基本相当的四大板块,并多元化抢占未来文化产业市场制高点。2015 年,万达集团业绩报告显示,在"去地产化"战略的影响下,万达商业地产的收入增速正在减缓,文化业务收入则在大幅上升,文化集团收入已占万达集团总收入两成以上,成为万达集团收入的生力军。因此,并购美国传奇影业,能帮助万达集团迅速从曾经最大的房地产企业,向影视、体育、旅游、儿童娱乐 4 个产业板块加速转型升级,迎接未来国人消费升级的新需求,改善中国文化产业重数量不重质量、电影相关产业链发展不足的现状,最终推动万达集团的整体转型。

3. 潜在风险

(1) 传奇影业发展模式存在缺陷　传奇影业主要是通过跟好莱坞大制片厂一起拼盘投资来分担自身经营风险,公司缺乏独立性,美国市场占有率较低;好莱坞近些年中等票房体量的影片呈减少趋势,而像传奇影业这样的公司,很难参与投资优质项目或顶级大片。因此,传奇影业外部发展环境能否得到改善也存在较大的不确定性。

（2）万达集团资金压力增加　万达集团此次并购可能支付35亿美元现金，加大现金流支出压力，并购标的未来现金流可能存在风险。

（3）知识产权的质量　万达集团并购传奇影业最主要动因在于获得传奇影业所拥有的诸多知识产权，因为这些IP知识产权会对万达集团的文化旅游产业、儿童娱乐行业带来巨大协同效应。但需注意，尽管投资过《魔兽世界》《蝙蝠侠》《盗梦空间》等电影，并不意味着万达集团并购传奇影业就能拥有其所需的IP知识产权；传奇影业目前还不能与环球影业等大公司相提并论，其所拥有的IP知识产权的质量也不具有明显优势。

（4）文化整合问题　由于中美在经济发展水平、文化传承、企业管理理念、影视制作观念、影视制作模式等方面存在较大差异，因此万达集团并购传奇影业后将不可避免地存在文化、管理、影视产品等整合风险。对此，万达集团可通过从保留传奇影业独立运作权＋万达集团主要承担投资责任，逐步过渡到万达集团主导的运作模式。如根据两家公司对外发布的联合申明，并购后传奇影业成为万达集团的分部资产，而传奇影业董事会主席兼CEO托马斯·图尔将继续留任，积极地参与到万达集团与传奇影业的整合，以保障并购后过渡期传奇影业的平稳运行和顺利整合。

参考文献：高湛诗琪，史婧茹，蒋函廷，等.中国万达集团并购美国传奇影业效应分析[J].对外经贸，2016,(07)：51-52.

案例八　美的集团并购东芝家电业务

熟悉跨国并购的动因和潜在挑战，能熟练运用跨国并购理论分析具体实践案例。

跨国并购的动因、风险及跨国并购理论的具体运用。

案情介绍

美的集团是一家以家电制造业为主的大型综合性企业集团，主要家电产品包括家用空调、商用空调、大型中央空调、冰箱、吸尘器、取暖器、电水壶、烤箱、抽油烟机、净水设备、空气清新机、加湿器、灶具、消毒柜、照明等，以及空调压缩机、冰箱压缩机、电机、磁控管、变压器等家电配件产品，拥有美的、小天鹅、威灵、华凌、安得、美芝等10多个品牌。在2013年"中国最有价值品牌"评价中，美的品牌价值达653.36亿元，名列全国第5位，并拥有中国最完整的空调产业链、冰箱产业链、洗衣机产业链、微波炉产业链、洗碗机产业链、小家电产品群和厨房家电产品群；在全球设有60多个海外分支机构，在越南、白俄罗斯、埃及、巴西、阿根廷、印度等6个国家建有生产基地，产品远销200多个国家和地区。

东芝是日本最大的半导体制造商，也是日本两大综合电机制造商之一，属于三井集团。20世纪80年代以来，东芝已从一个以家用电器、重型电机为主体的企业，转变为包括通信、电子在内的综合电子电器企业。当前，东芝旗下主要有五大事业领域：电子元器件、电力和社会基础设施、社区解决方案、生活产品、医疗健康。其中，最为突出的是IT产业。20世纪90年代以来，东芝在数字技术、移动通信技术和网络技术等领域取得飞速发展，已成功地从家电行业的巨人转变为IT行业的先锋：2000年，东芝半导体销售额仅次于INTEL而位居世界第二位，IT产值占东芝总产值比重已达74%。

2016年3月17日，日本东芝公司表示与中国家电巨头美的集团达成基本协议，将向其出售白色家电业务；3月30日，双方宣布正式签约，美的集团以537亿日元（约4.73亿美元）现金及承担250亿日元（约2.2亿美元）债务为代价获得东芝家电业务的主体东芝生活电器株式会社80.1%的股份、东芝品牌40年全球授权、超过5 000项家电相关技术专利，以及东芝家电在日本、中国、东南亚的市场、渠道和制造基地等。

讨论题目

1. 试分析美的集团开展该并购的动因。
2. 试分析东芝同意被并购的动因。
3. 试分析美的集团开展该并购可能存在的风险。

案例 分析

1. 美的集团动因

（1）提升品牌形象　东芝拥有享誉国际的品牌影响力和行业领先的市场地位，可与美的品牌形成互补，形成完全的市场覆盖。东芝家电发展至今已拥有近百年的悠久历史，是全球最大的家用电器制造商之一；作为日本 Top3 的东芝品牌，东芝家电主要覆盖高端市场，提供多种高附加值的服务。产品抗风险型性强，在市场上拥有良好的口碑和广泛覆盖率。其"Leading Innovation"的口号在消费者心目中已建立起技术高端、品质优良的品牌形象。东芝品牌在海外市场（特别是东南亚等地区）也拥有很高的知名度。根据国际知名品牌顾问机构 Interbrand 于 2015 年的评估，东芝品牌价值约 25 亿美元。

（2）快速扩展市场　东芝拥有一流的供应链网络及无可比拟的渠道优势。并购后美的集团将获得东芝在日本、中国、东南亚、中东的市场、渠道和制造基地，将有助于开拓市场，特别是进入壁垒相对较高的日本市场。东芝家电的营销网络覆盖全日本，拥有 34 个销售网点、95 个服务维修网点，可通过零售商渠道和合同渠道向客户提供各类家用电器产品和服务；在以家电连锁为主流销售渠道的日本市场，东芝与 Yamada、Edion 等 6 大家电连锁品牌有着良好且密切的战略合作关系；可利用东芝家电遍布日本全国的 3 600 多个东芝专卖店分销产品；东芝也在积极拓展电视购物、专卖店及电商渠道，进一步拓宽产品销售渠道。

（3）获取技术、研发团队等战略性资源　首先，美的集团获得超过 5 000 项白色家电相关专利，可有效扩容美的集团现有专利。这些专利主要分布在日韩等海外市场，将有效延展美的集团在海外的专利布局。这些专利所包括的 DD 电机及变频控制专利、冰箱隔热板专利是美的集团提升洗衣机、冰箱等质量和性能所需的核心专利。其次，东芝家电锐意进取的创新精神和行业领先的研发水平，将有效提升美的集团的研发实力。创立至今，东芝家电已建立起一支业内资深的研发团队，并以其锐意进取的创新精神创造了家用电器历史上许多个发明与创新；经过长期累积，东芝家电已具备业内领先的实验技术能力，并累积了众多知识产权和研发平台。

（4）提升制造水平和能力　东芝家电在日本、中国和泰国拥有 9 个配套设施完善、生产技术先进、管理模式领先的生产基地。东芝强大的生产制造能力和先进的工艺水平，将与美的集团完备的供应链体系、规模化生产经验等优势互补。东芝家电产品线丰富，覆盖厨电、冰箱、冷柜、洗衣机、家用空调、洗碗机等主流家用电器产品,能丰富美的集团产品线;东芝家电在日本、中国和泰国的工厂自动化程度较高,工艺技术先进,自制率高,可迅速提升美的集团在部分关键技术及产品生产上的核心能力;东芝家电在中国和泰国的工厂仍有较大产能提升空间,如能与美的集团完备的供应链体系、规模化生产经验等互补,将有效提升美的集团的供应能力。

(5) 强化和利用20余年合作经验　为实现完善全球布局、推动全球经营的核心战略,美的集团一直积极关注与寻求全球家电领先企业的合作及并购机遇。其中,已成功与东芝在多个领域开展长达20余年的合作,双方良好的互信与认同,成为本次战略合作的基础。

(6) 财务协同效应　东芝家电业务已连续亏损,且2016年仍难扭亏为盈。并购以后,该亏损可抵扣美的集团税前利润,从而在一定程度上降低企业总体税负。

综上,美的集团开展此次并购旨在落实全球经营的重要战略,即通过与东芝的优势互补与协同,在品牌、技术、渠道及生产制造等方面,有力提升全球影响力与综合竞争实力。即美的集团与东芝的战略并购将可在众多方面产生长期协同效应,改善美的集团长期经营效率和企业效益。

2. 东芝动因

(1) 摆脱财务困境　东芝出售家电业务,旨在摆脱经营困境和债务压力。2014财年,东芝生活电器总资产1 100亿日元,负债1 300亿日元,已资不抵债,且持续亏损。2012~2014年连续3个财年,东芝家电业务累计亏损125亿元人民币,2015年上半财年,继续亏损约21.88亿元人民币(约425亿日元,占亏损总额的53.5%)。2015年12月21日,东芝股价大跌12%,收报223.5日元,创下自2009年3月以来的最低。因此,东芝希望通过出售其业绩恶化来源之一的白色家电业务,力争改善2016财年经营状况。此次并购不仅能给东芝带来537亿日元现金流,还将消化债务250亿日元。

(2) 强化新兴产业加速转型　20世纪80年代始,东芝就开始向更高端的数字技术、移动通信和网络技术等领域发展,而出售竞争力下降和持续亏损的白色家电业务,将有助于东芝集中优势资源进军新业务领域,加速产业转型和升级。

(3) 与美的集团形成战略合作　东芝仅将白色家电业务出售给美的集团,其他业务可借此与美的集团进行战略合作,如借助美的集团在中国市场强大的制造、销售、采购、物流、服务等综合能力,东芝家电及其他业务可在中国市场有所作为,并借助中国进入东盟等周边国家。

3. 并购风险

(1) 监管部门审批风险　该笔并购交易的完成,还需获得日本反垄断机构的审批,同时需要在中国商务部和国家发改委备案。如果反垄断审批不通过,前期工作将付诸东流。

(2) 资金与债务压力风险　此次并购资金约 537 亿日元(约合 4.73 亿美元),全部为美的集团自由资金。加之并购后整合所需投入的资金,将对美的集团造成一定资金压力。美的集团还需承担约 250 亿日元(约 2.2 亿美元)债务,将提高美的集团资产负债比和利息支出。特别是东芝白色家电部门已资不抵债,且连续亏损,如不能如期扭亏,将给美的集团带来巨大资金压力。

(3) 国际化滞后风险　近年,美的集团积极开拓国际市场,但效果欠佳。2015 年海外营收占比仅 35.7%,海外利润占比更低至 27.95%。因此,收购东芝是美的集团实行全球经营的重要步骤。但 2015 财年前 3 季度,东芝白电业务总营收约 70% 来自日本,30% 来自日本之外的地区(如扣除来自中国市场的营收,则东芝白电业务的国际化程度更低)。如美的集团未能有效利用东芝的品牌、渠道、生产优势,开拓中日以外的第三方市场,其国际化初衷将难尽人意。

(4) 品牌整合风险　根据并购协议,美的集团在未来 40 年内将会拥有美的、东芝两个品牌,如何平衡产品形象、处理产品有效区隔、实现有利于发展的差异化经营等,都是值得考虑的问题。是按产品类别、产品档次、目标市场等区分两个品牌的运用,还是在同一产品上使用双品牌,都是值得美的集团深思熟虑的问题。

(5) 人员整合风险　截至 2015 财年第三季度,东芝家电拥有超过 5 000 名员工。美的集团并购后要想扭亏,裁员将是不得不采取的行为,就必然引发人员整合问题。更甚者,日本是不确定性规避指数较高的国家,加之"终生雇佣制",将进一步提高人员整合的难度和风险。

(6) 产品与技术整合风险　美的集团和东芝在白色家电产品方面存在诸多重合,必须重视产品整合、产品质量提升、产品规模和产品特色平衡等问题。虽然美的集团通过并购能获得东芝超 5 000 项专利以及研发团队,但这些专利与研发团队和美的产品及其发展战略的切合度如何,还有待考察。特别是研发团队能否符合美的集团发展战略值得深思,且美的集团还需注重在引进的基础上加以吸收、创新,以提高自主研发能力,以免重蹈明基覆辙。例如,2005 年 8 月,明基并购西门子手机业务,但 1 年半后因整合问题,北京明基研发中心原西门子员工全部离职。

参考文献:丁媛媛,冯智颖.美的集团并购东芝白色家电业务的效应与风险分析[J].对外经贸,2016,(08):59-61.

案例九　物美集团并购麦德龙中国

教学目标

了解跨国并购的各种类型，熟悉跨国并购的动因和潜在挑战，能熟练运用跨国并购理论分析具体实践案例。

教学重点

跨国并购动因、潜在风险及跨国并购理论的具体运用。

案情介绍

物美集团是中国发展最早、规模最大的现代流通企业之一，旗下拥有美廉美、新华百货、崇菜物美、圣熙八号、京北大世界等知名品牌，物美集团业务涉及零售贸易、电子商务、互联网/物联网科技、物流运输等业态，在华北、华东和西北等地区拥有各类商场近1 500家，资产和年销售额均超500亿元，员工10万余名。

近年，物美集团与中国规模最大、发展最成熟的分布式电商多点（DMALL）合作，在全面数字化基础上实现线上线下一体化，以创新引领实体经济转型升级。运用移动互联网、人工智能等技术，以用户为中心，推进以自助购、自由购、扫码购为代表的银线革命，大力实现会员、商品、供应链、促销和价格、营运、支付等业务的数字化和共融互通，为顾客提供线上下单店铺2小时送货上门、店铺下单自助收银、进口优质商品一站式服务等全渠道、无缝化的购物体验。

麦德龙中国所属的麦德龙集团是德国最大、欧洲第二、世界第三的零售批发超市集团，是德国DAX股票指数成分公司，位列世界500强，分店遍布35个国家。麦德龙中国在北京和上海等59个城市拥有97家商场和房地产资产，全国拥有超过11 000多名员工及总共1 700万客户，2018年营收达约209.4亿元。

2019年10月11日，麦德龙中国以19亿欧元估值（约150亿人民币），将70%的股权出售给物美集团（物美集团从其他渠道已收购10%股份，共持股

80%)。根据并购协议,麦德龙中国品牌依旧保留,而物美集团将通过多点,将麦德龙中国融入物美集团的线上线下一体化全渠道零售平台。

讨论 题目

1. 简析物美集团开展该跨国并购的动因。
2. 简析物美集团开展该跨国并购的潜在风险。
3. 简析物美集团开展并购整合的策略建议。

案例 分析

1. 动因

(1) 提升商品质量与食品安全把控能力　随着经济发展和国民收入水平的提高,国民对产品质量特别是食品安全要求日益重视。麦德龙则长期坚持食品安全管控高标准,严格执行欧洲食品安全标准,旗下的麦咨达可追溯产品已达4 500多种,包括果蔬、畜禽制品、奶制品、水产品和综合类。可追溯产品中生鲜品类的销售已占比近60%,并力争达到生鲜商品100%可追溯。因此,在国内消费升级的大趋势下,麦德龙对食品安全的严格把控,日益契合越来越多中国消费者对商品品质和食品安全的追求。物美集团可借助并购麦德龙中国提高对商品品质和食品安全标准的把控能力。

(2) 完善全球供应链和提升进口商品供给能力　在国内消费升级驱使下,消费者对高质低价的进口商品的需求正快速增长。如华润万家旗下的BLT精品超市就以进口商品为主,占比高达60%;2018年初,沃尔玛宣布包括强化进口商品来突出差异化竞争优势的战略布局。但高质低价进口商品的供应却是本土零售企业的短板。数据显示,麦德龙在全球35个国家拥有760多家批发商场及食品配送业务,通过强大的采购能力、低成本的运作,为客户提供高质低价的商品。其中就包括符合中国消费者需求的高品质进口商品,如麦德龙中国食品配送业务已连续3年保持10%以上增长:2017年增长10.5%,2018年增长11.4%,2019年达17%。因此,物美集团收购麦德龙中国,旨在利用后者的全球供应链网络,更好推进供应链低成本、标准化发展,提升进口商品供给能力、食品配送能力和整体盈利能力。

(3) 拓展企业客户资源与B2B业务,探索会员制商超业态　在B2B业务方面,麦德龙有完整的服务体系。麦德龙中国借助以批发业务为主的经营模式和高标准的食品安全管控,积累有大量中小型零售商、酒店、餐饮业、企事业单位、政府和团体等企业客户资源,B2B 业务发展良好。麦德龙销售额的四成来自专业 B2B 业务,即使在 2018 年麦德龙中国的业务整体增长仅 2% 的情况下,B2B 业务仍维持两位数增长,可见其 B2B 业务的优势和坚挺。物美集团通过收购麦德龙中国,可获得丰富的对线上线下企业竞争至关重要的企业客户资源,以拓展 B2B 业务,提高销售业绩的稳定性。2015 年,物美集团曾模仿沃尔玛山姆会员店实施会员制,但受制于营业和仓储面积、停车场等资源限制,历时 1 年即宣告失败。因此,物美集团收购麦德龙中国,还可利用后者的仓储门店模式及稀缺的物业资源,重新探索会员制商超业态。

(4) 利用物美＋多点模式数字化改造麦德龙中国　在当今数字化时代,面对巨大变革和激烈竞争,商业的全面数字化已成为零售企业的必然选择。物美＋多点模式为传统商业企业数字化带来无限生机。理论上,多点强大的数字化能力,能让零售企业提高效率,改善体验,实现线上线下、到家到店一体化,做到线下门店和供应链资源重复使用,以创新引领实体经济转型升级。实践上,物美＋多点模式卓有成效,如已成功牵手多家区域零售龙头,甚至是全球零售巨头沃尔玛;多点已在中国服务合作 80 家零售商、10 000 家门店,多点 APP 注册用户达 7 500 万,月活跃用户近 1 400 万。并购成功后,物美集团可向麦德龙中国输入多点模式以进行数字化改造,加强线上线下融合发展。

(5) 利用麦德龙全球经营困境收购高性价比资产　电商的兴起,传统实体零售企业的萎缩,在全球范围内已成为不可逆转的趋势,加之欧洲经济发展的减速和不稳定,使得麦德龙集团的全球营收已从历史最高峰的 655.29 亿欧元,降到 2018 年的 370.82 亿欧元,无法为麦德龙中国的发展和数字化转型提供有力的资金支持。中国市场营收仅占麦德龙全球营收约 7% 的份额,是无关紧要的市场,麦德龙总部有意通过出售麦德龙中国业务来改善现金流。根据麦德龙集团 2017～2018 财年报告,麦德龙中国营收达 26.5 亿欧元(合约 30.3 亿美元),按 19 亿美元估值进行转让,收购性价比较高。更重要的是,进入中国市场后,麦德龙坚持"只买不租"的开店策略,虽然前期投入大,但随着中国城市化进程推进,麦德龙中国早期购置的城郊地产已成为稀缺资源,存在着巨大的增值空间,可进一步提升该收购的性价比。

(6) 由于物美集团丰富的并购整合经验,可提升收购的成功率　物美集团在并购和整合方面颇有建树,先后以 14.2 亿元收购韩国乐天玛特 21 家门店,斥资 27 亿元联合步步高参与重庆百货混改,作价 14 亿元收购百安居,接手邻家便利店在京门店,接手华润万家在京多家门店,这些企业的重组都较成功,典型的成功案例如并购百安居中国业务并快速扭亏为盈。这些都给物美集团开展收购整合积累经验,增强物美集团收购麦德龙中国的信心和成功率。

2. 潜在风险

（1）传统大卖场模式呈现转型趋势的行业风险　并购后,即使物美集团将麦德龙中国整合到物美-多点系统中,其运营核心还是超市业态。但当前传统"百货＋超市"的商业综合体模式向以休闲娱乐文化为主的商业中心转变,已成基本发展形势。这种发展新趋势对物美集团持续并购和持有大型卖场具有潜在的巨大经营压力。

（2）并购后多重整合风险　虽然并购麦德龙中国可使物美集团获得前述六大积极效应,但物美集团除利用多点模式的商业技术优势努力融合线上线下外,还面临品牌整合、管理团队整合、门店改造、系统对接、企业文化融合等风险和挑战。

（3）现金与债务压力增大风险　根据测算,物美集团并购麦德龙中国需支付对价约15.2亿欧元(约合119亿人民币)。虽然物美集团于2019年7月与交通银行深圳分行签署战略合作协议并获得100亿元授信,2019年8月成功发行10亿元公司债券能解决并购支付问题,但也会增加集团债务杠杆、利息支出等压力。

3. 整合策略

（1）加速线下卖场数字化技术改造　利用多点数字化技术加快麦德龙中国数字化新零售转型,以实现协同效应,为国内顾客提供优质产品和服务;利用物美集团丰富的并购整合经验帮助麦德龙整合现有资源,提升B2B业务市场竞争力。

（2）加速全球供应链与本土零售商整合　通过麦德龙的品质背书、生鲜供应链标准化及会员业务体系,协作构建从田头到餐桌的质量安全可追溯体系,再加速与根植于本土的零售商的整合,不仅可消除国内消费者对食品安全的不信任,也可一定程度上降低成本,更好推进供应链低成本、标准化发展,从供应链获取更多利润。

（3）加大自有品牌建设以适应品牌战略发展趋势　自有品牌产品具有独家性、差异化、高毛利等特点,开发和销售自有品牌已成为线下零售商广泛采用的策略,全球成功的零售企业自有品牌占比大多在50%左右,如沃尔玛旗下山姆会员店、Costco等会员制企业在自有品牌方面拥有一定优势;德国最大超市奥乐齐70%以上商品是自有品牌,性价比堪称世界第一;2018年,盒马鲜生提出希望3年内做到50%以上的自有品牌,并通过买断单品的专供权以及承担所有经营风险的方式来切实推动自有品牌。因此,鉴于麦德龙中国"麦咨达"标志的可追溯性,以及保证农产品从基地、农场、加工、物流到销售符合消费者最安全要求的特点,物美集团应做大做强"麦咨达"标志,甚至将其作为自有品牌进行建设,以符合零售业品牌战略趋势。

(4) 建立产地直采供应链体系　当前,消费者对鲜活水产、新鲜蔬果需求愈发强烈,诸多零售商积极通过"产地直采"以更好地满足消费者需求,如截至2019年8月底,盒马鲜生联手农村淘宝,在全国签下近500家农产品基地;苏宁易购通过与果农合作,源头直采,打造以农户种植为源头、消费者餐桌为终端的一体化闭环供应链,实现多方共赢。物美集团应利用和拓展麦德龙中国的全球供应链体系和食品配送能力,逐步构建产地直采、商超直销的供应链体系,以提升产品质量,降低采购与物流成本。

参考文献:刘泽琪,李欣荣.物美集团并购麦德龙中国动因、风险和整合策略[J].产业创新研究,2020,(05):19-20.

案例十　海信电器并购东芝 TVS 公司

教学目标

熟悉跨国并购的动因和潜在挑战,能熟练运用跨国并购理论分析具体实践案例。

教学重点

跨国并购动因、风险及跨国并购理论的具体运用。

案情介绍

1997年4月17日,海信电器股份有限公司(简称"海信电器")成立,是海信集团经营规模最大的控股子公司,主要从事电视机、数字电视广播接收设备及信息网络终端产品的研究、开发、制造与销售,拥有中国先进的数字电视机生产线。

海信集团是国家首批创新型企业,国家创新体系企业研发中心试点单位,中宣部、国务院国资委推举的全国十大国企典型,不断推动着显示技术的迭代和升级。近年,海信电器国际化进程也不断加快,在美国、日本、德国、加拿大、以色列等地设立7处海外研发机构,在南非、墨西哥和捷克建立海外生产基地。

2016年,东芝映像解决方案公司(TVS)成立,前身是日本东芝集团显示产品事业部,主营电视机及相关周边设备、商用显示器、Home IOT等多媒体产品的研发、生产、销售及云服务等业务。

2017年11月14日,海信电器宣布批准《关于收购Toshiba Visual Solutions Corporation股权议案》,以不超过129.16亿日元(约合人民币7.98亿元)受让东芝所持有的TVS公司95%股权,并将获得东芝电视40年全球品牌授权。2018年2月28日,海信电器已获得收购的所有必要审批及商务部反垄断调查通过。2018年7月25日,海信电器以59.85亿日元(约合人民币3.55亿元)最终交割价格完成对TVS公司95%股权的收购,并已全部实施完毕。

讨论 题目

1. 请分析海信电器开展该并购的动因。
2. 请分析海信电器开展该并购的潜在风险。
3. 请分析海信电器并购的实际效应。

案例 分析

1. 动因

(1) 加速实施国际化战略　在众多国产电视品牌中,海信电视国内市场占有率连续多年位列第一,截至2018年6月,海信电视销售额国内占有率高达20.16%,创历史新高。海信电器始终聚焦"制造温暖、输出信赖"品牌愿景,深耕渠道,提升品牌全球知名度,不断提升品牌全球价值,如2016年成为欧洲杯史上首个来自中国的全球顶级赞助商;2017年4月成为世界杯历史上第一个来自中国的赞助商。随后,海信电器推出"璀璨计划",持续不断地赞助重大体育赛事以提升品牌全球知名度。此次并购东芝,旨在发挥双方技术优势、国际化设计理念、全球联动的研发资源以及渠道优势,加速国际化战略布局。

(2) 提升品牌形象　东芝株式会社拥有142年历史,1960年就生产日本第一台彩色显像管电视机,被认为是日本"彩电之父"。20世纪90年代,东芝位列日本彩电称霸全球市场的六巨头,"Toshiba,Toshiba,新时代的东芝!"广告词曾风靡中国,可见东芝享誉国际的品牌影响力和行业领先的市场地位。这可与海信品牌形成互补和完全的市场覆盖。因此,在海信电器全球化战略已全面启航的背景下,通过并购东芝电视,借助其在全球市场的知名度和美誉度,实施海信、东芝"双品牌"战略,可迅速提升品牌形象。

(3) 进军 OLED 电视领域　　海信电器虽在激光电视、ULED 电视和智能电视领域中均有不错的技术积累,但在逐步崛起的 OLED 电视和 QLED 电视领域却并无优势。东芝特有的 OLED 画质引擎技术、超解像技术位于行业头部地位,高端 OLED 电视在国际市场上很受欢迎。因此,此次并购旨在整合双方 OLED 技术研发、供应链和全球渠道资源,增强海信电器 OLED 技术和市场实力,加速进军 OLED 电视领域。

(4) 获取技术、研发团队等资源　　当前,核心技术和品牌影响力的缺失已成为海信电器国际化步伐和全球化战略的制约瓶颈,而短期内凭借自身力量,要么难以突破,要么成本巨大,而并购则成为短期内可行的解决之道。因此,曾经享誉全球的东芝,就成为海信电器的并购标的。1973 年 10 月,东芝 TVS 前身成立,除主营电视机业务外,还涉足商用显示器、广告显示器等关键零部件。更关键的是,东芝在电视画质、芯片、音响等方面拥有优秀的研发团队,积累有深厚的技术实力,一直引领日本乃至世界显示技术潮流。

(5) 迅速扩大发达市场份额　　海信电视在规模、品牌运营能力和技术上领先优势突出。在日本市场,海信电视是唯一进入日本并发展自主品牌的中国企业,也是日本市场占有率最高的非本土品牌。并购东芝后,海信电器可加速推进电视业务的技术研发、品牌推广和市场开拓的全球布局,实施多品牌战略,巩固市场挑战的地位和提升竞争能力,并将海信全球渠道资源与东芝品牌影响力相结合,迅速提升在发达市场的影响力。

(6) 管理和财务协同效应　　海信电器的持续盈利和东芝连年亏损表明海信电器的管理效率明显高于东芝。因此,并购后可利用海信电器的管理团队和经验经营和管理东芝,以寻求管理协同效应。此外,还可利用东芝的亏损额抵扣海信电器应纳税所得额,实现节税,发挥财务协同效应。

2. 潜在风险

(1) 资金和债务压力风险　　第一,TVS 公司资产负债率超过 100%,纳入合并报表后将使海信电器资产负债率上升,加大集团整体债务压力。经测算,海信电器资产负债率将从 40.02% 升至 46.52%。第二,TVS 公司净利润亏损,亏损额占海信电器净利润比例为 32.29%。尽管海信电器曾表示,并购后将通过共享研发、供应链和营销资源等方式,降低 TVS 公司经营成本、扩大销售规模,实现收购整合效应,扭转其经营亏损的情况。但如果并购整合和经营情况达不到预期,将对海信电器的经营业绩产生不利影响。

(2) 目标企业价值评估风险　海信电器和东芝电视分属中、日两个不同国家,两国营商环境和会计准则差异较大,致使海信电器获取东芝 TVB 的全面与有效信息以及估值存在一定困难,如初始并购金额 129.16 亿日元(约人民币 7.98 亿元)到最终并购金额 59.85 亿日元(约人民币 3.55 亿元)的变化就是体现。

(3) 并购后的整合风险　青岛海信与日本东芝分别隶属经济体制、经济发展模式和经济发展水平存在明显差异的两个国家,在组织结构、经营理念、经营战略、业务流程、企业文化等方面都存在差异。海信电器并购 TVS 公司后,必然面临组织结构、管理模式、技术、业务、产品与文化等方面的整合,但整合能否顺利推进以及实际效果还不确定。

(4) 东芝电视品牌归属存在不确定　当前,东芝品牌的合法使用人就有多家,且涉及不同产品和区域。2010 年,东芝和 TCL 集团合资成立东芝视频产品(中国)有限公司,主营东芝品牌电视渠道拓展、产品生产与销售以及维修服务;2014 年 5 月,TCL 集团再次取得东芝视频产品(中国)有限公司 21% 股权,持股比例升至 70%,中国市场上东芝电视产销早已是 TCL 全盘操控和运营;2015 年 12 月,创维收购东芝印尼电视机及洗衣机业务;2016 年 3 月,美的收购东芝 80% 的白色家电业务股权。因此并购完成后,海信电器要和 TCL 集团解决东芝电视在国内市场上的生产、销售和售后问题,还要和创维解决东南亚市场品牌使用权问题。如不能妥善处理,将可能有损于品牌运营。

3. 实际效应

(1) 海信电视在日本销量和市场占有率提升　根据 IHS 统计数据,2018 年海信电视在日本市场占有率达 15.8%,位居第三;2019 年伊始,海信电器和东芝顺利度过磨合期,开启快速抢跑模式。据 GFK 统计数据,2019 年 1～15 周,海信电视销量排名第二,市场占有率达 21.38%,提升 5.5 个百分点,市场份额提升效应逐步显现;2020 年 1 月 16 日,日本媒体《JC1》称,2019 年 TVS 公司日本市场占有率年初 14% 左右增至年底近 18%,更是表明并购效果良好。

(2) 新产品推出加速　海信电器收购东芝后,在日本市场实施海信和东芝"双品牌"运营,加快推出新产品。如 2018 年世界杯期间,海信电器推出新品东芝"REGZA"4K 电视受到日本消费者的青睐;2019 年在日本推出支持 4KBS 电视直播的新品 A6800,也受到消费者追捧;最近,海信新品有机 EL 电视"55E8100"也正式在日本上市,这款搭载与海信收购的东芝映像解决方案公司共同开发的高画质引擎 REGZA ENGINE NEO Plus 让外界对海信电器又多了想象空间。

(3) 企业文化逐步得到认同　为避免商业经营环境、商业理念等差异引发的整合风险,海信电器积极实施本土化策略,重点是用文化本土化策略拉近和日本消费者的距离。如 2018 年世界杯期间,海信电器打出的日本广告瞬间拉近和日本球迷的距离,逐步融合企业文化差异。

(4) 资金盈利能力有所下滑但正逐步得到改善　2019 年 1～6 月,海信电器实现营收 151 亿元,同比增长 7.79%;净利润 6 220.5 万元,同比下降 81.48%。海信电器表示,2019 年上半年净利润同比大幅下滑主要是受 TVS 公司经营仍然亏损、研发投入增加等影响。如 2019 年上半年,TVS 公司总资产 23.48 亿元,净资产－3.53 亿元;实现营业收入 14.90 亿元,净亏损 8 706.81 万元。资金盈利能力下滑和 TVS 公司持续亏损,表明并购的管理协同和财务协同效应还未得到实现。

但需注意,跨国并购整合进程相对顺利,整合效应逐步体现,如 2019 年第 3 季度报表显示,海信电器总营收 236.4 亿元,同比下降 2.91%;净利润 2.65 亿元,同比下降 21.10%,净利润降幅已大幅收窄。2020 年 1 月 16 日,日本媒体《JC1》称,2019 年 TVS 公司实现盈利或达 2 亿日元,扭转连续 8 年亏损,创下 9 年来最高纪录,表明海信电器对 TVS 公司整合的有效性:海信电器致力于重塑 TVS 公司经营体制、服务体系,自建销售团队,构建自主销售渠道,以提升用户体验和市场竞争力。

综上,跨国并购是积极效应与风险挑战并存,从目前并购实际效应来看,海信电器并购东芝 TVS 公司成功与否难有定论。但从整体而言,未来随着竞争对手不断强大,华为、小米等巨头相继入局,海信电器将面临不小的挑战。海信电器应深度思考如何更好地发挥与 TVS 公司在经营、管理、财务上的协同效应,以应对行业日趋激烈的竞争。

参考文献:凌易群.海信收购东芝 TVS 的效应与风险分析[J].产业创新研究,2020,(02):77-79.

第六篇 跨国公司转移价格策略

案例一 葛兰素史克在华转移价格

教学目标

了解转移定价的含义和特点,熟悉转移定价的实施形式,掌握转移定价的实施目标和实质。

教学重点

葛兰素史克转移定价的特点,中国应对跨国公司转移定价的策略。

案情介绍

葛兰素史克(GSK)在全球 10 多个国家设立分支机构,拥有 70 多家生产基地,旗下的企业多如牛毛,关系也极其复杂;葛兰素史克(中国)投资有限公司(GSKCI)仅在中国就有 6 家关联企业,如位于天津的中美天津史克制药有限公司、葛兰素史克有限公司,位于苏州的葛兰素史克制药有限公司,位于上海的葛兰素史克生物制品有限公司,位于深圳的葛兰素史克生物制品有限公司,以及位于南京的美瑞制药有限公司,在一定程度上为葛兰素史克在全球实施转移定价行为提供条件。

(1) 通过 GSKCI 进口成品药实施转移定价 在华子公司有药品进口需求时,便启动一套专门应对在华子公司进口药品"倒算价格"的转移定价方案。首先,授权在华子公司在中国市场开展调研,如果是原研药,就可自主定价;如果与市场有相似药品,就在参考其他跨国药企价格的基础上定价。之后,调研人员将调研价格报给在华子公司财务部,需从药价中获得的行贿用款后,将含贿价报给位于英国总部的全球价格转移中心。转移中心在这一定价的基础上,再将总公司需赚取的利润包含在药品价格里,算出出厂价即口岸价。最后,GSKCI 向中国国家发改委申请单独定价,批准后即以口岸价进入中国医药市场。

(2) 关联企业间利用进口原料再加工实施转移定价　当 GSKCI 需要进口某种原料时,将原料订单发给英国总公司,总公司再将订单转给制作原料的位于塞浦路斯的子公司。根据公司整体利润要求,推算在交易的每个环节上各专业公司需要赚取的利润,再将这些利润包含在每一次交易的价格中,原料制作完成后按照计算好的价格销售给在意大利负责包装的分公司,再按确定的价格销售到在中国苏州的分公司加贴标签。最后,到中国市场就出现让患者难以接受的销售价格。

借助转移价格,葛兰素史克将在中国境内产生的大部分利润留在境外,从而达到在中国少交税的目标。2009~2012 年,GSKCI 主营业务收入约为 39.78 亿元、48.62 亿元、55.29 亿元、69.75 亿元,呈现持续增长态势;但同期营业利润约为 1.10 亿元、-0.47 亿元、0.60 亿元、-1.88 亿元,总体处于亏损。主要原因是同期主营业务成本(进货成本)呈逐年猛增之势,分别约为 30.39 亿元、37.13 亿元、43.16 亿元和 50.30 亿元。

讨论 题目

1. 转移定价的含义与特点。
2. 转移定价的实施形式。
3. 转移定价的实施目标。
4. 葛兰素史克在华转移定价的实质。
5. 葛兰素史克在华转移定价的特点。
6. 中国应对跨国公司转移定价的策略。

案例 分析

1. 含义与特点

转移价格也称作转让价格、划拨价格、调拨价格等,是跨国公司确定的一种内部价格,主要运用在母子公司之间、关联企业之间销售商品、提供劳务、技术转让,以及资金借贷等内部交易中。这种内部价格不受市场供求关系变化的影响及市场独立竞争原则的影响,而是跨国公司根据整体战略目标及整体利益最大化原则,主观确定的,是脱离市场供求关系的价格表现。所以转移定价具有独立交易原则下所没有的特点,即隐蔽性、破坏性、垄断性及不完全竞争性。

2. 实施形式

(1) 与母公司或关联企业办理进出口业务时"高进低出"或"低进高出"。

(2) 以机器设备、专有技术等作价投资时"低价高报"。

(3) 向母公司或关联企业支付超额特许权使用费、以低价或免费向母公司或关联企业提供特许权或其他无形资产。

(4) 向母公司或关联企业支付超额劳务费、技术培训费、设备租赁费或其他费用等。

(5) 与母公司或关联企业进行资金借贷活动时采取"高息借入"或"低息或免息借出"。

(6) 利用避税港实施转移定价。

3. 实施目的

(1) 降低整体所得税税负。

(2) 减轻或消除关税负担。

(3) 减轻或规避预提税。

(4) 获得较高的国内税务优惠和(或)出口津贴。

(5) 开辟并控制市场,增强竞争力。

(6) 规避价格管制,提高竞争力。

(7) 规避东道国汇回利润管制,降低外汇管制或汇率风险。

(8) 规避通货膨胀风险。

(9) 美化经营业绩,便利当地融资。

(10) 与地方政府保持良好关系或规避政治风险。

(11) 调节利润,引导东道国政府重新谈判跨国公司进入条件并制定新政策,以及规避来自合作伙伴、员工的麻烦。

(12) 自由调拨资金,合理配置资源。

4. 实质

(1) 进口成品药转移定价方案的实质　葛兰素史克把中国子公司和英国母公司需要在这次交易中窃取的利润不断加在成品药的定价中。在 GSKCI 财务部,把定价需求报给总部的价格转移中心时,这部分定价其实已包括中国子公司要赚的利润。总部的价格转移中心在计算口岸价时，包含产品实际的成本及母公司和子公司各自需要赚取的利润。最后在通过中国国家发改委的批准后产品就以这样一种不正常的价格进入中国医药市场。

(2) 进口原料转移定价方案的实质　葛兰素史克的药品研发、生产基地遍布全球，有专门进行药品研发的中心、专门生产药品原材料的基地、专门负责包装运输的子公司，从研发到生产，到包装、销售的整个网络布局，为葛兰素史克在全球范围内实现转移定价奠定坚实的基础。其中，关联交易再加工的环节越多，转移定价的次数也就越多，最后进入终端市场的价格也就越高。

更甚者，GSKCI 在国内还进行另一次"价格转移"。将报关进口虚高价格的药品，通过设在中国的工厂加工、包装出售，利用 GSKCI 药品出厂价与其中国工厂出厂价中间的差价，预提在中国的贿赂销售费用和目标利润。

5. 特点

(1) 定价脱离同类平均价格水平　葛兰素史克在为子公司制定价格时，最初也是经过市场调研，有一定的价格依据。但在后来的层层定价环节，出于子公司行贿需要、母公司转移利润等不合理的考虑，出现定价脱离市场正常价格水平的情况。即葛兰素史克通过转移定价，将高药价留给中国市场，将利润带回本国公司，给中国患者带来经济压力，并掏空在华子公司的利润。

(2) 转移定价的手段具有隐蔽性　葛兰素史克转移定价都是通过正常的销售贸易来实施，每个销售环节都有合法合规的合同支持，具有极强的隐蔽性。正常的海关例行检查通常难以发现其中暗藏的转移定价行为，并且这么多年在向中国国家发改委提供申请自主定价的资料时，也从未被发现其中的异常。

6. 策略

(1) 完善及落实中国新招商引资政策　重点是取消超国民待遇，落实国民待遇，建立服务与创新并重的新招商政策体系。

(2) 完善及落实相关法律法规　完善涉外税收法律法规（细化转移定价监管规定、纳税人举证责任等），落实关联申报及同期资料管理，推进和落实预约定价安排管理（建立完善的价格信息系统，扩大税收情报交换协定签订范围，鼓励双边或多边预约定价协定）。

(3) 完善避税监管机制　重点筛选避税嫌疑企业，深入开展转移定价调查，合理确定转移定价调整方法。

(4) 完善税收监管机制　建立"申报-审计-反避税"的纵向征管模式，加强同级部门横向协同作用。

(5) 完善转移定价税制与会计法、税法、公司法、反垄断法、反不当竞争法等制度的协调。

（6）加强国际税务协调与合作　加大签订国际税收协定的力度,加强税收情报交换工作。

资料文献：胡冰璇.跨国公司在华转移定价行为研究——以葛兰素史克为例[D].海南大学,2017：20-31.

案例二　江苏某外资企业转移价格

教学目标

熟悉转移价格的含义和特点,掌握运用转移价格的动因,掌握实施转移价格的方法以及对转移价格的稽查方法。

教学重点

转移价格实施的动因和方法。

案情介绍

2013年底,在历经5轮国际双边磋商后,中国国家税务总局和某国税务局就江苏一家外资企业双边预约定价安排达成一致：外方最终认可中国子公司毛利率比谈判前提高近1倍,追溯以前年度补税加利息近4亿元,未来每年将增加税款近6000万元。这场旷日持久的税收争夺战,最初源于2006年税务机关对该跨国企业不合理利润状况的调查。中国税务机关调查发现,该企业在2006年进入征税周期后,利润率水平陡降,扣除来料加工成本等因素,综合测算该企业含料的利润率不足1%。但依据其海外集团年报中所披露的盈利状况,其加权平均利润率水平远高于中国成员企业,明显存在通过关联交易转移利润的嫌疑。

讨论题目

1. 该外资企业在关联交易中采用了何种定价方法？该定价方法有何特点？
2. 该定价方法的实施有哪些动因？江苏外资企业主要是出于哪些动机？
3. 请分析该外资企业可通过哪些关联交易实施该定价方法？

案例分析

1. 定价方法及特点

（1）定价方法　江苏外资企业在关联交易中采用的是转移定价方法。

（2）特点　不是由市场成本决定，而是根据跨国公司整体利益最大化原则，由该公司特定管理部门通过行政方式确定。

2. 动因

（1）转移定价实施的动因　转移利润、规避企业所得税；减轻预提税；规避关税；获得较高的国内税务优惠和出口津贴；规避价格管制，提升市场竞争力；规避汇率、政治等风险和外汇管制；跨境套汇或套利；调拨资金（如由各子公司分担集中开发的开支，转移资金以求厚利，避免东道国对资金的限制）；抵消通胀的不利影响；利用东道国政府的出口鼓励、税收减免、当地筹资等优惠政策；美化公司业绩；获得产品低价格等竞争优势；进行利润调节，规避利润分享。

（2）企业的动机　该外资企业的转移定价是在 2006 年进入征税周期后开始实施的，因此其主要动机应是将利润转移至国外，以降低企业所得税负担，即主要出于规避企业所得税动机。

3. 实施方法

该企业可通过以下关联交易实施转移价格：高价进口低价出口的商品交易，从国外母公司或子公司高息借款，从国外母公司或子公司高价格引入专利和特许权等无形资产，从国外母公司或子公司高劳务费引入管理人员、技术人员等，从国外母公司或子公司高价格购置和租赁固定资产，向国外母公司高费用分摊研发费用、管理费用和财务费用等。

案例三　中国首个双边预约定价协议

教学目标

了解转移定价管理的主要措施,熟悉预约定价协议的内涵和优点,掌握预约定价的具体实施措施。

教学重点

预约定价协议的内涵及具体实施措施。

案情介绍

东芝复印机(深圳)有限公司是一家跨国公司,其材料、产品等交易均在中国深圳与日本母公司间办理,不可避免地面临转让定价调查问题。为使其经营既能符合中日两国要求,又能降低纳税成本,化解重复征税的风险,东芝复印机(深圳)有限公司提出尝试双边预约定价。2004年4月,深圳市地税局与东芝复印机(深圳)有限公司就该双边预约定价问题召开预备会谈,双方达成初步共识。日本国税厅也召开同样的预备会议。2005年4月19日,中国国家税务总局与日本国税厅在北京共同签署中国第一个双边预约定价安排,即中日关于东芝复印机(深圳)有限公司与其日本关联公司关联交易的预约定价安排。2005年9月9日,深圳市地方税务局受国家税务总局委托,与东芝复印机(深圳)有限公司正式签署预约定价协议。

讨论题目

1. 什么是双边预约定价协议?
2. 预约定价协议有何优点和弊端?

案例分析

1. 定义

企业就其未来年度关联交易的定价原则和计算方法,向税务机关提出申请,与税务机关按照独立交易原则协商、确认后达成的协议。

2. 优点与弊端

(1) 优点　第一,预约定价协议能较好地解决转让定价的滥用问题,使税务机关对关联企业采用转让定价由事后调整改为事前规范。第二,预约定价实际上是在纳税人与税务机关之间通过协商所达成的一种具有双向约束力的协议,有利于维护纳税人的权利,并且降低税务机关对转让定价调整的不确定性,帮助纳税人减少纳税的不确定性。第三,避免对跨国企业的双重征税问题。

(2) 弊端　第一,预约定价安排应用较复杂,需花费纳税人大量的人力、物力和财力;第二,受管理资源的限制,可能影响到签订效率和进度;第三,谈判中可能需要披露企业的一些敏感信息,需要企业通盘考虑。

跨国公司技术创新与转移

 海尔集团研发全球化战略

教学 目标

了解研发全球化的内涵和目的,掌握研发全球化的具体实施路径。

教学 重点

研发全球化的具体实施路径,海尔研发全球化的经验与启示。

案情 介绍

在全球化背景下,为适应全球大环境、谋求新的发展空间和技术优势,更好地给国际化战略实施提供技术支持,以及更充分地利用全球技术资源,跨国公司越来越多地将研发机构配置于海外。虽然中国企业研发全球化总体比例不大,研发全球化能力存在不足,但海尔集团却在研发全球化方面走在前列。2005年,海尔集团进入全球化品牌战略阶段,明确在海外市场要坚持创立自主品牌,建立本土化设计、本土化制造、本土化营销"三位一体"中心。

海尔集团研发全球化战略主要分为两个阶段。第一阶段为1998~2005年,主要通过直接投资的国际化路径在印尼、菲律宾和马来西亚国外生产冰箱和空调,然后在美国建立工厂和设计中心;第二阶段为2005年至今,运用全球资源在全球建立研发结构。截至2018年底,海尔集团在全球范围内已建成10大研发

中心和 HOPE 开放式创新平台、29 个海外生产基地、108 个工厂、14 万销售网点，基本形成线上线下互动融合的开放型创新生态系统。

因此，海尔集团之所以能在短短 10 余年时间里，在全球高端家电市场占据重要位置，与其依托全球化战略打造开放型创新体系、实施研发全球化战略、实现用户与全球资源零距离对接紧密相关。

讨论 题目

1. 研发全球化的内涵与目的。
2. 研发全球化的具体实施路径。
3. 海尔集团研发全球化的经验与启示。

案例 分析

1. 内涵

研发全球化是研发跨越国界的行为，是企业组织改变单一在母国的研发活动，通过多种形式将研发活动扩展到国外，以创新资源获取的全球性、创新人才的国际化、技术创新组织的国际网络化等为主要特征的技术创新范式。研发全球化已成为贸易全球化、生产全球化、金融资本全球化之后世界经济一体化的重要趋势之一。

2. 目的

研发全球化主要目的是在增量市场，满足本地化产品研发、跨境并购业务衍生的海外研发中心分布、与外包生产配套的研发活动等需求。

3. 实施路径

（1）与国外企业、高校或研究机构等开展合作研发。
（2）承接或外发离岸研发服务外包。
（3）与国外企业、高校或研究机构缔结跨国研发战略联盟。
（4）建立独资或合资的海外研发机构。
（5）跨国并购海外研发机构。
（6）在全球范围内雇佣研发人员。
（7）借助外国企业在华研发机构。

4. 经验与启示

（1）根据企业自身实际情况选择研发全球化路径　在研发全球化初始阶段，海尔集团就在欧美等具有国际竞争力的市场设立海外研发中心，坚持打造海尔品牌。选择以绿地研发投资的模式开展研发全球化，主要是因为家电行业进入壁垒较低，自身技术创新和研发能力较强，中国与美国等发达国家文化差异较大。因此，该模式适用于中国自身拥有先进技术且重视技术创新的企业。这些企业在开展研发全球化活动时，已具有领先的核心能力，相对来说竞争优势较强，可在国际市场上充分发挥其优势，增强国际竞争力。

（2）注重构建研发全球化的信息网络和创新平台　海尔集团在全球化技术创新和研发过程中，一直注重整合来自国际的研发资源，如在世界 16 个不同的国家或地区建立信息网络中心来支持研发全球化。

（3）坚持品牌与研发一体化战略　基于顾客满意度，可以提升品牌口碑和知名度的认识，海尔集团选择发达国家作为突破口，以质量好、价格低和服务优来吸引发达国家的消费群体，提高在发达国家的市场占有率，进而提升品牌地位。2005 年，海尔集团进入全球化品牌战略阶段，明确在海外市场要坚持创立自主品牌，建立本土化设计、本土化制造、本土化营销的"三位一体"海外研发和生产制造中心，以提升产品品质及品牌地位。

（4）坚持基础研究、应用研究和高科技产业一体化战略　据波士顿咨询公司 2019 年调查报告显示：中国企业以应用驱动型创新居多（90%），而技术创新者（10%）远少于美国（39%）。技术驱动型创新偏向技术创新，应用驱动型则注重商业模式、应用、内容层面上的创新。应用型创新的侧重使得行业门槛偏低、竞争壁垒薄弱、商业模式易复制，加剧市场激烈竞争，一旦碰到击中消费者痛点的新商业模式或技术创新者，将可能迅速丧失竞争力。但海尔集团在中央研究院和各研究中心、设计中心组成的系统下，已形成基础研究、应用研究和高科技产业化"三位一体"的良好格局，在前沿基础性研究方面不断取得创新成果，在高新技术研究方面不断形成自主知识产权的技术成果，在高新技术产业化方面不断形成新的技术产业，从而保持可持续性竞争优势。

参考文献：何勤勤. 国际化战略与企业研发创新能力：国际经验与中国例证[D]. 四川外国语大学，2017；高翔. 中国企业研发国际化现状及对策[J]. 智富时代，2019，(02)：3-4.

案例二　麦当劳在华特许经营

教学目标

熟悉特许经营方式的内涵与特点，掌握特许经营方式的优点和缺点，以及特许经营方式开展所需的必要条件和潜在挑战。

教学重点

特许经营方式开展所需必要条件和潜在挑战。

案情介绍

自 1990 年进入中国内地市场以来，麦当劳（中国）有限公司（简称"麦当劳"）一直以保守稳健著称。主要竞争对手百胜集团旗下的肯德基在 2000 年就开放特许经营。但麦当劳在华开展特许经营相对较为缓慢。2008 年，麦当劳低调开展特许经营业务，最初只有 3 位被特许人，但后来却因为种种原因被一度"冰封"；直到 2010 年，麦当劳才开始在江苏进行小规模试点，并将针对个人的传统式特许经营费用从 800 万元降至 200 万元；2011 年，麦当劳在云南进行针对企业的发展式特许经营试点工作，后来陆续在广东的部分城市以及福建、四川等地开放传统式特许经营业务；2013 年底，上海和深圳也被列入麦当劳最新的开放特许经营地区名单中。截至 2013 年底，麦当劳共拥有 46 位被特许人，经营着麦当劳 12% 的餐厅。2014 年 4 月 18 日，麦当劳才正式宣布将特许经营作为公司在华扩张的主要模式，将特许经营的比例从 2013 年的 12% 提升到 2015 年的 20%~25%，但该目标也远远低于麦当劳集团特许经营全球 80% 的平均比例。

讨论题目

1. 何为特许经营？该经营模式有何特点及优缺点？
2. 麦当劳为何到 2014 年才开始重视在华开展特许经营？

3. 麦当劳在华开展特许经营应注意哪些问题?

案例分析

1. 特许经营

（1）定义　特许经营是指特许经营权拥有者以合同约定的形式，允许被特许经营者有偿使用其名称、商标、专有技术、产品及运作管理经验等从事经营活动的商业经营模式。

（2）特点　契约性国际经营方式，经营内容一般限于特定业务，特许方利润主要来自加盟费，主要在服务行业使用。

（3）优点　投资少，进入快；分摊研发费用；延长技术周期；探测国际市场；提高企业声誉。

（4）缺点　培养潜在竞争对手，不易控制产品质量，收益依赖受权方，许让方存在名誉风险，低利润回报。

2. 原因

（1）行业扩容增速下滑、行业竞争加剧。如 2014 年底，麦当劳在华拥有 2 000 家餐厅，而肯德基餐厅总数已超过 4 400 家，德克士也超过 2 100 家。导致企业利润增长下滑，难以满足直营店巨额资金投入需求。

（2）餐饮行业的劳动力成本、租金成本普遍上涨，导致直营店经营压力加大。

（3）法律环境的完善，如 2011 年 12 月 12 日商务部令第 5 号发布《商业特许经营备案管理办法》，以加强对商业特许经营活动的管理，规范特许经营市场秩序。

（4）知识产权保护的加强，如 2013 年修订《中华人民共和国商标法》。

（5）对中国市场了解和掌握渐深。通常，特许经营趋向于首先进入文化差异很小或几乎可忽略的国家，而随着麦当劳在中国经历过 20 余年的经营，对中国市场已充分了解，基本能应对中美文化差异。而过去多年在全国市场的基础设施，也能有力保障特许经营的开展。

（6）国民素质的提高和诚信社会的建设，培育出诸多合格被特许人。

（7）一二线城市竞争的加剧，三四线及边远地区市场潜力的显现，推拉麦当劳的特许经营。

3. 注意问题

（1）针对不同市场采取不同经营策略。如主要利润来源和竞争激烈的核心城市仍以直营店为主，三四线城市和边远地区以特许经营为主。

(2) 设置合理特许经营门槛，挑选和培训合格的被特许经营人。

(3) 加强对被特许经营门店的管理和监控。如加强员工招录与培训、原材料采购等管理和监督，避免出现产品质量、售后服务等问题。

(4) 加强对技术，特别是核心技术的管理和保密，避免出现技术外泄。

(5) 在特许经营合同中加入同业竞争限制性条款等。

案例三　世界 500 强 M 公司在华特许权使用费

熟悉实施特许权使用费的目标与方法，掌握特许权使用费监管的主要措施、稽查方法和重点。

教学　重点

特许权使用费的目标、实施方法、监管措施和稽查重点。

案情　介绍

M 公司在世界 500 强排行榜上长期名列前茅，总部设在美国。1995 年该公司在北京投资设立外商独资企业，经过两次增资，注册资本高达 2 000 万美元。虽然 M 公司实力强大，但其中国子公司自设立以来几乎没有什么盈利。该企业财务报表显示，除个别年度微利外，多年来一直处于亏损状态，6 年累计亏损 20 多亿元。但从 M 公司所处的行业看，北京市该行业的平均利润率在 12% 以上，而该公司的平均利润率只有 －18%。

因此，中国税务机关开始对其进行反避税调查。调查发现，该公司累计亏损巨大，是因为利润的一半以上都要支付给美国母公司，作为提供研发服务和技术支持的特许权使用费。最终，M 公司的中国子公司补税及利息共计 8.4 亿元，按照企业目前销售规模测算，其未来每年将为中国增加税收 1 亿多元。

讨论题目

1. 什么是特许权？什么是特许权使用费？
2. 哪些产品交易容易涉及特许权使用费？
3. 跨国公司一般如何通过特许权使用费实现避税？
4. 监管部门对特许权使用费有哪些稽查方法和重点？

案例分析

1. 特许权

（1）定义　特许人授予受许人的某种权利（如商标、专利、专有技术、著作权等），受许人可在约定条件下使用特许人某种工业产权或知识产权。

（2）特许权使用费　受许人为取得知识产权权利人或其有效授权人关于专利权、商标权、专有技术、著作权、分销权或销售权等的许可或转让而支付的费用。

2. 重点产品

消费品类，如化妆品、服装、手表、首饰等；机械设备类，如大型设备、生产流水线、汽车零部件等；电子元器件类，如集成电路、印刷线路板等；药品食品类；影像书籍类，如电影音像制品、书籍、母带等。

3. 方法

（1）当受许人所在国企业所得税税率较高时，跨国公司往往通过索取高额特许权使用费，把利润从高税率国家转移出去，或分解转移技术价格、培训费、工程服务费等成本，向免税项目转移。

（2）当受许人所在国企业所得税税率较低时，跨国公司往往通过索取较低甚至是免收特许权使用费，把利润留存在低税率国家，以实现全球避税。如路透社与名为"税务研究"的英国独立调查机构为期4年的调查显示，星巴克采用一系列复杂的避税手段，如支付专利与版权费，利用公司的生产链，将利润分配给其他位于低税率国家的子公司，巧妙地降低本应在英国缴纳的税款。

4. 监管重点

（1）是否真实　企业向境外关联方支付特许权使用费，主管税务机关可要求企业提供其与关联方签订的合同或者协议，以及证明交易真实发生并符合独立交易原则的相关资料备案。

（2）是否合理　企业与其关联方转让或受让无形资产使用权而收取或者支付的特许权使用费，应当与无形资产为企业或其关联方带来的经济利益相匹配。

（3）监管方法

① 通过日常征管中掌握的数据和信息，例如企业所得税年度汇算清缴的关联申报信息和同期资料、进出口退税数据、企业特殊事项交易比如企业重组、企业涉税事项备案等发掘具有避税特征的企业。

② 利用大数据、网络爬虫技术等开展纳税评估，根据数据模型与数据库比对，对企业申报数据异常的情况进行分析发现嫌疑企业；通过税务稽查、反避税调查、情报交换等手段掌握企业避税动向，来锁定避税嫌疑企业。

③ 税务、海关、银行、工商、统计、证券、商务、外汇管理等部门进一步整合内部及外部信息，实施联合稽查。

（4）特别纳税调整　与经济利益不匹配而减少企业或其关联方应纳税收入或者所得额的，税务机关可实施特别纳税调整。未带来经济利益，且不符合独立交易原则的，税务机关可按照已税前扣除的金额全额实施特别纳税调整。企业向仅拥有无形资产所有权而未对其价值创造做出贡献的关联方，支付特许权使用费，不符合独立交易原则的，税务机关可按已税前扣除的金额全额实施特别纳税调整。向境外支付特许权使用费是否会被税务机关作纳税调整，非以代扣代缴税款为标准，应以企业向境外支付特许权使用费真实、合理为前提。企业向境外支付不合理的特许权使用费，税务机关将依法进行调整。

案例四　浙江正泰电器海外知识产权维护

教学目标

熟悉企业海外知识产权争议产生的主要原因，掌握企业维护海外知识产权的主要策略。

教学重点

知识产权争议产生的原因，知识产权维护的主要策略。

案情 介绍

随着越来越多低压电器民营企业走向国际市场,品牌知名度不断提升,世界范围内的知识产权纷争不断增加,中国企业逐渐成为受害者。中国低压电器产品如小型断路器、插座等产品,由于同质化严重,在产品的类型、制作流程、技术含量、材料等方面差异较小,且容易被模仿,知识产权侵权现象更为严重。

浙江正泰电器股份有限公司(简称"正泰电器")是温州低压电器行业的龙头企业,产品畅销世界多个国家和地区,其名下驰名商标"正泰"具有极高的知名度和美誉度。

2006年,正泰电器发现施耐德电气低压(天津)有限公司(是施耐德电气公司在中国注册的合资企业;施耐德电气公司总部在法国,是一家输配电、自动化与工控行业领域的跨国企业,名列全球500强企业)生产的5个型号产品侵犯其专利权,起诉至温州市中级人民法院。涉案的专利产品低压小型断路器,是广泛应用于建筑工业及民用住宅的常规控制开关产品。正泰电器在1997年11月份就向中国国家知识产权局申请了一种名称为"高分断小型断路器"的新型专利。

最终,争执近3年的浙江民企正泰电器"叫板"跨国巨头施耐德专利侵权纠纷一案,以施耐德公司赔偿金额3.3亿元人民币达成全球和解。正泰电器的胜诉打破了中国企业在和跨国公司维权过程中的心理弱势,为国内民营企业的积极维权打下了坚实的基础,低压电器龙头企业的良性竞争也促进了行业的健康发展。

讨论 题目

1. 海外知识产权纠纷产生的主要原因有哪些?
2. 该案例对中国企业维护海外知识产权有何启示?

案例 分析

1. 原因

(1)企业知识产权保护意识薄弱 部分企业忽视专利、商标、技术秘密等知识产权的保护,造成中国企业的品牌商标被外商恶意抢注并占为己有,从而形成知识产权贸易壁垒,以力图通过合法手段延缓和阻止中国对手进入本地市场,获取垄断利润。

(2) 知晓海外知识产权侵权信息途径有限　部分中国企业由于不熟悉国际市场规则,缺乏品牌国际化的长远规划,直到准备拓展国际市场时,才想到在该国注册商标。但此时会发现其商标早已经在他国被抢注并已获准注册。

(3) 海外维权成本高、程序复杂、耗时长　按照中国相关法律规定,域外形成的证据需公证认证,涉及外文时需要翻译,导致维权成本高企。如中国台湾地区版权诉讼,首先需要权利人的主体资格、授权书等一系列文件,在中国台湾地区的相关行业协会,或者相关部门公证,其次由台基会转递,转递到需要维权所在地的省市,公证认证后才能使用。如果涉及外文程序会更加复杂。在顺利的情况下,做完一套合格的域外证据的流程需要 3～6 个月,花费大量的金钱和精力。此外,知识产权维权诉讼从准备证据开始,经历管辖权异议、一审、二审到最后判决的执行,往往需 1～3 年。期间,侵权方已通过抢占市场获取到足够多的利益,最终结果往往是权利人赢了官司输了市场。

2. 策略

(1) 企业提高自身知识产权防范意识来保持国际竞争力　面对海外知识产权侵权,最积极的态度是,企业力争通过一切法律、行政等途径夺回商标专利等。企业要不断探索研发,保护自身的核心技术不被侵犯;在技术创新、实施、应用阶段,要有一套完整的保护知识产权的措施;要学会利用知识产权保护制度为本企业在全球竞争中支起一把强有力的保护伞。

(2) 政府为企业知识产权维权提供部分补贴支持　目前,中国企业在海外注册商标成功且拿到证书后,会享受当地政府提供的 50% 补贴。但企业在对外处理商标专利侵权案件或商标异议复审的费用则由企业自身承担,政府不给予补贴。希望国家相关部门考虑将其纳入补贴范围,为企业对抗侵权案件提供坚实的保障。

(3) 国家因需设立海外知识产权纠纷应对指导中心　2019 年 7 月 10 日,中国海外知识产权纠纷应对指导中心成立,旨在聚焦海外知识产权纠纷应对存在的难点和痛点,构建国家层面海外知识产权纠纷信息收集和发布渠道,建立中国企业海外知识产权纠纷应对指导与协助机制,提高企业知识产权纠纷防控意识和纠纷应对能力。同时,推动更多中国企业了解、尊重和运用其他国家或地区的知识产权制度规则及国际经贸信息,提升海外知识产权保护和运用能力。

(4) 加大知识产权保护的宣传教育力度　通过新闻机构、社会团体及行业协会等各渠道,加大对知识产权保护的宣传,以提高企业对海外商标的注册及保护意识。一方面,通过新闻媒体以客观真实的案例加以宣传,另一方面,行业协会可建立知识产权专职部门或小组,做好各国完整的相关专利技术检索分析,建立与知识产权方面的权威公共共享法律资源平台,为企业在国际化进程中的专利纠纷提供及时、可信的法律支持,提高企业知识产权保护的自我意识和自我维权的能力,加大对自主创新和品牌建设的培育力度。

参考文献:王佳秀.低压电器企业海外如何维护知识产权[J].中国机电经贸,2019,(08):9-10.

案例五 电建海投 BOT 国际经营模式

教学 目标

了解 BOT 的定义、特点和优缺点,熟悉 BOT 模式下的融资压力和风险,掌握如何降低海外项目融资困难和融资风险的策略。

教学 重点

BOT 模式下的融资压力和风险,降低项目融资困难和融资风险的策略。

案情 介绍

2012 年,原中国电力建设集团国际公司拆分,成立中国电力建设集团海外投资有限公司(简称"电建海投"),专注于海外投资业务市场开发、项目建设、项目运营与投资风险管理,是中国建筑类央企中首家海外投资公司。2015 年 4 月,电建海投以 BOT 模式斩获在"中巴经济走廊"投资项目清单中排在首位的卡西姆港燃煤应急电站项目,充分体现其在海外项目运营与风险管理方面累积的竞争优势。

作为海外工程投资的专业企业,电建海投在参与国际工程中率先探索特许经营权(build-operate-transfer,BOT)模式,逐渐将其发展成为该公司参与国际工程的主流模式,并不断创新融资管理,在风险管理方面积累起丰富经验。

国际工程承包的另一种主要模式是工程总承包的 EPC 模式(engineering

procurement construction)。在 EPC 模式下，工程项目包含两个节点：一是项目建设之初，国外业主通过买方信贷获得融资，承包商同时参保信用保险；二是水电站项目建设完成后，承包商通过应收账款买断等方式收回全部资金，国外业主开始偿还贷款。因此，EPC 模式具有"短平快"的特点，从当期收益的角度考量更受企业欢迎。相比较而言，BOT 模式则投资额更高、周期更长、风险更大，需要企业具备更强的项目运营能力。但在有一定量的项目进入运营期之后，企业的投资收益就相当可观。中国企业"走出去"集中的周边国家，基本都属于"重债穷国"。对于这些国家而言，此前大量的基础设施建设已透支未来几十年的财政收入，获得的信贷支持已非常有限，即便中国政策性银行提供的"两优贷款"可提供 2% 的年利率、20 年期限的优惠条件，还本付息仍是其难以承受之重。在 BOT 模式下，东道国以未来的部分运营收益取代还款压力，并拓展东道国改善基础设施建设的空间，因而更受东道国的欢迎。这也是电建海投能在"中巴经济走廊"中脱颖而出的重要原因。但需注意，电力投资行业是典型的资金密集型行业，具有建设周期长、投资规模大等特点。特别是 BOT 模式，具有建设期和还款期长、项目金额巨大、融资结构复杂等特点。各国出口信用保险机构和商业银行基于风险考虑，往往对相关项目提供中长期资金持谨慎态度，导致电建海投等 BOT 运营商承担巨大的融资压力和风险。

讨论 题目

1. 何为 BOT？该模式有何特点及优缺点？
2. 电建海投应如何化解 BOT 项目融资压力和风险？
3. 中国政府应如何降低海外 BOT 项目融资困难和融资风险？

案例 分析

1. BOT 的本质

（1）含义　　BOT 实质上是基础设施投资、建设和经营的一种方式，以政府和私人机构之间达成协议为前提，由政府向私人机构颁布特许，允许其在一定时期内筹集资金建设某基础设施，并管理和经营该设施及其相应的产品与服务。

BOT 在历经百年的发展过程中，逐步衍生出 BOOT（建设-拥有-运营-移交）、BOO（建设-拥有-运营）、BOOST（建设-拥有-运营-补贴-移交）、BLT（建设-租赁-移交)、BT(建设-移交)、BTO(建设-移交-运营)、ITO(投资-运营-移交)、ROO(改造-运营-拥有)、LBO(租赁-建设-经营)、BBO(购买-建设-经营)、TOT(移交-运营-移交)等多种模式,这些模式都属于广义的 BOT 概念。

(2) 特点 BOT 具有市场机制和政府干预相结合的混合经济的特色。

① BOT 能保持市场机制发挥作用。BOT 项目的大部分经济行为都在市场上进行。政府以招标方式确定项目公司的做法也包含竞争机制。作为可靠的市场主体的私人机构是 BOT 模式的行为主体,在特许期内对所建工程项目具有完备的产权。如此,承担 BOT 项目的私人机构在 BOT 项目的实施过程中的行为,完全符合理性经济人假设。

② BOT 为政府干预提供有效途径。虽然 BOT 协议的执行全部由项目公司负责,但政府自始至终都拥有对该项目的控制权。在立项、招标、谈判等阶段,政府的意愿起着决定性的作用;在履约阶段,政府又具有监督检查的权力,项目经营中价格的制订也受到政府的约束;政府还可通过通用的 BOT 法来约束 BOT 项目公司的行为。

(3) 优点 降低当地政府的财政负担;政府可避免大量的项目风险;组织机构简单,政府部门和私人企业协调容易;项目回报率明确,严格按照中标价实施,政府和私人企业之间的利益纠纷少;有利于提高项目的运作效率;BOT 项目通常由外国公司承包,会给项目所在国带来先进的技术和管理经验,并促进国际经济的融合。

(4) 缺点 公共部门和私人企业往往都需要经过长期的调查了解,谈判和磋商过程,以至项目前期过长,投标费用过高;投资方和贷款人风险过大,使融资举步维艰;参与项目各方存在某些利益冲突,给融资造成障碍;机制不灵活,降低私人企业引进先进技术和管理经验积极性;在特许期内,政府对项目减弱甚至失去控制权。

2. 企业融资

(1) 在选择境外 BOT 项目时,首选政策性银行认可的项目,以充分利用国内商业银行在流动资金贷款上的优势和政策性银行在项目融资方面的优势,并充分运用境内银行融资、境内发行债券、内保外贷、卖方信贷、出口信用保险等融资工具,确保公司资金链安全。

(2) 积极筹建海外投融资平台公司,开拓海外融资渠道,如发行海外人民币债券、美元债券、为境外投资项目引入战略投资者等。

(3) 利用国际金融市场上常见的套期保值工具开展融资创新,降低融资成本。

（4）在选择境外 BOT 项目时，谨守国家的政策导向，以充分利用中国针对境外投资合作项目的资本金投入、直接补助及贷款贴息的专项资金支持，进一步降低融资成本。

（5）转换角色定位，将各类社会资本引入 BOT 项目中，实现由单纯建筑商向投资商、运营商、综合服务商转变。

（6）健全与金融机构的合作共赢机制，合理分配企业的商业条件与金融机构的贷款条件，形成企业和金融机构紧密合作的联合体，提高整体竞争力。

（7）邀请拟合作和（或）已合作的各类金融机构通过融资前置的方式及早参与到项目商谈中来，发挥顾问作用，审查相关项目合同，以提高项目的运作效率和成功可能性。

中国国际工程企业在与世界一流工程企业同台竞争的过程中，只有与金融机构建立更紧密的命运共同体，掌握更多的金融工具和方法，扬长避短，做好融资风险管理工作，才能在全球化过程中行得更远。

3. 政府策略

（1）提高与项目所在国特别是"一带一路"沿线国家双边货币互换额度，以推动双边贸易、投资项目的人民币结算，降低融资风险。

（2）重点发挥国家开发银行、金砖国家开发银行、亚投行等政策性金融机构的作用，推动其为遇到经营困难的项目提供低成本、期限合理、多样化本外币的资金信贷支持。

（3）着力促进政策性金融与商业性金融的合作，由政策性金融机构推动发起联合银团贷款，带动商业性金融机构加大对海外项目的融资供给，以解决政策性金融体量相对较小、市场覆盖范围有限，以及商业性金融风险偏好相对较低等问题。

（4）推动中国保险机构，特别是出口信用保险等政策性保险机构，与项目所在国相关机构合作，通过推出更多险种、降低保费、扩大保险范围、简化理赔流程、提高理赔效率等方式，为相关项目提供保障，降低项目实施风险。

跨国公司组织管理

案例一 中国国企海外组织结构选择与优化

了解跨国公司组织结构的主要类型和发展趋势,熟悉国际业务部组织结构的内涵和特点,掌握国际业务部组织结构的适用条件和跨国公司组织结构演变的主要路径,运用跨国公司组织结构理论分析和指导中国国有企业海外组织结构构建的原因和发展路径。

教学 重点

中国国企选择国际业务部组织结构的原因,国际业务部组织结构对企业国际化经营的制约影响,中国国企国际组织结构演进的可能路径。

案情 介绍

2015年11月,德勤中国发布对中国央企和地方大型国企所做的有关国企国际化和"一带一路"问卷调查分析报告显示,约九成受访国企已为国际化设置或集中或分散的组织结构,近六成受访国企是由一个国际业务部(或其他名称的部门)集中规划管理其海外业务,但有24%的国企海外业务的管理职能分散在各个业务板块,6%由海外分支机构自行管理。更值得担忧的是,有约一成受访国企没有固定职能部门管理海外业务,说明这类企业的海外业务管理处于无序状态，在组织结构方面还未做足准备。特别是中国60%的受访国企采用的是国际业务部结构，表明中国企业国际化经营主要处于起步阶段。

讨论题目

1. 传统的跨国公司组织结构主要有哪些类型？目前呈现出哪些发展趋势？
2. 何为国际业务部组织结构？有何特点？
3. 中国60%的国企为何选择国际业务部组织结构？
4. 该组织结构对中国国企国际化经营有何不利影响？
5. 中国国企应如何改进其国际组织结构？

案例分析

1. 类型

传统的跨国公司组织管理结构主要有母子结构、国际业务部、全球职能结构、全球地区结构、全球产品结构、全球矩阵结构、全球混合结构，但目前呈现出扁平化、网络化和虚拟化等新的趋势和特点。

2. 国际业务部组织结构

（1）内涵　国际业务部结构是指在母公司国内结构中增设一个国际业务部，该部设有与总部各职能部门基本对口的职能部门，由国际经营管理专家和其他人员组成，通常由企业副总经理负责并受母公司总经理直接领导，代表总部管理和协调本企业所有国际业务。

（2）特点　在国际业务部结构中，国外子公司一般不与企业总部建立直接的汇报关系，不直接接受母公司最高管理者的指示。而是与国际业务部联系，且这种联系涉及计划、采购、生产、财务、销售、研发、人事和情报交流等各方面，即国外子公司与母公司之间开始通过国际业务部构建一种相对较为正式的联系。

3. 选择原因

国际业务部往往在进出口部门基础上发展而来，是适应跨国公司国际化初步发展阶段的一种组织结构。通常适用于如下条件：国际化程度低，海外收入占比较低；产品多样化程度较低，生产规模不是很大；各子公司在地理上的分散程度有限；国外环境对国际经营活动的影响不大；管理人员缺乏国际经营的经验。当前,中国国有企业国际化经营正好符合这些条件。

4. 不利影响

现阶段中国国企选择国际业务部组织结构具有一定的合理性,但该组织结构也存在一些缺点,进而制约企业国际化经营。

(1) 影响国外子公司对国际市场的反应速度　国际业务部不是国际企业的最高决策机构,只是作为国内母公司和国外子公司的中介桥梁,以实现信息的上传下达,容易造成时间拖延,延误市场机会,影响决策效率,最终影响海外企业的国际竞争力。

(2) 内外销之争会影响整体业绩　国际业务部结构使国内部和国际部完全分开,容易导致内外销相互争夺资源和业绩而产生纷争,加之两者信息沟通不够直接畅通,进而影响企业整体业绩和形象。

(3) 公司整体管理才能难以发挥　国际业务部组织结构仍以国内部门为主体,在公司整体决策中占较大比重,国际业务部并无支配权。由于投入限制而无法完全掌握子公司所在国的经营环境,致使国际业务部协调和支持海外经营活动的能力有限,统一制定的有关决策恐难适应子公司的发展。

5. 如何改进

跨国公司组织管理理论认为,跨国公司国际组织结构调整须坚持适应技术与产品要求、适应地区和环境要求、适应职能和环境要求等原则,即企业国际组织架构必须高度适应国际市场运行实际情况。随着国际化经营的深入,特别是随着产品/服务多元化和经营地区多元化的发展,中国国企国际组织结构必然发生变化。其变化主要有两种路径:全球战略和地区战略。

(1) 全球战略　跨国公司从全球角度出发,合理安排有限资源,抓住全球性机遇,进行全球性选择和部署,确定全球性战略目标;决策者不受民族、国家的限制,考虑在全球范围内实行资源的最优化配置,取得最佳的长期总体效益。但战略难以适应各东道国的特点,难以适应各国不同的情况。该战略强调在全球生产成本最低的国家或地区进行产品生产和提供服务,然后统一提供给全球消费者,即注重全球产品种类的多样化和生产成本的最低化,而忽视地区的差异化。

(2) 地区战略　跨国公司注重地区资源和条件差异,着力寻求地区调适最大化,即跨国公司广泛地改造其提供的产品和营销策略,以适应不同的国别条件。

中国国企在国际化经营过程中,可在权衡全球战略和地区战略的基础上选择相对最优的国际组织结构,图 8-1 的决策图可为该选择提供理论依据。

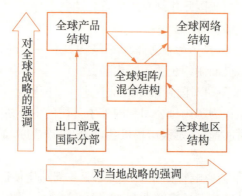

图8-1 跨国战略、国际组织结构演化决策图

参考文献：查贵勇.我国国企国际组织架构选择与优化路径分析[J].对外经贸,2016,(03):122-123.

案例二　工业互联网成跨国公司组织管理新形态

【教学目标】

了解工业互联网的内涵和发展意义,熟悉工业互联网推动工业经济转型发展的机制,掌握工业互联网的发展策略。

【教学重点】

工业互联网推动工业经济转型发展的机制,工业互联网的发展策略。

【案情介绍】

当前,全球工业互联网正处在产业格局未定的关键期和规模化扩张的窗口期,发达国家围绕核心标准、技术、平台等加速布局,其中美、德两国保持领跑,日本、韩国、法国、印度、巴西等国纷纷加快追赶步伐。

美国将工业互联网作为先进制造的重要基础,其主导的工业互联网联盟汇聚 38 个国家和地区的 270 家企业,正试图成为全球工业互联网发展枢纽;德国将工业互联网作为工业 4.0 关键支撑,集聚龙头企业推进标准、开发、试验等工作,已成为全球工业互联网发展的重要推动力量。

鉴于此,跨国巨头纷纷积极打造"国际品牌、高端产品、先进平台"立体新优势,致使工业互联网平台成为全球竞争焦点,呈井喷式发展,目前已超 150 个。通用电气 Predix 平台覆盖风电、航空等领域,集聚 2 万开发者,已开发 160 种 APP;墨西哥水泥是全球最大水泥厂商之一,从整合流程、数据开始,率先建立起企业平台,消除信息和流程上的"孤岛",并将平台拓展到整个水泥的全产业链,逐渐发展为生态圈,已有 2 万多个生态伙伴入驻该平台,从订单到收款等流程都被整合在平台之上,客户可自主享受全面、无缝的服务。

中国工业经济正处于由数量和规模扩张向质量和效益提升转变的关键期,支撑发展的要素条件发生深刻变化,面临发达国家制造业高端回流和发展中国家中低端分流的双重挤压,迫切需要加快工业互联网创新发展步伐,推动工业经济从规模、成本优势转向质量、效益优势,促进新旧动能接续转换,快速构建中国制造业竞争新优势,抢占未来发展主动权。2020 年政府工作报告,第二次重点提及工业互联网建设,并从"打造工业互联网平台"提升为更加全面的"发展工业互联网",国家对于工业互联网建设的推动和支持力度在不断加大。

在行业发展趋势和国家政策推动下,中国制造业企业也纷纷投身于工业互联网建设,逐步将商业模式从"卖产品"转变为"卖产品和服务"。如三一重工推出工业物联网平台"根云",目前已在 45 个国家和地区运转,为各行业企业提供基于物联网、大数据的云服务,并据此拓展业务空间。2019 年 9 月,上海电气正式建立"星云智汇"工业互联网平台,并成立专注于人工智能与大数据技术的智能化装备、软件产品研发的上海电气慧程智能系统有限公司,以对外提供包含咨询、设计、实施、售后服务的一站式智能系统工程及集成服务,将实现上海电气工业互联网对外赋能。徐工集团工程机械有限公司旗下的汉云工业互联网平台,已对接建筑施工、高端装备制造、新能源等 70 多个行业。截至 2019 年底,华为已在全球构建 13 个面向企业市场的 OpenLab,从联合解决方案创新、营销、人才培养、财务、供应链、IT 系统等方面给予合作伙伴大力支持,持续提升伙伴业务能力,助力伙伴转型,实现与华为的合作共赢。

前瞻产业研究院数据则显示:2018 年中国工业互联网市场规模逾 5 300 亿元,同比增长 14%;随着 AI 和 5G 产业逐渐推广,工业互联网有望进一步加速产业发展,有望以 15.2% 的复合年均增长率增长至 2023 年万亿元以上。

讨论题目

1. 何为工业互联网?
2. 为何要发展工业互联网?
3. 工业互联网如何推动工业经济转型与发展?
4. 如何发展工业互联网?

案例分析

1. 概念

工业互联网是嵌入生产制造过程中的平台,是生产制造转型升级、生产智能化、产品高质量定制、制造服务融合的平台,是新一代网络IT与制造业深度融合的产物。工业互联网是工业实现数字化、网络化、智能化发展的重要基础设施,是传统制造业转型升级、先进制造业智能化发展的关键,主要通过人、机、物的全面互联,全要素、全产业链、全价值链的全面连接,推动形成全新的工业生产制造和服务体系,成为工业经济转型升级的关键依托。即工业互联网在"互联网+工业"的基础上,充分理解工业客户的应用场景和需求痛点,已成为制造企业转型升级的必然选择,也是数字经济发展的重要组成部分。

2. 意义

在互联网生态下,信息的快速流动和透明化必然带来商业模式的创新,对人的数字化、物的数字化、企业经营的数字化,将促进供给与需求的精准化匹配,提升社会再生产流通效率。因此,必须引导企业加速数字化升级,化危为机,更深层次推动数字化,使得数字经济异军突起。

(1) 数字经济发展进入快车道 2018~2022年,全球数字经济复合增长率达36%;到2022年,全球数字化GDP将达46万亿美元,占经济总量46%。

(2) 数字化转型是数字经济的核心驱动力 据测算,2019~2021年,数字化转型方面的直接投资将达5.5万亿美元,将对工业互联网产生巨大需求。

(3) 数字化转型领先者和落后者的差距正在拉大 根据IDC对全球企业的研究,数字化的企业可以保持销售额年均10%以上的增长,利润年均12%以上的增长,而非数字化的企业则是持平或下降。在此背景下,洞悉客户新需求、创造企业新能力、建设IT新架构、打造行业新生态,已成为企业赢得未来新竞赛的四大策略。鉴于此,诸多企业拟利用数字技术(如云计算、移动、大数据分析、社交和物联网)和能力,推动其业务模型和业务生态系统变化的方法达到数字化转型。其中,以人工智能、物联网、云计算等新一代信息技术和工业融合为主的工业互联网将成为优先选择。

3. 工业互联网推动工业经济转型升级的机制

数字化对现代社会的渗透,从本质上来说,是通过两种路径实现的,即新场景的构建与对现有场景的改造。在生产方面,工业互联网融合 5G、云计算、大数据、人工智能等新一代信息技术,在供需对接、物资统计、产能提升、云排产、云检测等场景上体现出得天独厚的优势。工业互联网不仅将更多线下业务搬到线上,实现流量快速聚集、用户体验与持续运营及服务精准化,并通过对企业数字化改造,深挖工业数据资源价值,构建以数据资源为核心的生产体系,充分发挥数据资源的价值,推动制造业企业生产模式升级,助力企业实现提质增效降本。此外,云计算、大数据、AI 等更能借助算力算法辅助完成生产决策。

4. 发展策略

(1) 贯彻深度融合理念　数字化转型的起点或许是消费场景,但随着转型的持续深入,借助数据、算法、产品、技术和经验,促进产业链上下游的无缝对接、供需的高度匹配,工业互联网驶入"快车道",最终实现全要素、全产业链、全价值链的全面连接。主要体现在 5 个方面。

① 技术融合。以云计算、大数据、人工智能、区块链等新一代信息技术与实体经济的深度融合为主体。

② 产业融合。制造业与服务业的边界日趋模糊,推动制造业服务化与服务业制造化。

③ 组织创新。开放式的研发设计和生产组织方式。

④ 要素重组。数据、创新要素和生产要素的跨境流动和全球化配置,以及供应链和产业链的高度全球化分工合作。

(2) 重视基础设施对工业互联的作用　在数字化转型过程中,尤其要重视基础设施与基础要素。从政府角度看,作为公共服务供给方,为快速提高服务效率,提升服务质量,必然会加快推进基础设施的数字化改造和公共服务的数字化转型。而以 5G 为代表的工业互联网内外网、标识解析体系、工业互联网平台、安全态势感知平台、工业互联网大数据中心等信息基础设施,恰好为工业互联网提供物质载体和技术保障。因此,2020 年中国政府工作报告强调,要加强新型基础设施建设,发展新一代信息网络,拓展 5G 应用,以为工业互联网发展夯实基础。

(3) 加强数字产权的保护　数据作为工业互联网创新发展的基础要素,其性质界定与权利归属、开放共享与市场准入、行业监管等都决定了工业互联网的活跃程度。因此,中国需加快数据信息保护的立法,提高数据信息保护的强度和实效,为数据信息的收集、归属、共享、利用、保护,创造公平、公正、透明的营商环境,以实现数字信息利用与安全、数字经济效益和社会效益的两手抓、两手硬。

(4) 加快多领域的应用推广　工业互联网通过对企业进行数字化改造,深挖工业数据资源价值,构建以数据资源为核心的生产体系,推动中小企业生产模式升级,形成大企业建平台,中小企业上平台、用平台的协同共进格局,实现大中小企业融通发展。因此,政府、企业应该着力通过技术层面(云基础设施、时间敏感网络、边缘计算等)和商业模式层面(企业 SaaS 服务-软件即服务、企业金融服务-企业在线支付、企业在线征信、5G 工业模组等)的积极创新,不断推动制造业数字化转型。如在 2020 年新冠疫情中,工业互联网应用于生产制造、物资配置、医疗救治、疫情防控等诸多场景,更是体现出在助推国家治理体系和治理能力现代化过程中的重要作用。

(5) 注重发挥溢出效应　企业不应仅将视角停留在企业内部以及同行业的竞争者,还必须拥有全局观,借助工业互联网积极寻求资源能力互补的外部合作方,实现"集团作战、共创价值";企业管理者则需要从企业战略思维上升到工业互联网系统模式思维的高度,通过对利益相关者进行"赋能"和"使能",达到提高工业互联网系统整体竞争力的目标。因此,工业互联网企业应从更高的层面着眼,从为单个企业赋能上升到为整个产业赋能、为区域经济发展赋能,并将成效真正落到实处。第一,核心大企业需要树立工业互联网生态系统思维,吸收中小微企业加速向生态"核心平台"靠拢,并重新探讨价值创造逻辑、价值衡量标准和价值分配方式,以提升整个生态系统的竞争力和盈利能力;第二,具有一定规模的企业应加速整合和抱团取暖,加强企业自律,减少恶性竞争。

(6) 政府加强工业互联网建设金融支持　加强对企业尤其是制造企业的金融支持,如对"工业互联网＋5G"在建项目和新开工项目提供资金保障,不仅能帮助企业解决迫在眉睫的问题,也能让其更好地投入到转型升级中。同时,积极支持工业互联网企业探索推动工业互联网平台采集的大数据作为"动产"质押融资新模式,缓解抵押物不足与信息不对称导致的融资难与融资贵问题。

参考文献:路虹.工业互联网风起[N].国际商报,2019-10-30:08;孟妮.以工业互联网推动制造企业转型升级[N].国际商报,2020-05-27:03;徐晓兰.疫情"压力测试"助工业互联网勃兴[N].国际商报,2020-03-11:04;查贵勇.

案例三　耐克虚拟型组织结构

教学目标

熟悉虚拟型组织结构的内涵和特点，掌握虚拟型组织结构的优势，能运用虚拟型组织结构理论分析实践案例。

教学重点

虚拟型组织结构的特点、优势，虚拟型组织结构理论的运用。

案情介绍

著名的耐克不用一台生产设备，却缔造了一个遍及全球的帝国。为实施虚拟化生产，耐克将设计图纸交给处于世界各地的生产厂家，让其严格按图纸式样生产。随后由耐克贴牌，并通过该公司的行销网络将产品销售出去。耐克的这一战略，不仅充分利用当地廉价的劳动力，极大地节约了人工费用，并节约了大量的生产投资以及设备购置费用，从而能保证耐克最大限度地整合各地资源，这种模式充分实现了优势互补的作用。这也是耐克运动鞋之所以能以较低的价格与其他名牌产品竞争的一个重要原因。

讨论题目

1. 本案例中，耐克采用了何种组织结构？其内涵是什么？有何特点？
2. 结合案例分析该组织结构的优势。
3. 该组织架构对中国企业有何启示？

案例分析

1. 组织结构

(1) 类型　耐克采用的是虚拟型组织结构。

（2）内涵　虚拟型组织是一个由市场机会推动和定义的各个组织核心能力的集合体，是一种超越部门与组织边界，依据项目目标需要进行资源的"无边界"整合的组织形式。

（3）特点　该组织结构具有功能专门化、运作方式合作化和存在方式离散化等特征。

2. 优势

通过组织结构虚拟化，各个企业可充分利用合作伙伴已有的资源来加强自己的发展。且虚拟化组织结构一旦形成，企业便可凭借其强大的规模优势加速对市场的影响力，从而提高自身竞争能力。

案例中的耐克，正是通过与代工厂建立虚拟型组织结构，充分利用代工厂劳动力廉价、规模效应明显、专业化生产效率高等优势，与自身在产品设计、研发、品牌、市场营销等战略环节的优势相结合，在保证加工水平和产品质量的基础上又获得价格优势，从而进一步强化自身竞争能力，提高市场占有率和盈利能力。

3. 启示

中国企业应充分利用虚拟型组织结构，通过与其他企业建立稳定的虚拟组织型结构。在把握战略环节竞争优势的基础上，将非战略环节让渡给合作企业，重构价值链体系，实现与合作企业的资源优势互补。在产品创新、技术研发、市场营销、代工生产方面实现优势共享，并充分利用专业生产经验、规模经济效应等优势，进一步提升核心竞争力。

案例四　海尔集团生态型组织管理模式

教学目标

了解生态型组织系统理论的主要观点，掌握和运用生态型组织系统价值创造机制。

教学重点

生态型组织系统价值创造机制，海尔集团生态型组织系统的运用。

案情介绍

不断涌现的新技术与新商业模式颠覆了原有的企业竞争格局，依赖单纯产品且在既定产业边界内展开竞争的场景将越来越少，更多的是具有不同资源能力的企业之间形成合作，基于一个生态系统共同进行价值创造。企业的竞争从"单打独斗、独创价值"变成"集团作战"，共创"生态价值"。如基于云服务进军实体零售、医药、汽车等多个领域的亚马逊，拥有近百家生态链企业的小米，凭借"人单合一模式"从传统制造业转型开放创新平台的海尔，不断运用自身资源能力为平台上的餐厅赋能以提升整个生态系统价值创造能力的美团，依靠电影院业务在文化产业领域形成大量合作关系的万达，为帮助商场内的零售商而创办西蒙时尚杂志实现销售引流的购物中心行业领军企业西蒙等，均已作为核心企业重构其所在的生态系统，提出更具竞争力的解决方案，对传统企业形成"降维打击"，即企业之间的竞争正在升级为生态系统之间的比拼。面对价值创造的全新游戏规则和充满活力的颠覆者，传统企业倘若继续孤军奋战、独创价值，很可能在新的战场上落下风。如何构建或优化企业生态型组织管理模式呢？海尔集团的共赢增值表可视为生态型组织管理模式的管理工具范式，既能指导传统企业重构生态模式，又能引导动态的生态模式升级，即双管齐下、循序渐进。

海尔集团生态型的本质原因在于家电行业竞争激烈，产品迭代速度快，龙头企业间技术储备接近。为寻求破局之道，海尔集团提出"人单合一模式"，将企业重构为"平台、小微、创客"的网络化结构，小微成为创新和决策的基础单元。共赢增值表正是为高效、快速地指引海尔的小微体快速实现生态化转型而诞生的。如以"乐家""日日顺水站""雷神"等为代表的诸多生态小微，都通过共赢增值表的指引逐步重构生态模式，并在不断地迭代其共赢增值表的过程中升级。

（1）改变观念　　海尔集团清醒认识到生态模式的价值创造逻辑是跳出价值链和企业自身视野，而从整个生态出发，把生态做大来实现价值空间的放大，进而核心企业与利益相关方从生态中获益，实现核心企业股东利益的最大化。共赢增值表的设计充分体现海尔集团基于生态的价值创造逻辑。"用户资源"与"资源方"两项衡量生态系统中节点的数量和紧密程度，体现生态系统的规模边界与潜在的价值空间大小；"用户增值分享"衡量生态系统中各个利益相关方获取的价值；"收入""成本"与"边际收益"衡量核心企业在生态中获取的价值。

（2）更换标尺　　共赢增值表通过"用户资源"和"资源方"两个标尺衡量生态

价值。按照小微与用户连接的紧密度,将用户资源分为"交互用户""活跃用户""用户创客"和"终身用户"。海尔集团旗下小微"雷神"正是遵从这样的理念,充分利用用户资源实现生态系统内的价值共创。

(3) 提升格局　在生态模式下,企业的价值获取源于其在生态系统中贡献的价值创造。共赢增值表中的"用户增值分享"就将核心企业分享给其利益相关者的非现金形式的资源能力,纳入评价体系。如技术、数据、金融、服务能力等方面的支持等,能够更好地服务核心用户,实现对焦点企业的"赋能";亦能够帮助其利益相关者服务自身用户,实现"使能",实现双赢。

(4) 持续优化　当企业基于生态系统进行价值创造时,其所处环境变化可能会更加剧烈。如用户需求的转变、利益相关者的能力和诉求变化,以及竞争对手的新动向等,需要企业持续优化生态系统。共赢增值表及配套运行机制形成可供遵循的优化路径,帮助生态小微灵活应对上述问题,不偏离生态竞争的主赛道。生态小微的共赢增值表投入使用后,海尔集团的财务共享平台可通过数字报表系统实时显示表中各项数据,定期显示目标值与实际值差距;数据反馈到生态小微,由小微分析问题,提出解决方案。这种"显差关差"机制帮助生态小微捕获生态系统各项指标存在的问题,提出整体优化方案。2014 年成立的"日日顺水站"就是运用共赢增值表优化业务模式,创造多方共赢的小微生态。

讨论 题目

1. 请分析生态型组织系统理论的主要观点。
2. 请分析生态型组织系统与传统组织系统的差异。
3. 请分析生态型组织系统价值创造机制。
4. 请分析海尔集团共赢增值表对构建和优化生态型组织系统的启示。

案例 分析

1. 主要观点

任何企业都不是孤立存在的,而是与上下游合作伙伴、客户、政府、银行等不同利益相关方组成生态系统,共同创造和实现价值。这些不同的利益相关方各具资源禀赋或擅长某类业务活动,并以交易结构为纽带紧密组织起来。当生态系统中积累足够多的利益相关方,并实现优质资源能力的充分交易时,生态系统就将实现"1+1>2"的正反馈,创造更高的价值增值。

2. 生态型组织系统与传统组织系统的差异

主要体现在价值创造逻辑、价值衡量标准和分配方式等 3 个方面，详见表 8-1。

表 8-1　生态型组织系统与传统组织系统的主要区别

特征	传统组织系统	生态型组织系统
价值创造逻辑	股东利益最大化	生态系统价值创造最大化前提下的企业价值最大化
价值衡量标准	企业提供的产品与服务价值以及自身收入、利润	用户、利益相关者的数量和紧密度，生态系统的整体收入、利润
价值分配方式	与利益相关方争夺产业链上的利润	按照各利益相关方贡献的资源与能力分配价值

3. 生态型组织系统的价值创造逻辑

通过重构企业生态系统，增大生态系统整体的价值空间并从中获取更多价值。具体而言，就是通过优化众多利益相关方的交易，实现各方的协同发展，将生态系统做大做强，实现生态系统总体价值增值最大化，进而实现核心企业股东利益的最大化。如怡宝作为中国销售额最大的矿泉水品牌之一，虽然拥有极强的上下游议价能力，但不仅不占用上下游资金，还主动联合其兄弟公司华润银行，为供应商和销售渠道提供供应链金融服务，降低整个生态系统的财务成本，实现更高的生态系统价值增值。

4. 借鉴共赢增值表构建和优化生态型组织系统

企业需要从组织、流程与企业文化 3 个方面打好基础。越是接近消费者的行业，客户个性化、多元化的需求越明显，就更加要求企业深入连接生态系统内的各相关者，提升各方的资源交易程度，增加生态系统总价值创造，提升生态系统的竞争力。但企业也需要做好准备，从组织结构、运营流程和企业文化 3 个角度入手对企业进行改造。

（1）重构组织，激活神经末梢　近数十年来，绝大多数大型制造业企业都采用科层制为主的组织结构。由于缺乏敏锐发掘消费者需求的能力，在当下的生态竞争中无法适应迅猛变化的市场。但相对管理层而言，一线生产者直接面对市场，能更好地察觉到消费者的需求，从而实现产品的快速升级迭代过程。因此，企业管理层需要将生产决策权下放到一线生产者，构建自下而上的生产决策反馈机制，从而对消费者需求做出快速响应。管理层应当匹配激励机制，引导一线生产者积极寻找外部合作者构建生态，并提供灵活的金融支持。

（2）调整流程，加速信号反馈　在生态竞争中，外部市场、技术、模式往往瞬息万变,财务报表、KPI指标以及行业专有指标等传统的管理系统,容易过于关注企业内部问题,而失去对生态和市场的洞察。因此,生态企业需要在内部指标考核以外,将生态系统健康度、生态价值等指标纳入定期检查反馈系统,并将这些指标细化到部门、员工的绩效考核中,匹配对应的激励、惩罚机制。对于外部环境、生态模式与生态指标三者的全方位关注有助于企业及时调整策略。

（3）再塑文化,升级认知维度　企业的最终目的是自身利益的最大化,但短期过度追求损益指标,虽能使核心企业价值最大化,但也可能会损害生态整体价值和发展潜力。而更优策略是通过生态的共同繁荣来不断提升企业价值,但可能存在见效慢、时间长等弊端。因此,生态转型根本上需要转变管理者和执行者的思维方式,一方面管理者需要坚定决心升级认知维度,另一方面企业需要通过员工培训、试点推广、长期实践来深化生态意识,实现企业整体的认知升级。

参考文献：王子阳,魏炜,朱武祥.企业生态转型"撒手锏"[J].中欧商业评论,2019,(05)：12-16.

案例五　雀巢组织结构

教学目标

掌握跨国公司组织结构的类型、特点、优劣点,以及选择的原因,掌握跨国公司组织结构可能给跨国公司经营带来的影响。

教学重点

跨国公司组织结构的选择需考虑的因素,跨国公司组织结构可能给跨国公司经营带来的影响。

案情介绍

雀巢于1867年创建,总部设在瑞士日内瓦湖畔的沃韦,是世界最大的食品制造商。2005年,雀巢在全球拥有500多家工厂,25万名员工,年销售额高达910亿瑞士法郎。从一个生产婴儿食品的乡村作坊,发展成为今天领先世界的食品公司,雀巢走过了130多年的发展历程。雀巢的组织结构如图8-2所示。

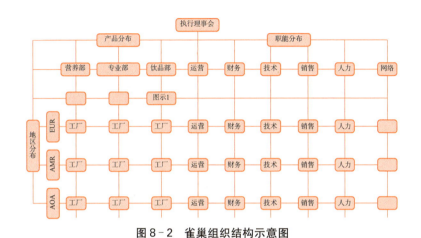

图8-2 雀巢组织结构示意图

讨论 题目

1. 雀巢采用的是何种组织结构?该组织结构有何特点?
2. 试分析雀巢选择该组织结构的原因。
3. 试分析该组织结构给雀巢公司经营带来的影响。

案例 分析

1. 组织结构

(1) 组织类型 雀巢的组织结构是典型的M型矩阵结构。在横向上,组织按照职能和产品划分为多个事业部;在纵向上,则是根据全球化战略划分,分为EUR、AMR和AOA(asia-oceania-africa)3区(其中AOA区分为大中华区、中东区、大洋洲和非洲区)。这样就构成一个典型的多分部矩阵结构。

(2) 特点 战略决策和经营决策相分离。根据业务,按产品、服务、客户、地区等设立半自主性的经营事业部,公司的战略决策和经营决策由不同的部门和人员负责，使高层领导从繁重的日常经营业务中解脱出来，集中精力致力于企业的长期经营决策，并监督、协调各事业部的活动和评价各部门的绩效。

2. 动因

雀巢是世界规模最大（全球雇员已超32万）的食品制造商，也是多产品（奶粉、液体奶、酸奶、婴儿配方奶粉、婴儿米/麦粉、甜炼乳、成长奶粉、早餐谷物、速溶咖啡、咖啡伴侣、冰激凌、巧克力和糖果、瓶装水、饮品、鸡精和调味品等）、多品牌、多地区的多元化经营控股公司，适用M型矩阵模式。

3. 影响

（1）积极影响　雀巢将其总市场分成各模块市场，每一模块市场由相应模块来负责，可以更准确把握市场动态，提高市场需求的准确把握和满足。较强抗风险能力，有利于应对复杂的国际业务环境。实现集权和分权的适度结合，既调动各事业部发展的积极性，又能通过统一协调与管理，有效制定和实施集团公司整体发展战略，上下联动，互相有效配合，反应速度更加敏捷。日常经营决策交给各事业部、职能部门进行，与长期的战略性决策分离，这使得高层领导可以从繁重的日常事务中解脱出来，有更多的时间、精力来协调、评价和作出重大决策。

（2）消极影响　为了更好地打进各地市场，雀巢需要多元化经营，实施本土化策略，这就使得其产品种类过于庞大，管理层次增加，加大管理难度；组织结构复杂，关系复杂，各层次关系、利益难以协调；以往让雀巢获得成功的地理扩张，目前遇到了瓶颈。

案例六　正略钧策集团组织结构创新

了解企业组织结构创新方向，熟悉企业组织新陈代谢的主要措施，掌握企业组织结构新陈代谢的潜在风险及其防范。

企业组织新陈代谢的主要措施，企业组织结构新陈代谢的潜在风险。

案情介绍

正略钧策集团股份有限公司(简称"正略钧策")是提供战略、人力资源、品牌营销、流程再造、物流采购、财务投资、集团管控、信息化、管理培训、企业文化、风险管理、高级人才服务、组织再造、业绩提升、研发创新、政府绩效、产业转型、管理外包等管理价值链咨询公司,是中国最具影响力和最具国际化的品牌咨询公司之一。在其高速发展过程中,组织结构创新具有重要意义。

(1) 确立合伙人为单元的组织模式　从 2006 年开始,正略钧策就进行小组织创新,确立了合伙人为单元的组织模式。这次变革,促使正略钧策实现高速增长。

① 明确公司运营围绕合伙人展开:每个合伙人都是公司最小经营体,都有自己的经营指标与考核指标。

② 调整合伙人组织在公司的地位:原合伙人组织属于公司一级组织,而重新定位的合伙人事实上已调整为中层业务组织,成为各业务部门下的二级小组织。

③ 建立合伙人组织的资源配置模式,分别在销售、运作、市场、人力资源方面都提出具体资源配置方案,确保组织运营的有效性。

(2) 对成功组织进行复制裂变,以实现优胜劣汰　在正略钧策的实践中,通常以 3 年为周期进行组织重建。每到第三年会将所有组织合并到优胜组织中,再依据新组织的合伙人状况重新划分小组织,重新开始新一轮的"赛马"。围绕优胜组织的管理裂变是正略钧策组织再造的基本原则。

综上,正略钧策充分利用小组织进行组织结构创新,利用新陈代谢规则进行组织内部活力创新,利用"赛马"机制进行组织管理创新,在既定行业获得竞争优势。

讨论题目

1. 企业组织结构创新方向有哪些?
2. 企业组织新陈代谢的主要措施有哪些?
3. 组织结构新陈代谢实施中应注意哪些问题?

案例分析

1. 创新方向

通常,组织结构创新有两种方向:对不同组织进行叠加,使其具有文化基因;将大组织划为小组织,使其具备可衡量性。

(1) 组织叠加是组织结构创新的主要方向　在组织设计中,如能叠加中国家庭组织中以父子关系为主轴的文化,叠加领导者的包容性、权威性,叠加成员的团体、荣辱感、和谐特性,将会使组织产生巨大活力,有效激发管理者主动性。德胜洋楼、海底捞等组织结构的创新,就一定程度上叠加家庭与企业的组织特性。

(2) 划小组织规模是组织结构创新的另一重要方向　大组织由于缺乏衡量手段,导致个体积极性缺乏,以至整体效率低下,这已成为管理共识。划为小组织,不但有利于工作衡量,还有利于营造团队氛围,激发员工积极性。正略钧策合伙人、华为铁三角、海尔自主经营体等组织创新,都是在这方面做的有益尝试。

2. 主要措施

组织结构创新虽能实现组织动力的原发性,但要确保动力持久性,还需构建组织新陈代谢功能,而定期更换组织领导与打通员工晋升通道是基本措施。

(1) 组织领导的长期固定,会对组织产生不利影响。主要表现在两个方面:围绕领导的部门隔阂越来越突出,"山头主义"也越来越严重;组织领导的久居其位,事实上挤压下属员工成长空间,进而导致员工主动性的缺失。

(2) 打通员工晋升通道,能够激发员工上进心,同时还需尽可能为晋升后的员工配置资源,使其成为组织的领导者。

在这种组织成长的压力下,老员工及领导层始终保持危机感,组织在巨大的推动下不断进步。正略钧策通常以 3 年为周期进行的组织重建,就是通过组织领导更替,打通员工晋升通道,来实现组织结构新陈代谢。在此过程中以"赛马"机制进行组织重组,对成功的组织进行复制裂变,对未实现目标的组织进行淘汰。一方面,最大限度地复制成功经验,继承发展原组织优胜基因;另一方面,对未实现目标的组织进行良性改造,以实现组织结构优胜劣汰。

3. 需注意的问题

进行组织结构新陈代谢,必须建立良好的退出文化。让员工能以平和心态退出组织,尽量做到政策的公平合理与文化的正确导向,并为退出者寻找合理路径,或在利益上给予适当照顾。

参考文献：吕谋笃.以组织创新打造企业发展动力机制[N].国际商报，2011-10-21：A3.

案例七 英国壳牌石油组织结构扁平化改造

【教学目标】

熟悉跨国公司矩阵型组织结构的特点、优缺点，掌握组织结构"扁平化"改造的内涵、动因等。

【教学重点】

跨国公司矩阵型组织结构的优缺点，组织结构扁平化改造的动因。

【案情介绍】

英荷壳牌石油公司（简称"壳牌石油"）是欧洲最大的石油公司。1994年利润达到创纪录的40亿英镑，比前一年增长24%。规模如此庞大，经营还算不错的壳牌石油，却于1995年3月底宣布，将该公司的组织结构进行重大调整。首先拿该公司总部开刀，决定取消地区总公司，精简后勤服务部门。一些权力很大的地区总公司总管在这次机构改组过程中被"炒鱿鱼"。

壳牌石油长期以来主要是按地理位置来安排公司的组织结构，不仅建立了4个州一级的地区总公司，而且还在有关国家或地区建立了分公司。这些分公司通过多层次的管理系统向位于伦敦和海牙的总部报告，人们习惯将壳牌石油这种传统的组织结构称为矩阵结构。

改组后的壳牌石油将按其所经营的勘探开采、石油产品（炼油和销售）、化工、天然气及煤炭这五大主要业务建立相应的5个商业组织，这5个商业组织成为壳牌石油的核心业务部门。壳牌石油在世界各地的分公司都须按其业务范围直接向相关的商业组织报告。

壳牌石油这次改革并没有改组各地的分公司，而是调整了它们与公司总部有关部门的关系。上述5个商业组织负责制定与各自业务有关的重大经营战略和投资决策,各地的分公司则负责具体实施这些战略和决策。这样,各地的分公司仍可保持其地方特色,使各自的经营更符合本地的特点。

讨论 题目

1. 试分析壳牌石油传统矩阵型组织结构的利弊。
2. 结合案例分析组织结构再造中变"扁"变"瘦"问题。
3. 试分析壳牌石油1995年的组织变革是否适合其组织发展。

案例 分析

1. 矩阵型组织结构

（1）优点　有利于各部门、各层次之间的合作和协调,增强公司整体国际竞争力;有利于产品生产和销售与市场竞争、环境变化、东道国政府政策等因素的结合分析和处理;企业的各个层次具有较强的市场应变能力。

（2）缺点　组织结构过于复杂,容易发生官僚型的低效率;制度难以稳定和执行,各方面关系协调困难比较大,管理和组织成本很高;层级太多,使权力有可能过于集中,而缺乏制度约束,又容易使道德风险问题比较突出,或企业管理的专制性太强,企业有可能面临重大经济损失;多重领导,相互牵制,决策迟缓,管理困难。

从企业管理的角度看,壳牌石油原矩阵结构是合理的。但在实际工作中,这种矩阵结构却引起一些问题,如分公司往往要接受多部门和多层次的领导和管理,这就意味着区域总公司、总部的业务部门及后勤服务部门都可以对分公司发号施令。

2. 扁平化改造

随着电子技术的发展、信息处理技术的进步,以及来自其他国家的竞争压力,跨国公司的组织结构趋向于变"扁"和变"瘦"。跨国公司规模的扩大,使得沟通成本、协调成本和控制监督成本上升,纵向结构组织过多使得公司难以对市场需求的快速变化做出迅速反应。一方面,信息技术的进步使得组织间的信息收集、传递和处理大大加快,提高了决策的速度,因此许多跨国公司都在进行纵向结构的组织改造,压缩中间和管理层次,使信息更加快捷、通畅。另一方面,由于科学技术的发展以及来自市场成本的竞争压力,企业组织部门也同时在横向压缩,将原来企业单元中的服务辅助部门抽出来,组成单独的服务公司,使各企业能够从法律事务、文书等后期服务工作中解脱出来。组织再造中的变"扁"变

"瘦"使组织变得灵活、敏捷,富有柔性、创造性,更加强调系统、管理层次的简化、管理幅度的增加与分权。

3. 适应性分析

改组后的壳牌石油将按其所经营的勘探与生产、石油产品(炼油和销售)、化工产品、天然气和煤炭及再生性资源这五大主要业务建立相应的5个商业组织。这5个商业组织成为壳牌石油的核心业务部门,在世界各地的分公司都须按其业务范围直接向相关的商业组织报告。另外还设立3个公司中心,分管集团的财务、会计、信息、法律、人事、计划、环保、外事等。

壳牌石油组织变革后,下属分公司的主管既享有更大的自主权,又必须对本公司的经营状况直接负责。机构调整改变了以往多头管理的状况,分公司主管能集中精力做好第一线的工作,更好地为客户服务,有利于发挥各单项结构的优点,协调或平衡产品经理和地区经理的权力,避免了多头管理。下属分公司的主管享有更大的自主权,对本公司的经营状况直接负责,在确保集团公司的经营战略得以实施和对下属公司实行有效的管理和制约的同时,能最大限度地发挥一线企业的主观能动性。借助这种组织结构,壳牌石油能够更好地适应环境对外界变化做出反应,提高企业效率和竞争能力。壳牌石油作为全球第二大石油公司,产品种类单一,而这种按业务范围建立的组织结构正适合其未来发展。

案例八 印度塔塔钢铁管理转型

教学 目标

掌握企业管理转型策略以及需注意的问题。

教学 重点

企业管理转型策略和应注意的问题,具体案例运用与分析。

案情 介绍

鉴于内外部经营环境的变化,诸多企业走上转型之路。但波士顿咨询公司(BCG)研究发现,约有50%的企业转型没能达成目标,多达75%的企业综合转型项目由于不堪自身重负,无疾而终。鉴此,全球最大综合钢铁生产商之一的印度塔塔钢铁公司的转型实践,可以为大型企业有效管理转型提供重要的参考。

1. 转型背景

2014年,全球钢铁价格直线下跌。印度钢铁行业遭受重创,价格在一年之内下跌30%,监管方面的变化更是雪上加霜。塔塔钢铁在印度东部的铁矿和煤矿供应被临时切断,而这正是一个多世纪以来该公司关键的竞争优势之一。2014~2015年间,塔塔钢铁的利润下降约25%。2015年,原料成本上升和产品价格下跌的双重夹击,使塔塔钢铁陷入困境。该公司竭尽全力,试图将危机转化为机遇。在高管团队的带领下,针对运营启动了一项转型计划,其覆盖范围、规模和速度都是前所未有的。

2. 转型策略

塔塔钢铁基于过往经验,重新梳理转型计划的基本设计思路,并最终形成"员工主人翁精神"基本原则。塔塔钢铁深信,只有中层管理者和员工自己把控和推动项目,转型计划才能成功;转型计划需要组织中每一位员工的积极参与,才能确保达到所需的规模、范围和速度,从而快速产出成果。随后,塔塔钢铁在全公司范围内发起一项名为"巅峰25"的转型计划,明确了转型指导方针;在仔细权衡之后,决定启用一项创新的结构化解决方案——影响力中心,来计划、执行、管理和监测转型项目。在最基础的层面,影响力中心是管理转型项目的会议场所,展示所有相关的数据。从更深层次上而言,影响力中心是部门级别的转型单位。每个中心由一位"负责人"(部门主管)领导,一位"协调员"(高管或业绩突出的中层经理)辅助,由中层管理者和员工组成的"转型代理"执行。影响力中心内的视觉显示屏将业绩指标与转型计划相联,把掌控权交给员工并对其赋能,使其可以在日常工作中推动转型。在3年多的时间里,塔塔钢铁建立了首批标准化的22个影响力中心,将雄心勃勃的组织目标划分为若干个较小的项目。

3. 转型效果

截至2018年,该计划为塔塔钢铁带来至少12亿美元的利润,意味着公司已经超越最初20%的盈利目标。由此,公司的现金头寸提高了3倍。在此期间,每吨钢铁的利润增速超过了钢铁价格的涨幅。

塔塔钢铁已将"巅峰25"计划的流程和组织结构制度化,以推动未来的转型,该举措成效已然显现。2018年,塔塔钢铁收购了一家境况不佳的印度普绍钢铁有限公司。应用"巅峰25"的方法,该公司在不到18个月的时间内就完成转型。显而易见,塔塔钢铁这套在任何情况下都能快速、大规模、系统性转型的流程和结构,在快速变化的当今世界中,着实令人渴求。

讨论题目

塔塔钢铁管理转型的特点,对大型公司管理转型的启示。

案例分析

综合而言,印度塔塔钢铁管理转型主要有如下特点和启示。

（1）广泛动员并组织全员参与　转型计划需要组织中每一位员工的积极参与,提出转型创意,全力推动转型步伐,才能确保达到所需的规模、范围和速度,从而快速产出成果。因此,塔塔影响力中心没有自上而下的目标设定,由各影响力中心的中层管理者制定本中心的最终目标和阶段目标,制定决策,并监测转型进度。

（2）给予中层管理者空间　作为高层管理者和一线员工之间的纽带,中层管理者对于转型计划的成功至关重要。因此,高层管理团队必须建立容错机制,鼓励中层管理者和员工承担风险,以提升员工的参与度、主动性和积极性,将"自上而下"的转型战略与"自下而上"的转型策略相结合。

（3）善用数字化工具　在大数据时代,管理者必须不断采用数字化、智能化等新方法和新技术来解决问题。如运用A3问题解决方法和高级分析法等,构建结构化问题解决流程,确保以数据为驱动的持续性改进。"巅峰25"计划实施期间,塔塔钢铁重点培训员工使用新兴的数字化技术,如人工智能和机器学习。通过这种方式,员工可以利用公司多年来收集的海量数据,建立数据驱动的洞察和分析,制定基于大数据的转型计划,从而推动转型和优化公司业绩。

（4）注重目标分解并与日常工作融合　"巅峰25"计划关注的是立即执行和影响力,而不是那些很难实现的目标。影响力中心将雄心勃勃的转型目标划分为若干个较小的项目,使得转型的每一部分都融入到公司的日常业务流程和项目中,不仅不会给员工带来额外工作,降低员工抵触情绪,还能让员工们备受鼓舞,从而促进更多新想法的产生,持续推动转型进程。塔塔钢铁的经验表明,小型项目的实施可以稳步推动大规模转型计划的开展。

（5）创新组织结构　塔塔钢铁的影响力中心是一种创新的组织结构,主要是依托实体工作室,遵循具体的工作流程,让员工积极地参与到转型之中,即通过影响力中心,塔塔钢铁在高层管理者和一线员工之间建立起直接联系,可以确保中层管理者和员工切身感到自己对"巅峰25"计划的构思、执行和成果交付负有责任,从而激发全员参与转型、推动转型。

(6)实行精益化管理　只有实施少量且简洁的治理措施,才能让"巅峰25"计划快速取得转型成果。因此,塔塔钢铁影响力中心实施精益化治理。各影响力中心每周只举行一次会议,领导每3周对项目相关的中心工作进行一次评审,并以现行常规会议取代或合并项目评审会,以确保新的工作方式不会占用太多时间;在每周例会上,各运营部门的直属经理及其他职能部门的相关负责人在影响力中心会面,以及时有效解决跨职能、跨部门问题;每次会议最多持续45分钟,旨在解决出现的瓶颈、明确下一步工作,并协调各利益相关方。

(7)注重能力开发　无论是从短期还是长期来看,能力开发对于维持转型计划的开展都至关重要,因此公司需要在转型计划中发展新能力,以不断更新迭代。"巅峰25"计划鼓励中层管理者和员工不断提高自身技能,以便为公司持续转型培养重要能力。第一,重点培训员工使用新兴的数字化技术;第二,开发能力发展项目培训课程,侧重于对不同级别和职能的员工进行技能培训;第三,聘请多位全球专家,以保持其行业领先地位,并按议程开设工作坊,向员工灌输一种有条不紊、严谨的解决问题方法;第四,各职级员工,特别是协调员,在影响力中心亲身参与企业某项转型计划或具体任务,以掌握更多、更全面的技能,并在离开影响力中心时,将这些技能应用到自身日常工作中去。

(8)多层级适时公开认可和奖励　对员工成绩的公开认可和奖励有利于让员工获得尊重感,提高员工士气和进取心,这对持续推进转型至关重要。因此,塔塔钢铁实行多层级的适时公开认可和奖励。每当一个部门实现一项业务目标,或在一个关键业绩指标上创造新纪录时,经理们就会在影响力中心周会结束时隆重给予公开认可;每个月中层管理者都会依据工作表现、创意参与和实施、新想法新建议提出等情况给予下属公开奖励;每年公司会组织年度颁奖晚会,以表彰员工带来的最佳创意、创造的最高价值和最具协作性的努力。

资料文献:T. V. Narendran, Amit Ganeriwalla. 塔塔钢铁公司锻造可持续革新的未来[EB/OL]. www. useit. com. cn/thread-27213-1-1. html,2020 - 04 - 26;秦志刚. BCG:打造可持续变革,塔塔实践可鉴[N]. 国际商报,2020 - 05 - 25:04.

案例九 阿里巴巴集团组织结构转型

教学目标

熟悉企业组织结构转型的动因,掌握企业组织结构选择的基本原则,掌握平台型组织结构的特点,掌握平台型组织结构发展的趋势。

教学重点

企业组织结构选择的基本原则,平台型组织结构的特点。

案情介绍

阿里巴巴集团是中国电商巨头,也是全球市值最高的科技企业之一。阿里巴巴集团及其爆发式增长可谓人尽皆知。但鲜为人知的是,阿里巴巴集团快速增长的秘诀其实在于持续转型,特别是根据自身业务状况调整组织结构,紧跟各阶段的发展趋势。其中,阿里巴巴集团最重要的变革是通过两轮转型完成的。

1. 第一轮转型(2015年前):将事业部垂直划分,以更好地满足客户需求

2007年,阿里巴巴集团旗下已有B2C/C2C子公司淘宝、B2B子公司阿里巴巴、支付子公司支付宝、搜索子公司雅虎中国,正在成为科技巨头的道路上奋勇前进。随着集团业务持续壮大,集团管理层意识到应按专业事业部来调整组织结构,以使管理人员更加贴近一线业务,快速响应客户的独特需求并作出决策。具体而言,此次转型主要通过两个阶段来完成。

(1) 第一阶段(2007~2012年):四大子公司划分为七大事业群　将淘宝划分为四大事业群:C2C业务(淘宝)、搜索引擎(一淘)、B2C业务(天猫)、销售和数字化营销平台(聚划算);将B2B电子商务平台阿里巴巴拆分为阿里国际业务和阿里小企业业务两大事业群;鉴于云计算平台业务的特殊性,仍将阿里云作为独立事业群运作。七大事业群均有独立领导班子,拥有全权决策权,负责相关业务发展。

(2) 第二阶段(2013~2015年):七大事业群拆分为25个事业部　将七大

事业群拆分为25个事业部,各事业部独立自主运营、自行负责业务发展,以提升决策效率,更好地满足客户需求并应对市场变化。

2. 第二轮转型(2015年后):利用集团协同效益巩固核心竞争优势

将25个垂直事业部整合到同一模块化平台上,打造平台型组织结构,以便所有业务线都能从广阔的组织生态系统中挖掘价值,充分发挥内部协同效益,打造核心竞争优势。具体运作方式如下。

(1)在平台前端　电商、金融服务、云计算及其他业务线等各个事业群依据各自职能独立运营,快速应对市场变化。

(2)在平台后端　职能部门则统一通过赋能平台运作,为所有业务集中提供诸如会员注册、产品管理、电子支付等服务,并生成有益洞察的数据资源供集团内部所有前端业务部使用,以为客户提供增值服务,如深入洞悉中小企业运营困境,或对管理个案开展案例研究,或简化新业务推出流程,或支持新业务快速扩张。

讨论 题目

1. 企业组织结构选择的基本原则。
2. 阿里巴巴集团组织结构转型的动因、特点及启示。

案例 分析

1. 企业组织结构选择的基本原则

通常,企业组织结构设计和转型应遵循"适应技术与产品要求、适应职能与专业要求、适应地区和环境要求、组织结构紧跟战略调整、有效控制与顺畅沟通、精干高效与追求实效"等原则,也应从这些方面分析企业组织结构转型的动因。

2. 阿里巴巴集团组织结构转型的动因

(1) 2007~2015年转型动因分析　第一,2007年阿里巴巴集团已拥有四大子公司,其业务特别是淘宝和天猫的业务日趋复杂、多样,导致组织规模日益壮大。而产品和服务的专业化程度和对客户需求的及时响应能力却下降,已严重影响经营效率,甚至可能限制未来发展。因此,需遵循"适应环境要求"和"精干高效与追求实效"原则调整组织结构。

第二,B2C和C2C新业务模式不断涌现,一方面促使阿里巴巴B2C业务借助淘宝平台实现战略性扩张并带动整体业务发展;另一方面,也造成阿里巴巴客户群的日益多元化,单单依靠淘宝已不能满足各个客户群的独特需求。因此,需遵循"适应专业要求"和"精干高效与追求实效"原则调整组织结构。

第三,随着"走出去"战略的实施,阿里巴巴集团日益直接面对复杂多样、需求各异的全球客户,而传统的组织结构已无法满足全球客户的多样化需求,亟需遵循"结构紧跟战略"原则进行调整。

第四,随着2007~2012年组织结构转型完成,阿里巴巴集团的业务版图持续扩张,业务类型和客户需求的复杂性日益提升,要求再次按需求进一步划分组织结构。

(2) 2015年至今转型动因分析 随着集团规模日益壮大,发挥集团内部协同效益的优势日益凸显。数字技术所驱动的数字经济的快速发展则为企业集团内部协同效益的发挥提供技术基础。通常,在数字经济时代,企业赢得未来新竞赛主要有四大策略:洞悉客户新需求、创造企业新能力、建设IT新结构、打造行业新生态。基于此,诸多企业纷纷借助数字技术(如云计算、移动、大数据分析、社交和物联网)来推动业务模式和业务生态系统的变化,进而实现数字化转型。

但综观当时的阿里巴巴集团,虽然25个事业部能较好地满足业务和客户需求的多样化、复杂性等特征,但各自为政也导致工作流程重叠、资源利用效率低下、组织结构设置无法推动创新(如客户数据分散在集团各事业部,无法集中提供洞察和激励创新)等弊端,亟需通过数字化、平台化来发挥内部协同效应。

3. 阿里巴巴集团组织结构转型的特点

综观阿里巴巴组织结构转型过程,主要坚持适应需求环境、结构紧跟战略、追求高效等原则,并在转型过程中呈现出3个主要特点。

(1) 构建事业部制,提升市场需求响应速度 第一轮转型时,阿里巴巴集团主要通过构建垂直型事业部组织结构,以便事业部负责人深入一线,更好地与客户互动并快速响应市场需求。

所谓事业部制,就是企业依据所经营的事业,按照不同的产品(服务)类型或客户群进行划分,在企业内部设立多个事业群。各个事业部在企业的经营管理上有其特殊的自主权,在财务上独立核算,但要受到公司总部把控。即公司总部在保证总部集中管控的前提下,将经营管理权限适度下放到各分散作业的、具有独立性的事业部里面,使集中管控和分权得到很好的平衡。

该结构虽然具有强化产品与业务特色、深耕业务、深入市场、加强各业务全球管理等优点,但也存在各业务部(事业部)各自为政、不利于母公司统一决策和全球经营战略的落地、各业务部间职能机构设置重复与不易协调等弊端,特别是在数字经济时代,难以发挥各事业部之间数据共享、协同发展的效应。

(2) 成立战略管理执委会，强化内部管控与协调　为弥补事业部制存在的缺陷，提高总部集中管控的有效性，确保各事业部发展战略与集团整体战略的一致性，为此专门成立战略管理执行委员会，专注于协调和监督各事业部日常业务运营，以加强阿里巴巴集团内部的管控和协调；为提高战略管理执委会工作的有效性和针对性，还特别聘请9名一线业务高管加入新成立的战略管理执行委员会。

(3) 构建平台型组织结构，提升内部协同效应　随着数字经济时代的到来，平台型组织应运而生。平台型组织是现代企业组织为顺应市场、技术、人才的新趋势而形成的新型组织形态，能满足企业快速创新以适应市场环境、迅速扩大业务规模的增长需求。特别是平台型经济所具有的"大量自主小前端、大规模支撑平台、多元化生态体系、自我革新与协同"的特征非常符合阿里巴巴的25个事业部发挥协同效益的需求。实践也证明，阿里巴巴平台型组织结构的探索效果明显。如作为线上线下高度融合的新零售超市连锁代表的盒马鲜生，就通过阿里巴巴数字化基础设施的会员管理、商品陈列、购物车管理、电子支付和库存管理经验等支撑，大大缩短业务运营和服务能力的培育时间，将通常至少2年以上的时间大幅度缩短到9个月。

4. 阿里巴巴集团平台型组织结构的启示

平台型组织结构是利用互联网、物联网、大数据等现代信息技术，围绕集聚资源、便利交易、提升效率，构建平台产业生态，推动商品生产、流通及配套服务高效融合、创新发展的新型组织形态，是流通与产业在互联网、大数据背景下深入融合的范例得到极大推广，并显现出强劲的增长态势和盈利能力。

阿里巴巴集团旗下盒马鲜生的成功还显示：平台型组织在获得传统企业的商品或服务销售收入之外，还可获取软件升级和数据聚合创造的生态收入，且生态收入占比日益提高，尤其是数据聚合创造效应在数字化经济背景下更为显著，并推动平台型组织结构向生态型组织结构优化和升级。因此，不同行业、不同类型的企业都开始探索平台型/生态性组织结构，并通过平台整合数据、高效引流，发挥"使能"和"赋能"效应。

第一，美团作为其所构建的餐饮生态系统内的核心企业，不仅通过与尽可能多的用户、商户、快递员构建连接来壮大生态系统，还不断运用自身资源能力为平台上的餐厅赋能，最终提升整个生态系统的价值创造能力——美团在帮助入驻平台的餐厅提升竞争力的同时，也使得诸多利益相关方在该生态系统内共同获利。

第二，作为中国销售额最大的矿泉水品牌之一，怡宝虽然拥有极强的上下游议价能力,仍积极主动联合其兄弟公司华润银行为供应商和销售渠道提供供应链金融服务,降低整个生态系统的财务成本,实现更高的生态系统价值增值。

第三,作为中国大型工程机械行业龙头,三一重工推出工业物联网平台"根云",已在 45 个国家和地区运转,为各行业企业提供基于物联网、大数据的产品使用性能、产品运行状态、风险预警等云服务,并因此大大拓展企业业务。

第四,位列全球最大水泥厂商之一的墨西哥水泥公司(CEMEX),从整合流程、数据开始,率先建立起企业平台,消除信息和流程上的"孤岛",并慢慢将平台拓展到整个水泥的全产业链,逐渐发展成为完整的生态系统。目前,全球已有 2 万多个生态伙伴入驻该平台,从订单到收款等一系列的流程都被整合在平台之上,客户可自主享受全面无缝的服务。

第五,2020 年 10 月 14 日,商务部"全国零售业创新发展现场会"提出全品类开放赋能平台模式,就是推动零售业各类型企业合作共赢、协同发展、提升效能、降本增效以及高质量增长的代表性模式。如苏宁集团的零售云加盟店模式,通过平台整合资源并赋能,不仅降低上游供应商的经营不确定性和提升行业效率,还能通过仓配、服务等集约化运作降低中小微零售商的经营成本和风险;对销售数据、用户行为进行决策、分析、脱敏后提供给上游供应商,增强产品生产的准确性,最终提升整个生产-零售-消费者系统的收益。

综上,当平台或生态系统中积累有足够多的利益相关方,并实现优质资源能力的充分"使能"和"赋能",平台或生态系统就将实现"1+1>2"的正反馈,创造更高的价值增值。因此,企业不应仅将视角停留在企业内部以及同行业的竞争者范围内,还必须拥有全局观,积极寻求资源能力互补的外部合作方,实现"集团作战、共创价值"。特别是要遵循规律、顺势而为,重点围绕"互联网+服务业"创新发展平台型组织结构和平台型经济,主要包括医疗健康、教育培训、旅游休闲、养老托幼、零售服务、家政服务等与广大群众生活密切相关的领域。

参考文献:波士顿咨询.阿里巴巴:全面布局,激发协同效益[EB/OL].波士顿咨询公众号,2020-10-15;朱斐,张微.阿里巴巴组织结构转型案例分析[J].产业创新研究,2021,(01)录用.

第九篇 跨国公司财务管理

案例一 某集团公司财务管理模式

教学目标

熟悉分散型和职能型财务管理模式的含义、特点,掌握分散型和职能型财务管理模式的优缺点。

教学重点

分散型和职能型财务管理模式的优缺点,企业实际管理案例分析。

案情介绍

某集团公司新上任的财务总监,为提高公司财务管理效率,对公司财务组织架构和管理模式进行调整。图9-1所示是财务部原组织架构和控制模式,图9-2所示是财务部新的组织架构和控制模式。

集团总部设有两个经理,名称不同,但各自管理的事务接近,相对注重财务经理的全面管理和全面培养。

在调整后的职能型财务组织结构和管理模式中,从总部到各分支机构职能的划分比较清晰,以强化各职能的专业性,降低原分散状态下因财务经理建立小团体、信息过滤、配合不利或能力不足等而导致管理效率高低不均的问题。

对比图9-1和图9-2可确定,此次调整的内容主要包括:

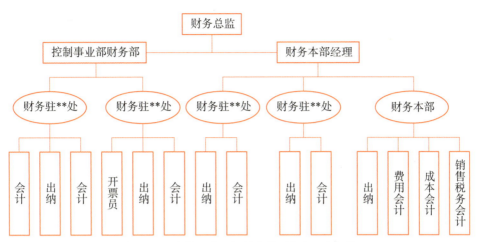

图 9-1 该集团公司调整前的财务部组织架构

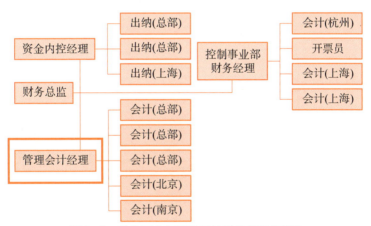

图 9-2 该集团公司调整后的财务部组织架构

（1）增设资金内控部，加强资金管理、政策研究、内部控制。

（2）财务本部改为管理会计部，新招聘一名会计业务能力强的财务经理，加强会计报表、预算、财务分析的能力。

（3）撤销北京、南京子公司出纳岗位，总部设置两个出纳岗，上海设置一个出纳岗，实现减员目的，同时腾出薪资额度给新招聘的财务经理。

讨论题目

1. 何为分散性财务组织结构和管理模式?该模式有何优缺点?
2. 何为职能型财务组织结构和管理模式?该模式有何特点?
3. 该集团公司财务组织结构和管理模式调整可能会产生哪些效应?

案例分析

1. 分散性财务组织结构和管理模式

(1) 定义　分散性财务组织结构和管理模式是指将财务管理的决策权分散到分支机构,各分支机构运行和管理自身的财务活动。

(2) 优点　该模式有利于提升财务信息的集中化与财务管理的专业化,提高分支机构的反应速度,减少集中管理引起的规模不经济,激励子公司管理人员的积极性。

(3) 缺点　该模式可能存在分支机构和总部目标一致性问题,有损于整个集团的资源优化配置,分支机构各自为政,总部监督和管理费用提高等弊端。

2. 职能型财务组织结构和管理模式

(1) 定义　职能型财务组织结构和管理模式是指整个财务体系打破会计主体的限制,而按照资金、财务管理、核算等职能进行组织结构设置和划分。

(2) 特点　实质上是强化自上而下的管理,即强化财务总监的地位和作用,以统一不同职能的管理要求,削弱下属经理的权利范围,深化下属经理的现有职能,弱化分支结构层面的财务权力。

3. 调整产生的效应

(1) 发挥总部财务专家的作用,提高资金的使用效应　通过将资金归并到总部集中管理和使用的方式,可充分利用总部财务专家的能力和经验,提高资金使用的规模效应,提高资金余额利用效益。

(2) 优化内部资源配置,助推公司统一战略的实施　通过将资金归并到总部集中管理与使用,可强化总部对资金的掌控能力,弱化控制事业部对资金的掌控能力,有助于公司实行统一的战略,如转型战略的推广和实施。

(3) 提升团队管控能力　新模式对组织架构实行扁平化改造,撤销了三级责任中心,弱化各组下属小团队概念,有利于增强财务经理对团队的管控能力。

(4) 兼顾财务人员管理效率和职业成长　财务人员不再按负责的业务模块

区分岗位,统一称"会计""出纳",并引入业务序列职级晋升体系。一方面便于财务经理在团队内部根据工作需要分配任务;另一方面,在职位体系没有太大变化的情况下,给员工创造了晋升空间,鼓励员工成长。

但需注意,新模式可能存在容易挫伤分支机构管理人员的积极性、难以兼顾各分支机构的局部利益、不利于分支机构开展本地化经营策略、容易忽略子公司经营实际业绩等弊端。须不时评估财务组织结构和管理模式的实际效应,并根据公司整体经营战略、内部资源和外部环境的变化不断优化、调整和完善。

如新模式下的控制事业部和财务部的职责仍是负责生产、经营和销售产品,两个子公司的会计核算与财务数据的统一管理,并协助事业部进行信用管理。如果未来事业部升级成为独立的二级职能部门,则现行方案需要再调整。

参考文献:上海灿怀信息科技有限公司. 财务总监对财务部组织结构设计的调整[EB/OL]. 董秘圈公众号,2020-02-08.

案例二 石大胜华化工集团现金集中管理

教学 目标

熟悉现金集中管理的内涵、特点、优势,掌握现金集中管理的具体模式,能运用该理论分析企业实际经营案例。

教学 重点

现金集中管理的具体模式及其职能,企业实际管理案例分析。

案情 介绍

长期以来,石大胜华化工集团在资金管理上非常松散,没有构建一套相对集中的资金管理指挥系统和统一规范的财务资金调控制度,缺乏统一的管理信息平台,财务数据、资金结算、投融资管理集中不起来。集团决策者难以及时、准确、全面地掌握相关信息,无法对全集团资金实施有效的管理、监督和控制。

资金管理失控,监控缺乏手段,资金使用率低,信息滞后、分散、失真,已成为集团公司管理中迫切需要解决的问题,即资金集中管理势在必行。

1. 石大胜华化工集团资金集中管理的总体框架

依托选定的合作银行在财务公司建立资金结算中心,成员单位的收入和支出实施"收支两条线"管理。收入利用资金结算中心实现快捷集中,支出则按预算拨付到成员单位支出账户,内部信贷按"点对点"原则统一实施,内部结算通过财务公司结算账户转账实现。

2. 石大胜华化工集团资金集中管理的具体架构

集团公司财会审计部为资金集中管理的归口管理部门。依托财务公司及合作银行的结算网络,建立以集团公司资金结算中心为业务平台的资金管理结算系统。成员单位建立本单位的资金结算中心,集中管理下属机构资金。集团公司资金结算中心设在财务公司,即在财务公司设置集团结算部,对内为集团公司资金结算中心,对外为财务公司集团结算部。集团公司财会审计部、集团公司资金结算中心、成员单位、财务公司和合作银行是实施资金集中管理的机构,如图9-3所示。

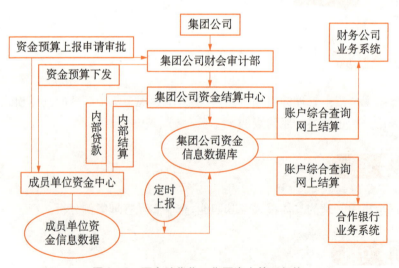

图9-3 石大胜华化工集团资金管理架构

在该架构下,各成员单位及下属机构的日常资金流动在成员单位资金结算中心完成。每日末,自动将成员单位的资金日报收集到集团公司的资金信息数据库,便于集团公司监督和分析,为集团资金统一调度提供决策支持。充分利用合作银行的网上银行系统,实现资金归集、账户综合查询和网上结算。在条件成熟时,开展内部结算和内部贷款,逐步实现资金高度集中。

讨论题目

1. 何为资金集中管理?资金集中管理的目标是什么?有何优势?
2. 资金集中管理有哪几种模式?石大胜华化工集团采用何种模式?该模式有何具体职能?
3. 石大胜华化工集团的资金管理模式存在哪些需要改进的地方?应如何改进?

案例分析

1. 资金集中管理

（1）定义　资金集中管理是国际上普遍采用的一种大型企业集团的资金管理方式,是指将整个集团的资金集中到总部,由总部统一调度、统一管理和统一运用。

（2）目标　企业集团资金集中管理的目标是实现资金流动的均衡性和有效性。

（3）优势

① 促使公司内部资金管理专业化和提高管理效率,以及整体盈利能力。

② 提高应付各种突发状况所需资金的能力,以降低风险。

③ 利用信息优势,提高资金收益和降低筹资成本。

④ 能最大限度利用转移定价机制,增强公司盈利能力,使公司在全球范围内保持高度的弹性和应变能力。

⑤ 最大限度地降低公司资金余额。

2. 模式与职能

通常有3种模式,包括结算中心模式、财务公司模式和内部银行模式。石大胜华化工集团采用的是结算中心模式。其具体职能如下。

（1）集中管理各成员公司的现金收入。当各成员企业有现金收入时,都必须转账存入结算中心在银行开立的账户,不得擅自挪用。

（2）核定各成员公司日常备用的现金余额。

（3）统一拨付各成员公司因业务需要而必备的货币资金,监控货币资金的使用方向。

(4) 统一对外筹措资金,确保整个集团的资金需要。

(5) 办理各成员公司之间的往来结算,计算各成员公司在结算中心的现金流入净额,以及相关的利息成本或利息收入。

3. 不足与改进

(1) 不足之处

① 防范资金集中管理风险意识淡薄,如管理制度不完善、信贷风险提高、结算中心的考核与评价存在困难。

② 资金预算的准确性有待提高。石大胜华化工集团成员单位多、分布广、类型多,不同类型的成员单位预算汇集起来,其预算的准确性和实际差异较大。

③ 资金集中管理的地域限制。石大胜华化工集团业务范围涉及亚洲、欧洲、非洲、北美洲、南美洲及大洋洲,分散在国内各地乃至境外的资金量不断增大。

④ 从业人员素质低。石大胜华化工集团财务公司的从业人员大部分来自本集团的财务部门,专业的金融人才较少。

(2) 改进措施

① 构建以财务公司为核心的多元化模式,逐步采用分权式的资金管理体制。

② 建立资金集中管理风险防范机制,如加强制度约束机制、建立内部信用评价体系、建立有效激励约束机制。

③ 推行全面预算管理。

④ 利用商业银行网络系统,实现集团跨地域资金结算集中管理。

⑤ 改革用人机制,提高从业人员素质。如营造精诚团结的集团文化,建立人力资源激励机制,对职工实施针对性再教育和培训,实行提高和引进并举的人才策略。

案例三 跨国公司跨境资金池业务

了解跨国公司主要融资渠道,熟悉跨境资金池业务的含义,掌握跨境资金池业务对跨国公司经营和管理的意义。

教学重点

跨境资金池业务对跨国公司经营和管理的意义,以及具体案例的运用。

案情介绍

2019年3月15日,国家外汇管理局发布《关于印发〈跨国公司跨境资金集中运营管理规定〉的通知》,支持符合条件的跨国企业集团在境内外成员之间,集中开展本外币资金余缺调剂和归集业务,资金按实需兑换,旨在进一步优化并放松对跨国公司跨境资金集中运营业务的管控。2020年2月14日,央行、银保监会、证监会、外汇局与上海市政府联合发布《关于进一步加快推进上海国际金融中心建设和金融支持长三角一体化发展的意见》,明确在临港新片区内探索开展本外币合一的跨境资金池试点,支持符合条件的跨国企业集团在境内外成员间,集中开展本外币资金余缺调剂和归集业务,对跨境资金流动实行双向宏观审慎管理。2020年4月25日,在外汇管理部门支持下,上海临港经济发展(集团)有限公司(简称"临港集团")本外币合一的跨境资金池业务成功启动,意味着2019年8月上海自贸区临港新片区成立以来,首单跨境资金池业务正式落地。作为上海自贸区临港新片区的开发建设主体之一,临港集团此次搭建的跨境资金池,成员单位涵盖集团本部及下属境内外成员企业共20家,拟集中的外债额度达91亿美元。

讨论题目

1. 跨国公司主要有哪些融资渠道?
2. 何为跨境资金池业务?跨国公司为何需要跨境资金池业务?
3. 跨境资金池业务对跨国公司经营和管理、上海金融中心建设有何意义?

案例分析

1. 融资渠道

(1) 企业内部资金来源　母公司提供资金(如以现金或资产充作子公司股本、提供贷款、以存货融资)、子公司自身内部资金。

(2) 企业外部资金来源　国际商业银行贷款、国际股权融资、国际债券融资。

2. 跨境资金池

(1) 内涵　即跨国公司跨境资金集中运营管理，是指跨国企业集团根据自身经营和管理需要，在境内外非金融成员企业之间开展的跨境资金余缺调剂和归集业务，属于企业集团内部的经营性融资活动。跨国企业集团总部可以指定在中国境内依法注册成立并实际经营或投资、具有独立法人资格的成员企业（包括财务公司），作为开展跨境资金池的主办企业。

(2) 需求原因　跨国企业集团内外部交易模式、财务活动更复杂，对银行服务需求已超越简单的结算和融资，而是希望金融服务提供者基于企业交易流程，提供应收应付账款管理、资金归集、现金流改善等服务，提高资金使用效率。因此，跨境资金池业务应运而生。跨境资金池境内主账户一方面可以归集境内资金池成员资金对外放款，另一方面也可以归集境外资金池成员资金对内借入外债。

3. 意义

随着国际化进程的持续加速，跨国公司跨境业务的不断成熟与扩展，更加注重对资金跨境流动的风险控制、业务增值及收益最大化。跨境资金运营能力已成为企业核心竞争力的新内容，全球资金管理已成为企业国际化战略布局的重要支撑，以企业为中心的综合化跨境资金池也已成为金融创新的趋势。

(1) 跨境资金池业务是一项领先的资金管理工具，不仅能将集团企业境内外盈余资金归集，提高集团内部资金运用效率，实现资金收益最大化。而且能使资金池内成员企业间实现盈余资金共享，互补长短，减少银行融资和利息费用支出。此外，还可以帮助集团式企业打通境外资金更加合规、通畅、便捷地进入境内，能显著降低集团综合融资成本和提高企业的跨境资金流动性管理效率。

(2) 本外币合一的跨境资金池，可以让资金池内各账户在无须兑换实际本外币的前提下，通过汇率换算，在名义上汇总，以有效利用集团内部各个币种的资金进行内部融资，从而更好地利用国内外两个市场、两种资源，降低企业汇兑与融资成本，提高资金运营效率。

(3) 本外币合一的跨境资金池，可以在用好外币融资的同时，扩大本币融资规模，不仅可发挥金融科技在推动共建国家金融产业转型中的重要作用，也有利于提升人民币在企业财资管理中的战略性地位和人民币国际化进程。

(4) 跨境资金池可以大幅提高跨国公司资金使用自由度和便利度,是与上海国际金融中心相适应的总部经济跨境投融资便利化设施,将能更好地发挥上海国际金融中心的集聚与辐射功能,进一步提升服务能级,加速国际金融中心建设。

综上,跨境资金池新政实现跨国集团内部成员企业之间资金打通、境内与境外资金打通、经常与资本项目资金打通、人民币与外币资金打通等"4 个打通"。既能够在宏观审慎原则下满足企业正常经营的资本项目跨境收支需求,又以总部经济为重点推进跨境资金池业务,在提升主体监管效率的同时给予企业更多便利,增强市场主体获得感。

参考文献:何欣荣,杨有宗. 上海临港新片区首单跨境资金池业务落地[EB/OL]. www. xinhuanet. com/2020-04-26/c_1125906304. htm,2020 – 04 – 26;周轩千. 跨境资金池助力总部经济在沪集聚,上海国际金融中心能级进一步提升[EB/OL]. www. financialnews. com. cn/qy/dfjr/202004/t20200422. html,2020 – 04 – 22.

案例四　美的集团汇率风险管理

教学目标

熟悉汇率风险的内涵、类型,掌握汇率风险防范的具体措施,能运用该理论分析企业实际经营案例。

教学重点

汇率风险的类型及防范措施。

案情介绍

郭飞、肖浩、史永(2014)通过考察美的电器的人民币汇率波动风险,以及对冲效果,发现美的电器的经营活动、投资活动和融资活动,以及总体现金流和股票收益率的汇率风险敞口,在经济上和统计上不显著,主要得益于金融对冲和跨国经营等方法的运用,极大地降低了人民币汇率波动的风险。

讨论题目

1. 何为汇率风险?
2. 汇率风险有哪些类型?
3. 请查找资料分析美的集团防范和降低汇率风险的具体策略。

案例分析

1. 定义

汇率风险(foreign exchange risk)也叫外汇风险,是指在不同币别货币的相互兑换或折算中,因汇率在一定时间内发生始料未及的变动,致使有关国际经营主体实际收益与预期收益或实际成本与预期成本发生背离,因而蒙受损失或获得收益的可能性。

2. 类型

(1) 交易风险　在以外币计价成交的交易活动中,由于外汇汇率发生始料未及的变动,国际经营主体的实际收益与预期收益或实际成本与预期成本发生背离,可能蒙受实际经济损失。

(2) 折算风险　也称会计风险,指由跨国公司母公司与海外子公司合并财务报表导致的,不同币别相互折算中因汇率在一定时间内发生始料未及的变动,导致跨国公司蒙受账面经济损益的可能性。

(3) 经济风险　指由于意料之外的汇率变动,引起跨国经营环境发生变化,导致跨国业务现金流可能发生变更而产生经济损益的可能性。

3. 具体策略

(1) 美的集团主要通过外汇及衍生品交易降低交易风险,见表9-1。此外,美的集团还通过外贸合同中增加汇率波动条款,对汇率风险进行规范化管理。将人民币汇率波动条款写到合同里,在长时间持续升值或贬值的情况下调整产品价格。如果汇率短期内剧烈波动,也会相应调整产品价格。

表 9-1 美的集团外汇及衍生品交易概况

外汇衍生品类型	业务	对冲目标
远期结汇	出口	锁定未来外汇兑人民币结汇汇率
远期结汇＋NDF 售汇	出口	国内远期结汇,国外 NDF 售汇,美元套利
远期售汇	进口	锁定未来外汇兑人民币售汇汇率
外汇贷款＋人民币质押存款＋远期售汇(NDF 售汇)	进口	远期或 NDF 售汇合约,锁定外汇贷款成本

(2) 经济风险防范措施

① 多元化布局生产基地和市场。美的电器海外子公司遍布全球各大市场,并在巴西、阿根廷、埃及、印度和越南等发展中国家建立合资生产基地。第一,合理的全球分支机构和区域制造布局一方面可使销售收入的币种多元化,降低汇率波动的交易风险。第二,在南美洲和东南亚等的生产基地除满足当地需求外,还可出口到欧美等发达国家,避免由于人民币升值所带来的公司竞争力下降,有效降低汇率波动的经济风险。第三,由于发展中国家的货币波动大,公司整体的折算风险可能上升。

② 美的集团通过增值服务、产品创新、调整产量等方式提高附加值,以总体利润的增加对冲汇率风险。推出融资、培训等服务,在提升服务水平、推动企业升级的同时,可创造更大的收益,对包括汇率在内的成本上涨起到对冲作用。

参考文献:郭飞,肖浩,史永.为什么人民币汇率波动的影响不显著——基于美的电器的案例研究[J].管理世界,2014,(10):163-171.

跨国公司人力资源管理

案例一　丰田人力资源管理

教学目标

熟悉跨国公司人力资源管理内涵和特点,掌握跨国公司人力资源管理具体模式,能运用该理论分析跨国公司实践案例。

教学重点

跨国公司人力资源的特点,跨国公司人力资源管理模式。

案情介绍

丰田是世界十大汽车工业公司之一,是日本最大的汽车公司,创立于1937年。丰田的产品范围涉及汽车、钢铁、机床、电子、纺织机械、纤维织品、家庭日用品、化工、建筑机械及建筑业等。2015年,丰田是世界第三大汽车公司,在世界汽车生产业中有着举足轻重的作用。综合而言,丰田的人力资源管理具有如下四大特点。

(1) 岗位职责模糊管理　丰田有明确的公司职位的划分,在此基础上实行模糊管理,即根据员工能力提高速度,逐渐扩大工作范围,增加工作职责,促进其更快更好的发展。丰田的模糊岗位管理使其在人才招聘中,对专业的要求低,对综合素质要求高。

（2）慎重招聘与适用性录用　在员工的招聘与录用方面丰田的招聘理念是，合适的才是最好的。由于公司工作稳定、福利较好，员工的流失率极低，所以该公司每年对人员招聘控制得非常严格，部门要提出增员计划，须附加详细的、具有说服力的定量分析报告。在招聘过程中，优秀者通常在经过几轮面试后，还要进入公司参加复试。对于操作工人，还须到公司技能培训中心进行动手能力、手脑灵活性等测试。这种过程能为公司找到自己真正需要的人才。

（3）复合型人才培养模式　丰田注重对"人"的培养，致力于将员工培养成既懂销售又懂人事的复合型人才，以形成人力资源管理的整体能力。在丰田，人力资源管理不是人力资源部门独有的工作，而是要求所有的管理人员参与其中，如此才能形成人力资源管理的整体能力。在培训锻炼的过程中，企业文化贯穿其中。丰田对新参加工作的人员，不仅有计划地实施主业教育，还将职业教育进一步深入到个人生活领域，这是丰田的一大特色。

（4）标准化绩效考核与员工激励　在绩效考核与员工激励方面，与其他生产型企业一样，丰田采用标准化管理。日本企业的"标准"是人人通过培训都能达到的现状，丰田日常管理采取"标准化"。日本的"标准化"（自下而上）被定位为管理自身的责任，并且是考评内容。丰田绩效考评称为面谈培养，即通过面谈，确定考核目标，评价目标达成度；通过面谈，了解下属需要哪些支持，下属在达成目标过程中的态度、能力及需要改进的地方；通过面谈，提出今后工作的期待。下属发扬优点改正缺点的过程实际上是下属实现从量变到质变的转化，促进下属不断成长，以完成人才培养的过程。

讨论题目

试分析丰田人力资源管理模式对中国企业开展人力资源管理的启示。

案例分析

1. 企业文化与人力资源管理工作相结合

（1）企业文化与员工招聘相结合　丰田将企业的价值观念与用人标准结合起来，选择对本企业文化认同较高的人员，以形成良好的凝聚力，降低员工流动率。

（2）将企业文化的要求贯穿于企业培训中　这种培训既包括企业职业培训，也包括非职业培训。尤其是非职业培训，采取较灵活的方式，将企业价值观念在这些活动中不经意地传达给员工,并潜移默化地影响员工的行为,有利于促进员工归属感及企业凝聚力的形成。

(3) 将企业文化的要求融入员工的考核与评价中 丰田也将员工德行作为多元考核指标的一部分。即通过各种行为规范对企业价值观进行解释,或通过鼓励或反对某种行为,达到诠释企业价值观的目标,从而据此对员工进行客观评价。

2. 全员参与人力资源管理

近些年,虽然中国也提起全员参与公司人力资源管理工作的说法,但在真正实施人力资源政策时,政策的推行往往成为公司人力资源部单个部门的事情,企业的人力资源部在企业的地位还没达到应有高度。

3. 采取"标准化"人力资源管理模式

日本管理的标准化是服务于人的,欧美管理中的标准化是为限制人的。欧美企业的标准是一种理想要求,难以达到;日本企业的标准是通过培训等可达到的,是一种以下至上的责任分担方式。日本企业自下而上的管理把工作中的失误定位为管理者自身的责任,这有利于发挥管理者的积极性,对减少管理中的失误、节约公司资源具有很大作用。

案例二 华为公司国际人力资源管理

【教学目标】

熟悉跨国公司人力资源管理类型和特点,掌握跨国公司人力资源管理具体模式,能运用该理论分析跨国公司实践案例。

【教学重点】

跨国公司人力资源管理政策的类型及优缺点。

【案情介绍】

华为最近 10 多年更加明显的变化是国际化。2000 年,华为海外销售额首次突破 1 亿美元。2005 年,华为海外销售额首次超过国内。2011 年,华为全球销售额达 324 亿美元,其中海外市场约占 2/3。华为的员工队伍也在全球化,目前全球雇员约 14 万人,一些市场的雇员本地化比例甚至超过 90%。本土化方面,华为在印度的表现尤其突出,为中资企业甚至外资企业树起一个典范。1999 年,华为进入印度市场,在班加罗尔建立软件研发中心,是华为在海外第一个也是目前最大的海外研发中心。目前在班加罗尔工作的华为员工一共 2 700 多人,其中中方人员仅 40 多名,98% 以上是印度员工。

讨论题目

1. 跨国公司人力资源管理政策有哪些类型?
2. 华为采取的是哪种类型的人力资源管理政策?该政策有何特点?
3. 该类型政策有何优点和缺点?

案例分析

1. 类型

跨国公司人才资源管理有民族中心(母国中心)、多元中心、全球中心、混合政策等类型。

2. 多元中心国际人力资源管理政策

(1) 定义　所谓多元中心人力资源管理政策,是指母公司和子公司基本相互独立,各个子公司实行适合当地特定环境的人力资源政策。

(2) 特点　子公司主要由当地人管理,但这些人员一般不可能被提拔到总公司任职;子公司人力资源经理具有很大的自主权限。

3. 优点与缺点

(1) 优点　消除与当地的语言、文化差异和障碍,降低当地敏感政治环境的影响,低工资成本吸引高质量人才,保证管理人员的相对稳定。

(2) 缺点　存在与总部的理念、策略一致性问题,以及与跨国公司集团其他部门、子公司的沟通问题。子公司管理人员晋升受到限制,人员当地化不利于总部人员获得国际经验。

参考文献:新华.国际面孔看华为的国际化[N].国际商报,2012-12-11:A7.

案例三　中国海外工程人员安全管理

教学目标

熟悉海外工程人员安全风险的原因，掌握海外工程人员安全管理的基本策略。

教学重点

海外工程人员安全管理的基本策略。

案情介绍

随着"一带一路"倡议的深入推进，中国企业承揽境外工程、开展国际劳务合作业务日益增多，对外劳务合作派出的各类劳务人员也呈现不断上升的发展趋势。但由于境外国家的安全形势各不相同，安全状况十分复杂，致使中国在境外，特别是在高风险国别、地区，从事工程建设的人员程度不同地面临着各类不可预知的安全风险。据《中资企业海外安全风险评估报告》统计数据，2018年，中资企业在海外遭遇各类重大安全风险事件达413例。2015年11月20日，中国铁路建设集团有限公司3名管理人员在马里巴马科考察项目时，遭遇马里恐怖组织被枪杀。2018年11月23日，中国驻巴基斯坦卡拉奇总领馆遭到3名武装分子袭击。这些不安全问题，为中国企业承接境外工程带来严峻挑战。

在防范和应对安全风险的严峻挑战方面，中国煤炭科工集团沈阳设计研究院有限公司承揽巴基斯坦塔尔煤田露天煤矿工程的方法值得借鉴。该公司在工程设计之初，针对巴基斯坦属世界最不安全国家之一的实际，责成专门工作人员先后多次对该境外工程存在的安全风险进行实地考察，经反复评估认真审核，最终编制出该工程项目可行性研究报告，并针对性地设计出可控的《境外劳务人员安全管理和突发问题应急处置预案》《安全风险评测》等多项安全管理制度。为抓好制度落实，从工程开工之初，将所制定的各项安全规章制度贯穿于为工程施工全过程，发现问题及时处理，从而有效地预防了工程期间各类不安全问题发生,确保了工程劳务人员安全和工程的顺利进行。

讨论题目

1. 海外工程人员安全风险的原因主要有哪些?
2. 海外工程人员安全风险防范措施有哪些?

案例分析

1. 原因

(1) 企业自身原因　在承揽境外工程时,没有认真贯彻执行国家商务部对外投资和经济合作司、中国对外承包工程商会颁布的新版《指南》中各项规定。具体表现在:为了搭上"一带一路"快车,缺乏深入细致全面调查研究,现有各项安全规章制度与工程国别、地区安全状况脱节,匆忙上阵,导致在境外工程运行中,发生各类不安全问题时束手无措,只有招架之力,没有还手之功,处于十分被动境地。

(2) 外部环境原因　因境外国家的法律法规、地域环境、民俗习惯、宗教信仰、安全状况各不相同,中国境外工程和外派劳务人员不同程度面临各种不可预知的安全风险。例如中国友好邻邦巴基斯坦,安全风险指数居国际高风险地区前列。该国部分地区政局动荡,社会治安状况严峻,恐怖袭击事件频发。中国工程劳务人员及财产受到伤害时有发生,成为中国境外工程劳务人员必须面对的突出安全问题。

2. 策略

(1) 强化安全风险防控知识宣传教育　加强劳务人员出国前安全教育,是做好境外工程劳务人员安全管理工作的前提,是国内所有承揽境外工程的企业和部门须认真抓好的一项重要工作。

① 严把出国前安全培训关。让所有出国劳务人员明确境外工程安全风险及相关措施,了解和掌握工程国当地的法律、民俗文化及生活习惯,从源头上杜绝和防止因基本认知不到位,而导致的各种不安全问题的发生。

② 严格禁止境外违法行为。告知所有出国劳务人员,在境外期间,须严格遵守当地法律法规。任何情况下,不得前往禁区活动;在没有当地安保人员陪同的情况下,不得私自单独外出。遇到问题时,须尊重并配合当地执法人员工作。

③ 安全第一,警钟长鸣。境外工程企业和部门都要将安全防控宣传当作头

等大事来抓,并贯穿于工程始终。通过大会宣讲、座谈讨论、以案说法等多种形式,达到人人皆知。不断激发和约束所有出国人员在文明施工、依法合规、诚信经营的同时,严格遵章守纪,自觉维护和树立国家对外良好形象。

(2) 健全和完善各项安全风险防控制度 这是确保境外工程安全的根本保障。所有境外工程企业必须从所承揽的境外工程实际出发,根据工程项目前期风险评估,针对性健全和完善各项安全风险防控制度和切实可行的《突发事件应急处置预案》。切实做到日常行为有章可循,有对策可依;一旦发生突发问题,从容应对,确保自身安全和境外工程的顺利进行。

(3) 强化安全信息反馈和动态管理 抓好安全信息动态管理是境外工程安全管理工作中的重要一环。所有涉外工程企业,都要健全和完善切实可行的安全信息网络。通过动态管理,及时获取工程施工中各类安全信息,发现问题快速处置,把各类不安全问题消灭在发生前和萌芽中,预防和减少劳务人员和国家财产遭受不必要的经济损失。

(4) 坚持"预防为主"方针,不断完善安全设施 因地制宜地做好境外工程驻地和施工现场安全防范工作,是确保境外工程安全的有效措施。因此,所有涉外企业都要舍得资金投入,通过人防和技防等多种手段,及时堵塞和消除各种安全防范漏洞和隐患。

① 配备专业安保力量。安排身体健康、年富力强、懂安保业务的专业人员负责安全管理,加强内部要害部门和重点部位安全检查巡视。

② 完善安全防范设施。根据工程安全实际需求,在消防方面,完善与之相对应的各类消防设备、设施;在防范方面,可采取修筑高墙和铁丝网、挖防护沟、安装报警和监视设备等多种方式,强化境外工程全方位安全管理。

(5) 科学安排劳务人员,倡导用人属地化 坚持"属地化用人为主"是确保境外工程人员安全的有效途径。所有境外工程企业在用人时,都要尽量雇用当地劳务人员,最大限度地减少内部人员数量,将以往劳务输出为主,转变为工程管理、技术设备和资本输出为主,从源头上消除和减少境外工程劳务人员不安全问题的发生。

综上,国内企业在承揽境外工程的同时,须严格遵循国家颁布的新版《指南》,在全面深入调查研究基础上,认真研究制定出与工程国别安全状况相适应、切实可行的各项安全管理制度,并将抓好各安全制度落实贯穿于境外工程始终。

参考文献:中煤科工集团沈阳设计研究院有限公司.如何构建境外工程人员安全管理机制[J].中国机电经贸,2019,(08):10-11.

案例四　沃尔玛人力资源管理

教学目标

熟悉跨国公司人力资源管理内涵和特点，掌握跨国公司人力资源管理具体模式，能运用该理论分析跨国公司实践案例。

教学重点

跨国公司人力资源的特点及管理模式。

案情介绍

沃尔玛作为一家世界性的连锁公司，连续多年位于世界财富500强的前列，是世界上就业人数最多的公司。该公司总部设于美国，由沃尔顿家族掌握其运营，主要从事零售业。沃尔玛拥有8 000多家门店，分布于全球10多个国家，在不同文化背景下的人力资源管理具有一定的经验和策略。

沃尔玛的人力资源管理重视员工参与，在薪酬管理及培训制度上更加重视人性化培养，充分调动员工的积极性，发挥员工个人价值，促进企业发展。

（1）员工归属感强　沃尔玛采用合伙人政策，员工与企业的关系十分融洽。员工不被称为员工，而是合作伙伴。因此，员工归属感增强，积极参与到公司的发展中来，实现员工与企业的双赢。沃尔玛设计一项利润分享措施，使每位员工都能真正感受到归属感。通过员工购买公司股票的方式，允许每个员工在公司发展。员工的一部分收入得益于公司的发展，在员工需要帮助时，公司体现更多的人文关怀，进而增强员工的归属感，减少员工与公司出现的不和谐现象。

（2）重视提高员工积极性　沃尔玛重视信息交流，信息沟通交流的途径十分简单，直接与上级面对面交流。员工可以通过书面和口头的形式，随时与公司经理和上级沟通，及时反映情况。沃尔玛的信息交流时效性强，方式简单，节省大部分的审批时间，同时避免了信息的错误传达。通过这种方式，基层员工对现有工作和客户需求的理解大大提高,从而及时提供反馈,以改进现有服务。鼓励与支持建议,以提高公司发展,不断提高员工积极性。

(3) 管理方式灵活　不是简单地由领导发放命令、政策,下级传达、施行。在沃尔玛,放在第一位的是广大客户,其次是员工,最后才是领导,呈现倒三角的管理方式。在沃尔玛的人力管理模式中,下属员工不是执行上级领导命令的工具。领导了解员工的需求,为员工设身处地考虑,寻找最适合员工发展的人力资源管理模式。通过分析员工的工作表现、发展期望以及公司岗位现状,为员工打造量身定制的发展模式,辅之以一系列的考核标准,为员工的发展提供合适的管理。

(4) 晋升机制公平公正　公平是实现员工道德的保障,每位在沃尔玛工作的员工都平等享有职位晋升机会。晋升过程非常公平公正,对每个职位上的员工都开放,公平对待。员工达到一系列的考核标准,表现优秀,工作能力强,通过合理的晋升渠道,实现工作的变动和职业发展。考核对待每一位员工都是公平公正的,其他员工有目共睹,晋升评选过程十分透明。每位员工都能在沃尔玛找到一份适合自己发展和需求的工作。

(5) 合理的绩效机制　通过岗位职责与员工表现进行绩效管理。大部分的员工会购买公司股票,凭借这些股份,有些人已成为百万和千万富翁。

讨论 题目

沃尔玛公司人力资源管理战略对中国企业有哪些启示和借鉴意义?

案例 分析

由于国外公司和国内公司的文化差异,价值观念有所不同,进而在人力资源管理方式上也不同。中国公司可借鉴西方企业在人力资源管理方面的优秀经验,结合本国实际情况及公司管理方式加以运用。在全球化发展浪潮中,充分发挥人员的价值,实现员工与企业共赢。

(1) 采用人性化管理模式　当今社会人才济济。企业真正成功的表现,不仅是能招聘到人才,至关重要的是留住人才。沃尔玛重视员工的发展,确保每个人的才能得到充分发挥,并确保他们能够真正在目前的岗位上全面提升素质,实现自我。建立公平公正的晋升模式,确保每一位员工都有学习和发展的机会,每位员工都有机会晋升,充分尊重员工,留住人才。从员工角度出发,制定合理的培训机制。美国的人力资源管理属于技术性的管理方式。员工在领导的前面，将领导放在最后一位。重视员工的发展，体现人性化管理，提高了员工的责任感。

（2）完善招聘制度　美国更加注重员工自身的综合能力，对员工各个方面进行综合考虑。重视能力，其次考虑学历。企业在选拔人才时，坚持适合的理念，不能盲目追求高学历人才。从多方面考虑，招收的员工要适应岗位的要求，有能力做好岗位工作。要充分认识到人才的竞争才是企业之间竞争的核心，重视员工的招聘、选拔。对于每一位应聘人员，给予充分的尊重，做到公平竞争，提升企业整体的竞争力，增强员工的团结意识。改变过去在培训考核过程中粗放的选拔方式，从理论到实践，全面细致地考核、任命。实行优劣考核制度，消除不良制度给所有候选人带来的压力。

（3）实施科学的激励机制　薪酬对于员工的影响力是极大的，科学的员工激励机制有利于稳定劳动力、降低职工流动率，减少人才流失。激励机制应注重绩效报酬，再加上基本报酬和福利保障，优化报酬结构，达到最大的激励效果。必须全面考核员工，避免高级管理层和普通员工追求短期利益、短期薪酬，只能促进企业短期盈利的快速增加，却损害企业的长期发展。员工薪酬是人力成本的重要组成部分，中国企业应合理确定工资水平，综合考虑外部竞争情况和人力成本因素，逐步建立科学的长期激励机制。

情感的作用是不言而喻的。公司可以利用假期、生日和特殊日子给予员工关怀。不仅是为员工，也为其家庭给予相应的帮助和照顾。形成对员工的系统关注，让员工真正意识到自己在公司的地位，感受到自己对公司的重要性。公司离不开员工的积极奋斗，员工离不开公司的晋升提拔，两者相互依存。无论是在情感上还是在物质上都需要科学的激励，让每位员工懂得自己对于公司的重要性，找到归属感，成为公司发展的一分子。公司也应注重每位员工的个性化发展需求，制定适合员工发展的激励政策，避免出现过度竞争。公平对待每位员工，激励员工工作的积极性，促进企业与员工的和谐发展。

参考文献：李昕玥.跨文化人力资源管理的差异研究——以物美与沃尔玛集团为例[J].中国商贸，2020，(01)：239-241.

案例五　玫琳凯人力资源管理

教学目标

熟悉跨国公司人力资源管理内涵和特点，掌握跨国公司人力资源管理具体模式，能运用该理论分析跨国公司实践案例。

教学重点

跨国公司人力资源的特点及管理模式。

案情介绍

2018年3月，人才管理咨询公司怡安翰威特揭晓2017年"全球最佳雇主"榜单，玫琳凯（中国）有限公司（简称"玫琳凯"）名列其中。自2001年起，怡安翰威特最佳雇主奖项就被视为全球人力资源领域最有影响力和号召力的年度评选之一。荣获该奖，则表示玫琳凯长期以来将人才视为企业核心竞争力的发展理念，以及在人才战略、企业文化、雇主品牌塑造和人才培养发展等方面做出的努力再度被认可。

进入中国市场20多年来，玫琳凯一直视员工为公司使命和价值观的传承者，与员工共创价值，共享成果，帮助员工找到归属感。为本地员工提供极具竞争力的薪酬福利和广阔的职业发展空间；通过专业的人才发展体系，为每位员工设定具有挑战性且可长期持续的职业发展路径，注重激发员工自主发展意识，发掘"多面"潜能，提高员工的职场竞争力；积极引导员工奉行"待人如待己"的黄金法则，重视平衡家庭与工作的优先次序，遵循感恩乐施精神，通过积极的影响力为社会创造价值，成为企业社会责任的演绎者。伴随着价值观的转变，员工对工作的诉求，已从谋生手段转变为提升生活品质和实现自我价值的工具。在独特的玫琳凯文化氛围里，每一位员工的创造和价值都能获得认可与尊重。

讨论题目

请分析玫琳凯人力资源管理政策的特点与启示。

案例分析

(1) 坚持价值共创、成果共享的人才战略　在玫琳凯，P 和 L 不仅代表 Profit(利润)和 Loss(亏损)，更代表 People(人)和 Love(爱)。玫琳凯一直把人才视为最宝贵的财富，是公司使命和价值观的传承者，并进行大规模人力资源投入，从而提升公司竞争力；从企业文化、人才培养、福利薪酬、职业发展等方面采取措施实施该战略，以认可和尊重每一位员工的创造和价值。

(2) 培育团队合作的企业文化　国际领先的人力资本管理解决方案提供商 ADP(2019)研究指出，员工能否成为团队的成员已是影响员工敬业度的重要因素。玫琳凯引导员工奉行"待人如待己"的黄金法则，遵循感恩乐施精神，树立团队合作意识和归属感，为所在团队、公司和社会创造价值，实现员工、团队、公司和社会的多方共赢。

(3) 推崇家庭与工作平衡的理念　Matt Perry(2019)指出：中国迅猛发展的中产阶级开始对工作有更多的期望，不再满足于"996"的工作规则。这些因素和中国员工敬业度的急剧下滑有一定的联系。但在玫琳凯，员工对工作的诉求已从谋生手段转变为实现自我价值和提升家庭生活品质的工具。引导员工，树立工作只是实现自我价值和家庭幸福的一种工具，应注重平衡工作和家庭，倡导工作成绩和家庭幸福是双赢博弈，而非零和博弈。

(4) 推动员工共享利润计划　为培育员工的主人翁意识，玫琳凯积极提供极具竞争力的薪酬福利和广阔的职业发展空间。推动员工持股计划，让所有员工都能直接参与公司的成功和发展。实际上，员工持股计划已成为员工分享利润的主要途径，西门子就是典型代表。2015 年，西门子推出"利润共享"计划，推动员工持股人数的大幅增长，截至 2018 年 4 月底，西门子全球 80% 的员工已成为公司股东。

(5) 实行全面薪酬管理　ADP(2013)研究表明，薪酬构成越来越成为企业培养竞争优势的核心要素。流动率逐渐走高的人才，特别是核心人才，除看重企业提供的工资、福利、津贴等有形的经济形式之外，晋升机会、工作环境、个人职业发展机会，以及工作和生活的平衡等全面薪酬福利，更具吸引力。全面的薪酬沟通和非物质性的激励手段，不仅能吸引、激励和保留核心人才，还能有效地降低薪酬运营成本，对于员工发展和企业无疑是一种"双赢"。完善的薪酬体系，使薪酬构成中的隐性价值得到最大化地发挥，有利于企业的长远、稳定和可持续发展。

因此，为吸引并留住人才，特别是核心人才，玫琳凯不仅提供极具竞争力的薪酬福利，还注重员工的职业发展规划。主要是通过专业的人才发展体系，为每位员工设定具有挑战性且可长期持续的职业发展路径。注重激发员工自主发展意识，发掘"多面"潜能，提高员工的职场竞争力。采取员工培训、充分授权、从内部选拔高管等措施，以获取人力资源竞争优势，进而提升企业整体竞争力。

参考文献：张云中.玫琳凯人力资源管理理念和模式获行业认可[N].国际商报，2018-03-13：A7.

跨国公司文化管理

案例一　企业创新文化管理

教学目标

熟悉企业创新文化的内涵和特点,理解企业创新文化管理的重要性,能运用该理论分析跨国公司实践案例。

教学重点

创新文化的内涵,创新文化管理的重要性,创新文化培育之道。

案情介绍

在 2015 年 3 月的"两会"上,在政府工作报告中正式提出"互联网+"并纳入国家战略计划。"互联网+"将促进以云计算、物联网、大数据等为代表的新一代信息技术与传统制造业、服务业的融合创新,在生产要素配置中发挥重要的优化、集成作用,甚至颠覆某些企业思维、传统理论和生产流程。在这股"互联网+"浪潮中,对于一些具有一定历史的老企业而言,陈旧的管理模式、经营理念已无法应付"互联网+"冲击下的现实竞争,因此必须树立企业危机意识,构建适应"互联网+"的企业创新文化,剥莠存良的发掘企业的优点、亮点,打破传统的禁锢,才能充分发挥文化力对企业的支撑作用,扭转不利局面。

特别是当下,中国进入升级发展的关键阶段,要在世界科技革命中抢占制高点、破解资源环境约束、实现新旧动能转换，关键是用好"创新"这把"金钥匙"。这就需要依托"互联网＋"平台，集众智搞创新，厚植科技进步的社会土壤，打通科技成果转化通道，实现创新链与产业链有效对接，塑造中国企业和国家发展的竞争新优势，即培育和发展创新文化已至关重要。

讨论 题目

请结合实际案例分析如何培育企业创新文化。

案例 分析

创新已成为一个国家兴旺发达和企业不断发展的不竭动力。优秀的企业创新文化，既是一种生产力，同时也是一种强大的精神动力，对于构建和提高企业创新发展能力，具有极为重要的影响及推进作用。在"互联网＋"冲击下，企业越来越依赖具有创新的环境条件和文化氛围来应对快速变化的市场。通常，企业可通过如下途径培育和发展企业创新文化。

（1）树立危机意识，营造创新氛围　过去传统企业赖以生存的法则和环境正在发生着剧烈的变化，越来越多的企业着力加强信息系统建设。目前已有很多公司上线 ERP、MS、TW、BPM 等系统，实现财务业务一体化的数字化运营，BI、HR 信息化等系统也将逐步完成开发并投入使用。随着企业互联网微信平台、APP 等数字化平台的崛起，标志着公司开始进入数字化管理。

（2）贯彻企业核心价值观，激发全员创新意识　企业要把全体员工作为企业创新文化的主体和动力源泉。企业创新文化建设可以用文化力激活生产力，增强凝聚力、执行力和创造力，进而提升企业创新发展和核心竞争力。企业核心价值观可以激励职工奋发向上的群体意识，增强员工的责任感、使命感和紧迫感。

（3）优化组织结构和运营机制，构建创新平台　一个企业组织结构如果过于繁杂，不能给予下级单位和下属一定的权限和空间，管得过多过严，会压抑企业的创新热情。与此同时，创新也来源于企业在生产经营中良好的沟通渠道，出现的问题及时反馈解决。

（4）塑造鼓励创新和宽容失败的环境　企业要鼓励员工敢于围绕"互联网＋"进行相关的创新，对有贡献的员工给予政策上的倾斜，培养企业创新的"先锋"，从而创造出更多的机会。即使失败，失败中的经验与教训也是企业非常宝贵的财富。通用电气就鼓励研发工程师大胆进行新产品研发试错。

（5）注重学习提升,激活创新动力　学习能力对企业的创新发展至关重要,是企业创新文化得到认同和执行的有力保障。随着"互联网＋"时代的到来,企业人员知识要求和专业性技术要求也进一步提高。因此,企业要加强对员工的职业技能培训,同时建立相应机制,鼓励员工利用业余时间自学,努力造就一支专业化、职业化的创新队伍。

参考文献：王金锋.企业创新文化至关重要[N].国际商报,2017－05－31：B2.

案例二　戴姆勒-克莱斯勒跨文化管理

教学目标

熟悉企业文化、文化差异的内涵和特点,熟悉跨国公司跨文化管理的内涵和特点,理解跨国公司跨文化管理的重要性,能运用该理论分析跨国公司实践案例。

教学重点

文化差异对企业管理的影响,跨国公司跨文化管理内涵与特点。

案情介绍

1998年5月,欧洲最大的产业公司戴姆勒-奔驰与美国第三大汽车生产企业克莱斯勒合并。戴姆勒集团董事长于尔根施伦普于1998年1月12日只身来到克莱斯勒公司董事长罗伯特伊顿的办公室,17分钟后敲定一桩360亿美元的天价合并,也是商业史上最重要的一次跨文化合并实验。

这桩曾被广泛誉为"天作之合"的联姻,并没有兑现那些纸面上显而易见的协同效应,恰恰相反,却成为一部MBA教材上必然会出现的莎士比亚式悲剧。

讨论题目

1. 何为文化差异？文化差异如何在跨国公司管理中体现？
2. 从文化差异和文化整合角度分析该案例失败的原因。

案例分析

1. 文化差异

一个群体区别于另一个群体的截然不同的生活和思维方式，以及对家庭、国家、经济制度甚至是人本身的不同看法。

2. 文化差异的体现

（1）价值文化的差异　文化与价值观的不同会导致不同的管理实践，包括组织中的评价、奖惩、人际关系等。如在对待工作成就的态度方面，西方企业员工有较大自主权，并对上级有一定建议权和质疑权；中国企业缺乏灵活的激励机制，员工缺乏工作主动性。在不同意见表达方式上，西方人员是直截了当地说明真相；中方人员表达方式委婉，并喜欢背后议论。

（2）劳动人事政策差异　在工资政策上，西方企业根据员工工作的性质和能力确定工资，把工资调整与物价指数和生活费用指数结合起来；中方企业往往看重员工的资历、经历和学历，把工资增长基数与企业经济效益直接挂钩。在人事安排和职务晋升上，西方企业把能力放在第一位；中方企业比较注重个人政治素质、个人历史以及人际关系等。对于人才流动，西方企业尤其是美国企业鼓励自己的职工不断流动；中国企业不习惯员工"跳槽"，并常常以某些条件和理由限制人才外流。

（3）制度文化的差异　西方企业习惯于在法律比较完善的条件下开展经营管理，会用法律条文作为行动的依据；中国企业尤其是国企，习惯于按上级行政管理机构的指令行事，上级的条文、指令、文件便是企业的决策依据和办事章程。西方社会是法治，在企业管理上表现为规范管理、制度管理和条例管理，追求管理的有序化和有效化；中国社会重伦理，偏重于人的作用和价值实现，却忽略制度效应和条例管理，以"情"治理使员工对制度的执行比较松懈，以致规章制度往往难以发挥有效的作用。

3. 原因分析

（1）文化差异　对于跨国合并或建立合资公司而言，涉及两种截然不同的企业文化,代表着各自公司的特征、管理者思维定式和惯用管理方式,致使企业经营策略与手段必然存在着差异。如德国人作风严谨、死板、注重形式,美国人则讲究效率,更具灵活性,决策过程快;德国高层管理人员可能依赖 50 页的报告来讨论和做决策,而美国人却喜欢一对一的沟通;德国上司一般都会接受下属的建议,而美国上司有可能会把他的下属的报告放置一阵。这种文化差异,导致德国下属沮丧,心生不满。如克莱斯勒的设计师和管理人员将该合并案视为被戴姆勒所兼并,从而在思想上产生较严重的抵触情绪。

(2) 文化整合　除民族文化和企业文化差异外,戴姆勒-克莱斯勒忽视了文化整合,没能建立以共同价值观念为基础的新文化合作理念。文化整合是通过在不同文化之中寻求合作与共同发展而创立的,文化整合可以求同存异,融合差异,助推企业发展。因此,应正视企业文化差异,将其视为一种资源和管理财富,力求从不同文化观念与视角探讨解决问题的独特思路及方案,以及共同之道。

此外,在正视文化差异的基础上,还要灵活处理问题。本案中,涉案双方均过于固执,处理文化差异缺乏灵活性,最终双方都做出极端选择而付出惨痛代价。

综上,由于这两个迥异的企业文化没有很好地融合,最终出现跨国公司综合征,导致管理人员合作受挫,管理沟通受阻,跨国合并失败。

案例三　中国内地与中国香港企业文化差异

熟悉企业文化、文化冲突和跨文化管理的内涵,掌握文化冲突对企业经营管理的影响,掌握和运用跨文化管理策略。

教学 重点

文化差异对企业管理的影响,跨国公司跨文化管理的策略。

案情 介绍

从 2016 年 11 月 2 日首批 QDII 基金获批开始,中国内地资产管理公司便开始加大在香港地区招聘基金经理的步伐。近年来,随着两地投资的开放,各类中国内地资产管理或基金公司更纷纷涌进香港地区抢人,希望能找到优秀的港股基金经理,提升业绩,壮大声望。迄今为止,就可公开查询的资料来看,被中国内地资产管理公司或基金公司招至旗下的海外优秀基金经理屈指可数。即使顺利招聘到合适的人才,也可能因经营理念、发展战略等文化差异原因而离开。如2016年6月,中国某老牌资管企业赴香港地区开设办公室;第二年,内地主管便要求香港地区基金经理管理的指数型基金产品交出超过15%正回报业绩,但该业绩指标几乎不可能实现。根据这只指数基金的章程,基金经理必须将绝大部分资产按照基准指数的权重进行配置,只能动用极小部分资产进行积极投资。基金的绝大部分收益实际上由基准指数的表现决定,基金经理根本无法做到15%的绝对收益(除非当年基准指数升幅超过15%)。据说,这名基金经理苦笑着接下这个预算目标。半年后,离职去了一家香港地区的基金公司。但为何这名基金经理不跟这名内地主管解释一下预算目标的不合理性呢?该香港地区基金经理说,曾努力解释过,但这位主管根本听不懂,也听不进去。更关键的是,很多时候,这种预算目标是内地更高层的主管决定的,所以其实也没有可以商量的空间和余地。

讨论题目

1. 什么是企业文化?什么是文化冲突?
2. 请从文化冲突的角度分析该案例中所出现的经营管理问题。
3. 何为跨文化管理?
4. 请分析中国内地资管或基金公司在香港地区分支机构开展跨文化管理的策略。

案例分析

1. 企业文化与文化冲突

(1) 企业文化 指企业长期形成的稳定的文化观念和历史传统,以及特有的经营精神和经营风格,是企业中隐性的人际规则,包括一个企业独特的指导思想、发展战略、经营哲学、价值观念、道德规范、风俗习惯等,能持续、广泛地塑造企业成员的态度和行为,具有共有、广泛、持久、隐含等特征属性。

(2) 文化冲突 指不同形态的企业文化或文化要素之间相互抵触和相互排

斥的过程,集中表现在人们对问题的分析角度、思维模型和评判标准的差异上。跨国公司文化冲突将会影响跨国公司管理者与当地员工之间的和谐关系,导致跨国公司市场机会的损失和组织机构的低效率,使跨国公司全球战略实施陷入困境。

2. 管理问题

(1) 员工与主管的关系差异　通常,中国香港企业多为私人企业,除最终的大股东外,其他所有人都是"打工仔"。经过几次跳槽后,原来的手下和部门主管很可能会互换地位。因此,大部分香港企业主管对手下员工都比较客气,平时主要抓任务和进度,对事不对人的情况比较普遍。相比较之下,中国内地企业更重视级别、职称关系,且论资排辈,员工通常唯领导马首是瞻,有时明明知道领导错了,也不敢(或不想)指出来。

(2) 职责分工明确性差异　中国香港企业更讲究职责分工,不同部门间,同一部门里的不同员工间,都有明确的岗位责任和专长,讲究术业专攻、人尽其才。如基金经理主要负责独立的投资决策和操盘,销售经理负责销售产品,还有专门的市场经理负责市场宣传和推广活动。员工在自己的领域就是"专家",哪怕是上级主管也不能随意干预员工。其中,最明显是研究员和合规专员,他们对自己出具的报告结论,即使没有百分之百也有百分之九十的决策权。中国香港股票研究主管通常更关注是否做足调研,报告的内在逻辑是否合理,而不会强迫研究员变更结论。在研究主管看来,如果结论与市场表现不符,只是研究员自己被"打脸",跟研究主管关系不大。现实中,研究员如果判断错误,极有可能被公司的销售主管"打脸",或被买方的基金客户"打脸"。但大部分情况下,不会被本部门的主管"打脸"。此外,香港员工更喜欢用电子邮件交流,而且特别喜欢抄送不同的主管,以防在某主管决策失误的情况下,能保留证据以保护自己。相对而言,中国内地企业往往岗位职责分工不清,安排随意和混乱不堪,一人多岗、一岗多责的现象普遍。如中国内地某基金公司因在香港地区缺乏销售渠道和销售人才,就要求所聘任的香港基金经理一并承担起市场与销售的职能,导致基金经理半年后离职。此外,在不少中国内地企业,都是"一把手"说了算,哪怕这位"一把手"对投资领域只是一知半解,也可能会要求基金经理按其意思去办理。如果把这种作风搬到香港地区,并要求香港基金经理也要顺从自己的意思去做事,轻则引发人事动荡,重则可能引起严重的投资失利。

(3) 企业称呼文化存在差异　中国香港员工间多互相称呼英文名字,包括和大 BOSS 之间往往也是如此。直呼英文名会让对话双方更少一些距离感。中国内地企业的主管往往并不一定适应这种交流方式,通常都称上级是"某总",以显示尊敬,但也显示出职务、等级之分,拉远领导与员工的距离。

3. 跨文化管理

在跨国经营中,要在不同形态的文化氛围中设计出切实可行的组织结构和管理机制,在管理过程中寻找超越文化冲突的公司目标,以维系不同文化背景的员工共同的行为准则,从而最大限度地控制和利用企业潜力与价值。

4. 跨文化管理策略

通常,在香港地区能做到基金经理的都是有一定年限和资历的,并且对自己的专业领域有很强的自我意识,对事物有很强的主见。要管理这样的员工,需要中国内地主管有更灵活的技巧、更宽阔的胸怀、更专业的素养,以推动文化认同和管理本地化。具体的跨文化管理策略见表11-1。

表 11-1 跨文化管理策略

管理策略	具体内容
树立正确的跨文化观念	客观看待文化差异
	树立全球文化意识
	充分认识跨文化管理是人的管理
建立统一的价值观	发展文化认同
	建立共同经营观
实行管理本地化策略	人员本地化
	语言、文字本地化
学习异质文化	营造学习气氛
	加强跨文化培训

(1) 推动文化认同　要吸引中国香港基金经理,中国内地企业还有不少问题要解决,除要有长远规划和投入外(因为房租和人工成本高企、行业发展成熟、投资者成熟度较高,使得资金管理企业获客成本高,进而使得资金管理行业前期需要较高投入),还需要入乡随俗,尊重香港行业规则和商业诚信,更要尊重中国香港本地管理文化。因此,要积极推动文化认同,尊重香港地区特有的管理文化。

(2) 推动管理本地化,抓大放小,简化流程　由于不少中国香港分支机构的主管在内地总部的级别不够高,往往本该在香港本地决策的事务,需绕回总部数个部门、走多个流程后才能解决。结果,本该在香港就可决定的小事,可能会上升为总部多部门共同讨论的"大事"。而事实上,这些事情跟参与讨论的部门可能没关系。但那些海外留学归来、受西方言论自由思想影响较深的中国香港基金经理不仅对"一言堂"很反感,对这种官僚流程也相当难适应。

因此,中国内地主管不妨推动管理本地化,抓大放小,简化流程,放权给中国香港基金经理去管理其领域内的事务。只要大方向不错,风险和合规跟得上监管和企业内控的要求,没必要在流程和形式上对基金经理做太多设限。

参考文献: 舒时. 为什么中资机构招不到优秀的海外基金经理[EB/OL]. 公众号秦朔朋友圈,2018-11-02.

图书在版编目(CIP)数据

跨国公司经营与管理案例集/查贵勇主编. —上海:复旦大学出版社,2021.3
ISBN 978-7-309-15466-5

Ⅰ.①跨… Ⅱ.①查… Ⅲ.①跨国公司-经营管理-案例 Ⅳ.①F276.7

中国版本图书馆 CIP 数据核字(2021)第 020871 号

跨国公司经营与管理案例集
查贵勇 主编
责任编辑/张志军

复旦大学出版社有限公司出版发行
上海市国权路 579 号 邮编:200433
网址: fupnet@ fudanpress.com   http://www.fudanpress.com
门市零售:86-21-65102580   团体订购:86-21-65104505
外埠邮购:86-21-65642846   出版部电话:86-21-65642845
上海春秋印刷厂

开本 787×960 1/16 印张 13.75 字数 247 千
2021 年 3 月第 1 版第 1 次印刷

ISBN 978-7-309-15466-5/F·2765
定价:40.00 元

如有印装质量问题,请向复旦大学出版社有限公司出版部调换。
版权所有 侵权必究